名古屋学院大学総合研究所 研究叢書 35

名古屋都市・空間論

消毒された都市から物語が生まれる都市へ

井澤知旦
Izawa Tomokazu

風媒社

名古屋学院大学総合研究所 研究叢書35

名古屋都市・空間論

消毒された都市から物語が生まれる都市へ

井澤 知旦

目　　次

はじめに

　日本の置かれている今日の状況は、少子高齢化を伴う人口減少下にあり、産業構造も大きく転換している途上にある。日本の将来は悲観的ではないが、楽観的でもない。今やGAFAM（米国）やBATH（中国）に代表される企業が世界を席巻している。それら企業はITサービスのプラットフォームを形成し、得られたビッグデータをAIとして活用している。しかし、それらの企業もあるものは淘汰され、次代を担う新たな企業が登場するなど、新陳代謝が著しい社会となろう。

　それでは、それらの企業活動を受け容れる都市、あるいは我々住民生活を受け止める都市はどうなのであろうか。一旦整備された都市基盤は、戦災や震災・大火など不幸な出来事がない限り、徐々にしか変わっていかない。建築物等は用途や機能の陳腐化によっては耐用年数を待たずに建替えられることが多い。

　このようにそれぞれの変化スピードに跛行性があり、その受け止め方が都市の個性（アイデンティティ）を規定しているのかもしれない。つまり、それぞれの都市において、インフラは、産業は、建築等は、さらにはそこでの人々の暮らしはどうなのかが問われる。それらを総合したものが都市の個性である。既述した人口減少や産業構造転換が進む社会環境のもとで、人材や産業などの獲得やそれらの育成に向けて、今後、国内外での都市間競争が激しくなっていくであろう。そんな中で都市は持続可能な発展を成し遂げていくことができるのであろうか。そのためには当該都市の客観的な分析を通じて、自己措定していく必要があるのではないだろうか。そのうえで、居住者も来訪者も名古屋という都市の存在をしっかりと認識してもらえるよう活動していかなければならない。

　よってここでは、名古屋の自己措定を試みている。

　第1章「名古屋の都市イメージ形成」では、どのような経緯で名古屋の都市イメージが形成されていったのかを明らかにしている。名古屋に対する自己評価も他己評価もいずれも評価が低い結果となっている。名古屋は「住み・

働く・憩う」が揃った自己完結型都市圏であり、自己評価が低くても大学進学や就職において他都市圏へ出ていく行動が見られず、評価と行動は一致しない。中庸的な満足感が観光や気候などに特化的した都市への羨望となり、その裏返しとして自己評価の低さにつながっている。それゆえ、他者を呼び込む意識はほとんどなく、また、外部から見て、名古屋は中庸であって個性（特性）がなく、生産都市であって観光都市・消費都市でないというイメージが形成されている。しかし、どの都市も時代とともにイメージは変遷している。三大都市の三男あるいは地方都市の長男に例えられるが、20世紀は「気になる都市」、21世紀は「無視できない都市」へと変化し、毀誉褒貶を受けやすいポジションにいる。ここで求められるのは、名古屋に関わる断片の積み上げなく、断片で組み上げたモザイク画のなかから物語を提示していくことが重要であることを示した。

　第2章「名古屋の都市発展史」では5つのエポックとして整理している。第一は名古屋築城とともに全国から選りすぐりの職人が当地に集まり、匠の技や技能を発揮し、あるものは名古屋にとどまって、新しい産業を興していったこと、第二は七代尾張藩主徳川宗春の時代に、全国が質素倹約ムードの中で、名古屋のみ開放策をとったため、全国から職人や芸人が集まり、ものづくり名古屋や芸どころ名古屋の礎を築いたこと、第三は、明治に入り近代化を推進し、特許制度が生まれて、全国からものづくりの現場で一旗揚げようと人材が集まり、起業化していったこと、第四は、ものづくり拠点である名古屋は軍需産業が立地し、特に航空機工業の集積を生んだが、それは下請け依存率が高かったことから、戦後の復興に伴う自動車などの加工組み立て産業の基盤を形成していったこと、第五は、名古屋は戦前から全国有数の大規模イベントを開催していき、戦後しばらくは鳴りを潜めていたものの、世界デザイン博覧会や2005年日本国際博覧会の玄関口としての関連イベントなど打ち出していったこと。これらを通じ、先端的情報を入手し、人々の交流を深めていくことで次代の取り組むべきテーマを模索できたが、今後も人材を育成する新規産業スタートアップ支援や交流を促す観光推進がこれからの名古屋の発展を支える対応であることを提示した。

　第3章「都市計画の母と父―区画整理とその推進者」では、都市基盤の整

備にあたって、戦前から戦後にかけて、「都市計画の母」といわれる土地区画整理事業を徹底して推進していった名古屋であるが、そこには耕地整理手法を使って区画整理の効果を引きだした先駆者笹原辰太郎、戦前に区画整理の効用をPRし、普及していった推進者石川栄耀、戦後に百m道路の整備や墓地の集約移転などの戦災復興の構想実現者田淵寿郎、そして戦後の郊外区画整理にはいくつかの特徴ある取組みがなされているが、なかでも高速鉄道延伸を実現したリーダー柴田正司などの「区画整理の父」と呼べる人々のリーダーシップと努力によって、名古屋市域の7割近くが整備されたことを明らかにした。そこでは区画整理を都市基盤整備の手法として見るというよりも、苦悩と希望が詰まった物語として見ることが名古屋を知るうえで重要なのである。

　第4章「都市魅力と"消毒"都市」では、都心の碁盤割エリアと隣接する南寺町エリアを対象に、戦前までは都市基盤構造は変わらず、人口増加を路地空間の拡大により受け止めてきたが、戦災により建物のほとんどが消失し、復興事業によって道路の拡幅と筆割のレベルで宅地を整理することで、路地空間を一掃してきたことを明らかにした。その結果、都市の防災性能の強化・向上、自動車社会への対応、都市機能の集積強化していくことが可能となった反面、独自のコミュニティから生まれる文化創出の空間を失うことで、都市の魅力である空間の多様性をなくしてしまった。都市基盤の水準は高いが平板化し、都市魅力が感じられない状況にあり、これらの一連の経過をここでは「都市の消毒」と呼んでいる。

　第5章「"消毒"された都市空間の魅力創出にむけて」では、国内の魅力ある空間の事例や海外、特に欧州での通路（パサージュ）とそのネットワークを分析し、さらに先人たちの都市魅力を創出する提言を踏まえて、戦災復興事業によって生み出された豊富な公共空間を活用するとともに、街区内での通路と広場のネットワークを導入することで都市魅力を創出する提案を行っている。このような取り組みは、資産の減価償却から増価蓄積へと転換を促す。また、これからはエネルギーや地域環境といった環境的視点も組み込んだ都市空間が求められているので、ここで言う「通路」は「エコロジーな路地」と「エコノミーな路地」を統合した「エコ路地」という名称が相応

しいものとなろう。

　第6章「名古屋の二都物語」では、二つの対抗するもの、あるいは近似するもの、比較されるものが数多くあり、その二つの個性（これを二都と呼んでいる）のぶつかり合いが、名古屋を際立たせ、活力を生み、市民の愛着を育んでいるので、代表的な3つの対象を取り上げ、「二都物語」を読み解いている。一つ目は都心栄の南にある“ごった煮”にぎわい「大須商店街」と名駅の奥座敷「円頓寺商店街」界隈を取り上げ、盛者必衰の理はあるが、衰者が再び盛者に復活するとは限らないなかで、二つの商店街の盛り返しの要因を分析している。二つ目は名古屋シンボルロードの「久屋大通」と生活ギャラリーストリートの「若宮大通」を取り上げ、同じ百m道路でありながら、今日までの形成プロセスは大きく異なり、これからは伸びしろのある若宮大通の再生こそ、名古屋のミライを左右すると提言している。三つ目は“文化のみち”と“ものづくり文化の道”を取り上げ、これらの“ミチ”は名古屋の発展を牽引してきた、いわば車の両輪の轍であるとともに、名古屋の未来を指し示す“ミチ”であることを示している。

　これら6章からなる本書は、名古屋の都市・空間の成り立ちと変遷、現状を明らかにし、それらを包括して都市イメージや都市発展史を語っている。今日の名古屋の姿は江戸の名古屋城下町をもとに戦災復興事業によって生み出された都市・空間のうえに形成されている。市民も市民以外の人も名古屋を皮相的に捉えるのでなく、名古屋の深層を理解したうえで評価してほしいとの思いで、この著作を世に問うている。

　また、本書は都市・空間論を中心に扱っており、産業論や文化論は直接的には扱っていない（一部触れているが）。よって、タイトルは「名古屋都市・空間論」であるが、消毒都市や物語都市というインパクトあるキーワードをサブタイトルに取り込んでいる。

　これからの名古屋を考える素材、さらにはこれからの都市を考察していく視点が与えることができるなら望外の喜びである。

第1章

名古屋の都市イメージ形成

1 都市比較による名古屋のイメージ

（1）なぜ、名古屋は最も魅力のない都市と評価されるのか？
【自己評価：高くないシビックプライドと魅力を感じない名古屋】

　名古屋市は2016年と2018年に都市ブランドイメージ調査[注1]を実施している。これは東京都23区を含めた8都市を対象にしている。最新の2018年のシビックプライド（愛着・誇り・推奨）に対する結果[注2]を見ると、それぞれの都市に住んでいる人々の自都市評価であるのだが、札幌は北海道、福岡は九州を代表とする中枢都市であり、帰属意識あるいは自立意識が高いためであろうか、シビックプライド評価は高い。それに対し、三大都市圏中枢の東京・大阪・名古屋の評価は概して低い。具体的には「愛着度」や「誇り度」は名古屋・大阪・東京の順に低くなるが、「（買い物や遊びの友人等への）推奨度」は3都市の中で名古屋が群を抜いて低い。なお、東京・大阪の近傍に位置する横浜と神戸は、独自の都市文化（港町や中華街、プロスポーツ団体等）を持ち、巨大都市に埋もれぬよう、存在感を示すためか、シビックプライドは高い。京都は大都市と近傍都市の二つの性格を併せ持っている。「愛着度」は名古屋並み、「誇り度」は神戸並み、「推奨度」は大阪並みであった。

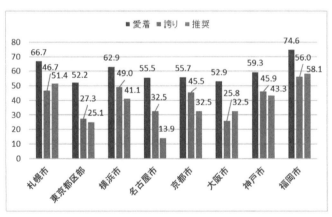

図1-1　8都市のシビックプライド評価（愛着・誇り・推奨）／2018年調査
資料：名古屋市観光文化交流局＜2018.9＞「都市ブランドイメージ調査結果」Web／参考文献【1】

もう一つの設問で「最も魅力的に感じる」都市を選択してもらうと、割合の差はあるにせよ、ほとんどが自分たちの住んでいる都市を一番にあげている。しかし、名古屋が選ぶ一番は東京（24.2％）で、京都（19.4％）、札幌（18.4％）と続き、四番目（17.0％）にやっと自都市を選んでいる。

表1-1　自都市を「最も魅力的に感じる」割合と自都市順位（%）

	2016年(%)	2018年(%)	動向	順位2018年
札幌市	55.5	49.5	↓	1
東京都区部	53.6	55.5	→	1
横浜市	39.5	42.8	↗	1
名古屋市	**15.8**	**17.0**	↗	**4**
京都市	36.1	34.2	↘	1
大阪市	24.4	26.1	↗	1
神戸市	40.9	34.7	↓	1
福岡市	34.7	39.5	↑	1

＊最右欄は自都市を1番に選んだ順位
資料：参考文献【1】【2】

　都市別でみると（表1-1）、上記のシビックプライドでは割合が低かった東京は、ここでは逆に最大比率（55.5％）で自都市を一番にあげている。大阪も自都市を一番（26.1％）にあげてはいるが、二番は札幌（23.0％）、三番は東京（18.9％）と比率は大阪の値に迫っている。

　名古屋市民は名古屋にないものを他都市に希求する。そこは生活視点でなく、観光視点が強く作用していそうだ。名古屋は東京ほど都市機能が集積しておらず、京都ほど歴史的文化の蓄積はなく、札幌ほど気候風土の独自性はない。名古屋はすべて揃っているが、すべてにおいて"中庸"なのである。

【他己評価：魅力に欠け、訪問したいと思われない都市・名古屋】

　この調査の締めは「買い物や遊びに行きたい」都市かどうかの訪問意向である。ここは「暮らしたい都市」でなく、「訪問したい都市」の選択である。言い方をかえれば観光したい都市かどうかの設問である。

　観光的要素の強い札幌や京都は相対的に比率が高く、大阪がやや低いものの、ほぼ20～30％の幅内に入っている。それに対し名古屋は二度の調査とも突出した最下位である。この結果を見て名古屋市行政は二度驚いたことになる。名古屋のブランドを高めようとして実施した調査が逆に低めてし

まった結果となり、かつ全国
ニュースになった。他者から
見て名古屋は観光都市のイ
メージがないようだ。

表1-2　各都市の訪問意向比率（%）

	2016 年	2018 年	動向
札幌市	36.6	41.7	↑
東京都区部	28.6	28.6	→
横浜市	28.9	28.7	→
名古屋市	**1.4**	**2.7**	↑
京都市	37.6	34.8	↘
大阪市	16.8	18.8	↑
神戸市	27.7	26.1	↘
福岡市	25.7	24.7	→

資料：参考文献【1】【2】

【名古屋の自己評価と他己評価】

　都市魅力については名古屋の自己評価も他己評価も低いことが明らかに
なった。名古屋は都市圏で見ると「住み・働く・憩う」の三点セットは整い、
自己完結型都市圏だと言われる。名古屋で生まれ、育ち、学び、働いて、老
後を過ごし、墓地を買って永眠する、“ゆりかごから墓場まで”の暮らしが
可能なのである。例えば、大学進学における地元残留率は愛知県が最も高い。
同時に、大学卒業後の地元就職希望率（Ｕターンを含む）は東京・大阪につ
いで愛知県が高い（表1-3）。魅力を感じる都市として自己評価が最も低い名
古屋ではあるが、心底そう思っているのなら、他都市へ進学し他都市で就職
する行動を起こしそうなものの、実際はその真逆の結果になっている。

　前述したように都市比較の指標でみると10点満点で6点から8点が多い中
庸的都市であり、特化型都市ではない。暮らすうえで過不足なく条件が揃っ
ている名古屋は、それが日常であるため、問題意識も小さく、他都市の特化
した魅力に惹きつけられている。「最も魅力を感じる」都市で、名古屋より
も東京・京都・札幌のほうが上位にあがっているのはそれが理由であろう。
よって、自己評価が低いのは自己満足の裏返しと言えよう。“住めば都”な
のである。

　しかし、他己評価はどうであろうか。名古屋を訪問したい都市として全く
評価されていない。名古屋市民も他者を呼び込む意識（推奨）がほとんどない。
ものづくり（製造業）イメージが先行し、消費や観光の場としてイメージさ

れていない。一朝一夕でイメージは形成されるものではない。それではどのように名古屋イメージが形成されていったのか？まずは11大都市、そこから4大都市に絞り込んで名古屋を見てみよう。

表1-3　都道府県別大学進学の地元残留率（50%以上）と地元就職希望率（2020年）

都道府県	愛知	北海道	東京	福岡	大阪	宮城	広島	京都
地元残留率 ＊1	71.1	66.9	66.4	64.8	57.4	56.5	52.1	50.7
地元就職希望率 ＊2	74.5	65.4	89.1	69.2	78.1	49.3	53.3	41.3

＊1　リクルート進学総研レポート（WEB）
＊2　2020年卒マイナビ大学生　Uターン・地元就職に関する調査

（2）11大都市のアピール度と札幌・横浜・神戸・福岡のイメージ形成

【11都市別雑誌掲載頻度からみるアピール度（1900年〜1990年）】

　ここでは外からの都市イメージを把握するため、大宅壮一文庫に所蔵されている雑誌（週刊誌・月刊誌等）に掲載された記事タイトルを収集し、それを東京・大阪・京都を含めた11大都市で比較した（表1-4）。11大都市のデータは1980年代までである。

　東京・大阪・京都は江戸時代から三都と呼ばれ、他都市とは別格扱いされてきた。東京は首都（幕府）、大阪は天下の台所、京都は朝廷という役割分担の中でその存在をアピールしてきた。明治以降は東京が世界都市に組み込まれていき、大阪は日本の二眼レフの一眼としての役割を担ってきた。京都は古都として日本文化の代表都市として扱われ、外国人賓客等が多いため、依然として記事件数が多くなっている。東京は戦後において概ね65%前後のシェアを占めており、大きな変動はない。横浜や神戸は東京や大阪に近接し、「港」や「ニュータウン」などの独自の都市文化をアピールして、記事件数が三都に次いで多くなっている。

　名古屋は三大都市圏の一翼を担うが、記事件数でもそのことが現れているものの、横浜や神戸ほどのアピール度はない。それらに続く都市（圏）として札幌・仙台・広島・福岡（略して札仙広福という）の4大都市が名古屋を追撃している[注3]。

東京・大阪・京都は記事掲載件数が別格であるので、それを除く掲載件数の多い都市4都市を取り上げて、時代ごとにどのように扱われていたのかを詳細にみよう（本章最後に掲載した表1-6を参照）。なお、1990年代後半から2000年代前半についても総合月刊誌・総合週刊誌、ビジネス誌、女性誌の記事でフォローしている（参考文献【5】参照）。なお、名古屋は後で取り上げ詳述する。

表1-4　11大都市別雑誌記事掲載件数

年代	東京	大阪	京都	札幌	仙台	川崎	横浜	名古屋	神戸	広島	福岡	合計	東京比率
1900	27	7	12	1	1	0	4	1	3	0	0	56	48.2
1910	68	21	10	0	0	0	5	10	1	0	0	115	59.1
1920	118	30	11	0	0	0	2	0	1	0	0	162	72.8
1930	140	51	12	2	2	3	0	4	3	0	1	222	63.1
1940	44	19	4	2	2	0	6	2	3	1	0	83	53.0
1950	504	142	59	9	5	6	27	13	21	11	10	807	62.5
1960	529	123	73	8	6	2	23	14	20	1	5	804	65.8
1970	1,919	273	314	44	16	25	113	38	100	10	55	2,907	66.0
1980	2,025	210	85	112	65	42	254	116	156	23	62	3,150	64.3
合計1	5,374	876	580	178	97	78	438	198	308	46	133	8,306	64.7
1990	–	–	–	70	24	17	165	52	90	22	53	493	–
合計2	–	–	–	248	121	95	603	250	398	68	186	1,969	–

【札幌：冬季オリンピックと雪まつりで全国区へ、観光等で独自色を打ち出す北の大都市】

　戦前の札幌市のイメージは薄く、記事として取り上げられることは少なかった。1920年の全国初の国勢調査では、当時の市域で10万人に達している。戦後の1950年代に札幌定番である「雪まつり」「異国情緒」「札幌ラーメン」「時計台」が出揃った。1960年代は支店経済の一翼を担い、「札チョン族」という言葉が生まれ、また札幌で冬季オリンピックの開催が決定（1966）したことで全国区となった。

　1970年代は人口が100万人を突破し、政令指定都市に移行した。冬季オリンピックの開催（1972）と雪まつりの定着により全国から注目され、交遊地「ススキノ」、名産品「サケ」、そして「食べ歩き」記事が増加する。1980年

名古屋都市・空間論

代は北の大都市の地位を確立した札幌が、他の大都市と比較されて語られる。テーマは地下街、観光地、ニューミュージック、東京の縮図としてのテスト市場などである。ありがたくない日本一も紹介（1984）される。離婚率やクレジット破産、いたずら電話がそれである。他方で「芸術の森」や「サッポロビール工場跡地」の開発も新しい兆しとして紹介されている。1990年代は前述の２施設や札幌テクノパークのオープンが扱われ、また国際的視点として「北方圏」（組織としての活動は1970年代から）における中枢管理都市として取り上げられる。ノスタルジック・ロマンチックがキーワードとして付加され、イメージチェンジが図られてきた。

　2000年代は事件やスポーツ記事（ワールドカップ2002、ノルディック世界選手権2007）は散見されるものの、露出度は高くない。2012年に札幌市はシティプロモーション戦略を策定[注4]した。そのなかで対外的な都市イメージは「観光・レジャー」が突出して高く、地域資源評価では食事・食材、産品、自然等の評価が高いことを明らかにしている。シティプロモーションのキャッチコピーは"笑顔になれる街"を標榜し、北の200万人大都市としての独自色を打ち出していこうとしている。

【横浜：妖しい港町から伝統と先端の二面性を持つトレンディな都市へ大変身】

　江戸末期に外国の窓口として開港して以来、横浜は港町として発展し脚光を浴びた。居留地も整備されたため、横浜はヨコハマあるいはハマと呼ばれ、港もミナトと表記された。1940年代までは築港の状況やそこで営まれる生活をルポした記事が多く書かれた。また、戦前は軍需工業化が進められたため、空襲により徹底的に破壊された。1950年代は占領軍による大規模接収が行われ、兵舎が建ち並ぶ基地となった。この接収が解除されたのは1955年であり、経済復興の立ち遅れもあって、斜陽都市のイメージで記事は書かれている。1960年代は高度経済成長の波に乗り復興は本格化するが、この年代の前半は無国籍都市、汚いミナトとして描かれ、混沌として得体のしれない妖しい都市のイメージであった。しかし後半は徐々に妖しいイメージが払拭され、「公害追放のモデル産業都市」や「窓を開ければ港が見える」[注5]

と明るい都市と呼ばれるようになり、1969年にはいしだあゆみの「ブルーライトヨコハマ」がヒットした。1970年代になると本格的なイメージチェンジが始まる。大通り公園や都心プロムナードの整備をはじめ、関内の商店街の活性化に向けて馬車道（1976〜）、イセザキモール（1979〜）などが都市デザイン手法注6を取り入れながら都市空間が整備されていった。この間に"ドヤ街"も徐々に消滅していく。「食べ歩き」などの記事が増えて、横浜中華街や外人墓地が観光スポットになる。そしてダウンタウンブギウギバンドの「港ヨーコ・ヨコハマ」（1975）がヒットする。

　1980年代に横浜はトレンディな都市へと変身していった。都心元町の整備や港での開発MM21プロジェクト、マイカル本牧ショッピングセンターのオープンのインパクトは大きかった。1989年には「女の子がいちばんに行きたい街だから」となり、横浜ベイブリッジが格好のデートコースになった。1990年代はMM21が姿を表し、ランドマークタワーが港のシンボルになる。これら「未来都市」に変貌する一方で、老舗探しやレトロ風景に関する記事が現れてくる。

　2000年代はこれまでの変貌を固定化していく時期となり、いい都市イメージを高めている。食べ歩きやまちなみ散策を扱い、経済記事よりもスポーツ関連記事が増える。女性誌は歴史・伝統とおしゃれ・都会的顔（みなとみらい21）の二面性を持つ魅力が伝えられている。おしゃれ感や情緒あふれる港町、中華街を始めとする食文化がキーワードとなりそうである。

【神戸：混沌の港町からエキゾチックな港町へ大変身、そして大震災からの復興へ】

　江戸末期の兵庫開港に始まる神戸は、外国人居留地が設けられ、急速に発展していくが、記事件数は横浜に及ばない。昭和時代になると港は危険なイメージが定着し、戦後すぐは米軍接収地や闇市などが生まれ。「暗黒街」「麻薬のミナト」という言葉がついて回った。1950年代には戦後の混沌を引きずり、「唄のない街」「混血の街」「ミナト神戸の売春」と形容され、港で明け、港で暮れる。しかし後半になると「国際都市・ミナト・コウベ」のキャッチフレーズが語られる。1960年代は変身途上の神戸を捉える。依然「麻薬基

地神戸」や「妖しい素顔」というコピーが見られる一方で、「海と山に伸びる神戸」「ロマンス六甲の山と川」といった発展膨張する神戸の姿が描かれている。海上文化都市の嚆矢であるポートアイランドが1966年に着工した。まさに夢の島であった。

1970年代はNHK連続テレビ小説「風見鶏」（1977）が放映され、異国情緒があふれる都市の売り出しに一役買った。ポートアイランドの工事進捗とあわせて、六甲アイランドと西神ニュータウンとの一体開発は一層海上都市のイメージを固めていくことになった。まさに風見鶏と人工島でイメージアップを図ることに成功している。1980年代は竣工したポートアイランドで地方博覧会ポートピア（1981）が開催され、その大成功が「都市経営のうまい神戸」との評価を得るようになった。またファッションマート神戸の完成（1989）はファッションタウンのイメージ向上に貢献する。この年代から「ロマンチック神戸」が頻繁に使われるようになり、デートスポット、ショッピングスポットが紹介された。さらに、神戸ワインと神戸牛、六甲の水など「食」も積極的に売り出した。1990年代の前半は港湾関連のプロジェクトが完成していき、博物館、水族館、農業公園等自由時間の増大に対応したまちづくりが進められた。「ロマンチック」から「エキゾチック」へとキャッチフレーズがこのころから変わり始める。しかし。1995年1月17日、大都市直下型大地震である神戸淡路大震災に見舞われ、一瞬のうちに街が崩壊した。

その後は、経済雑誌では震災復興記事が多く掲載されているが、他方で連続神戸児童殺傷事件（1997）の「神戸少年A」の話題が2000年を超えても記事になっている。女性誌ではグルメや文化関連記事は出るものの、露出度は意外に少なかった。

【福岡：アジアの交流拠点都市とまつりとグルメの懐の深さ】

同じ指標で福岡を眺めると1960年代までほとんど取り上げられない無名の時代であった。しかし、1970年代に入ると一気に注目を浴びる。それは福岡博多までの山陽新幹線が開通したからである。この新幹線効果により福岡は都市紹介「シティカタログ」の記事が急増した。そして福岡の水飢饉による19時間の断水は全国から注目を浴びた。また、多くのミュージシャン

を輩出するフォーク喫茶の記事が掲載される。博多祇園山笠まつりや屋台が博多名物となったのは1980年代である。プロ野球球団の誘致も行われ、ダイエーホークスが本拠地を構えることになり、西鉄ライオンズの夢をもう一度ということになった。市制百周年イベント「アジア太平洋博覧会（通称よかトピア）」が開催（1989）され、ようやく120万人都市の実力が備わってきた。1990年代は「シーサイドももち」や「香椎ネクサスワールド」(1991-1992)「キャナルシティ福岡」(1996) など新しいプロジェクトが推進され、福岡が地方都市のなかで最も活発な都市の一つとして評価された。また、開閉式の福岡ドーム（現福岡paypayドーム）のオープン（1993）はイベントの格好の場を提供することとなり、多くの外国人タレントが公演することにつながった。さらに福岡はアジアの交流拠点であることを明確に打ち出して、独自の道を歩んできている。

　2000年代に入ると女性誌ではまち歩きやグルメをテーマにした記事が掲載される。グルメの街のイメージが定着し、経済文化面で好況や不況があっても揺るがない「懐の深い台所」を持つ福岡は強い。

2　名古屋のイメージはどのように形成されたのか

　名古屋のイメージ形成の変遷を全国雑誌の記事を中心に詳細に整理していく。

（1）江戸から戦前の名古屋イメージの浮沈
【江戸時代：格式高い名古屋　京がさめるほどの繁華とその後の消沈】
　名古屋のまちができる前の尾張の中心地は清洲であった。人口は京都の30万人超、大坂20万人、江戸・仙台15万人、駿府12万人、堺8万人に対し、清洲は6〜7万人と大都市であった[注7]。しかし関が原合戦後（1600年）、江戸に対する西国への前衛として清洲は期待されるも、五条川の氾濫や井水の不便、水攻めの恐れがあり、また市街地の拡大に制約があるため、名古屋台地へ移転することとなった。名古屋城の普請（土木工事）には西国・北国の

外様大名二十名が担当し、財政的に負担を強いて、勢力を削いでいった。名古屋城は天下普請であり、このような経緯の上で名古屋城下町が形成される。

　全国的に名古屋の名を轟かせたのは、七代尾張藩主徳川宗春時代（1730～1739）の都市繁栄ぶりである。将軍吉宗が質素倹約選一を旨とする享保改革を進めているなかで、藩主宗春はそれとは真逆の規制緩和型の自由経済をめざした。祭の復活、商業者の誘致、遊郭や芝居小屋の建設を許可した。“よく働き、よく遊べ”がモットーとなる。そんなエアポケットに全国から職人や芸人が名古屋に集まってきた。この動向を見て「名古屋の繁華に京がさめた」と評価され、全国的に注目されたのである。宗春は10年間の治世で“ものづくり名古屋”、“芸どころ名古屋”の礎を築いたが、幕府の質素倹約選一の施策と真っ向から対立する運営を行ったため、蟄居を命じられた。その後は、十代から十三代尾張藩主までは御三卿から送り込まれ、よそ者藩主が続き、十一代斉温は一度も江戸から名古屋に赴いたことがなかった。「昨今、いわゆる一昔前の名古屋気質、排他的、消極的な気風のよって来るところを、この“よそ者藩主”の治世に求めようとする見方がある。これに対して『やはり、宗春の責任の方が大きい。あれですっかり、失敗を恐れる空気が強まってしまった』とする人がいる」[注8]との評価がなされている。なお、尾張藩は徳川御三家の筆頭藩であり、格式は高いが、唯一将軍を輩出できなかった。紀州は八代将軍吉宗と十四代家茂を、水戸は十五代将軍慶喜を送り出している。

　もう一つの視点として地理的条件から育まれた「戦国エトス」[注9]論である。権力を持った関西と関東の狭間にある名古屋は、中世の時代から合戦の地となり、源平の墨俣合戦、承久の乱の木曽川の戦い、戦国時代の桶狭間、長篠、小牧・長久手の戦いがこの地周辺で繰り広げられた。その結果、「土地に根付いた何かを育てようとする発想が出にくい」や「土地＝都市のアイデンティティを求めるより自分の生活や財産を守ることに執着する」という意見が出てくる。後述する、名古屋城下に移転する清州越しや戦前戦後の土地区画整理事業の拡大、戦災復興の墓地移転は、都市や土地に固執していないから可能になったのかもしれない。

【明治以降から戦前：工業都市の成長】

　江戸から明治に転換する時代に、尾張藩は勤王派に属するも、東西の挟撃に阻まれて全国に覇を唱えることができなかった。このため、中央とのパイプを持つことができず、自力で事を起こす必要性が生まれた。また尾張藩延命による旧武士階級に対する殖産事業の展開という穏健な風土産業の道をたどっていった。

　工業都市としての必須条件は燃料となる石炭が近傍にあり、素材や製品を移出入できる港がなければならない。その両方とも備わっていない名古屋では地場で育ってきた織物が殖産事業の火付け役になるが、近代工業化への道はスロースタートであった。工業化は木材の一大集散地である地の利を生かして、製材工業の機械化、掛け時計に製造からはじまり、車両製造へとつながって本格化していった。さらに発明・特許制度の確立を背景に、全国からものづくりに情熱を燃やす若者が集まり起業化していったことや、兵器産業の拠点として育っていった[注10]。

　明治時代の名古屋を取り扱う記事は、「名古屋財界の近情」などの経済記事が比較的多い。また風俗として「金の鯱」がシンボルとしてあり、「茶の湯」「生け花」が盛んで流派も多く、宗匠の数も多いと指摘している。戦前から名古屋の排他性、閉鎖性、名古屋文化のタコ壺化、松坂屋信仰といった名古屋人気質[注11]や小説の舞台にならない名古屋の嘆き[注12]が記事となっている。東京から大阪、京都そして名古屋の順にペンキの配色が悪くなり、ペンキの字も下手さ加減が出ていることも指摘され、景観への配慮や文化レベルの低さについて揶揄[注13]されている。

　名古屋で軍需工場が建ち並び、職工（工場労働者）景気に沸いていたのが、大正から昭和初期の時代であった。名古屋の蓄財指向は戦前からのものであり、株はやらずに地道に貸家を建てるか貯蓄に走るかであった。他方、職工が増えれば住宅難に陥るが、会社側は社宅を建てようとせず、「中京資本家の頭は古い」と言われていた[注14]。

【戦前から戦後の「名古屋美人」の盛衰からみる名古屋】

　明治に入ると「名古屋美人」が一躍脚光を浴び、もてはやされる。「名古

屋美人」の盛衰については井上章一の「名古屋美人の神話学論」[注15]に詳しい。

　名古屋美人が全国に流布したのは1910年（明治43年）に開催された名古屋市共進会からだと言われる[注16]。しかし明治時代の芸者評価では、名古屋美人は美貌だけが売りで芸がないとの指摘があったが、戦後しばらくまでは芸はあるが美人でないと評価が逆転している。大正時代は名古屋美人全盛期で「名物金の鯱以上に名古屋を売っているのは芸娼妓酌婦」とか「名古屋の三大名物　大根・瀬戸物・美人」とも言われていた。

　戦後になるとその評価は下がっていく。「名古屋美人」が雑誌記事のタイトルとして現れる最後[注17]は1959（昭和34）年であった。戦後の急速な工業化とともに外から大量に労働力が流入することで名古屋美人は消えていく。またテレビの大衆普及化が美人観を変えてしまった。名古屋の「大いなる田舎町」イメージとも相まって、仙台・水戸をあわせて「三大不美人の産地」と言われた時代があった。今の若者にとって「名古屋美人」の時代も「名古屋不美人」の時代も知らないであろう。それは過去の話になってしまっている。

（2）戦後の名古屋の毀誉褒貶

【1950年代：戦災復興で変わる青年都市】

　一大軍需工業都市名古屋は未曽有の空襲によって市街地は焦土と化したが、いち早く戦災復興事業に着手した。戦前から区画整理が盛んな名古屋では技術者が多数復員し、戦前から都心部改造の青写真を持っていることも相まって、シャープ勧告が出される時点では後戻りできないまで事業が進捗していた[注18]。当初は焼け野原が延々と続き、以前の軍需工場都市の面影はなく、天守閣も金の鯱も焼け落ちて平板な街になった名古屋は「偉大なる田舎」と呼ばれるようになった。雑誌にこのフレーズが最初に使われたのは1948年である[注19]。茫漠とした名古屋の都市イメージはこの時代に形成されたように思える。

　1950年代後半にはいると徐々に戦災復興事業が姿を現してくる。百ｍ道路、テレビ塔、平和公園などがそれである。それに伴い名古屋の評価も高めていく。グラビアで紹介され、すっかり新しくなりつつある名古屋に理想郷を見

出そうとする記事が多くなる[注20]。復興とともに地場の経済が持ち直していくなかで、名古屋が再び揶揄される。貯蓄第一で堅実なところを指摘してだ。これは戦前から言われているものであり、その焼き直しに過ぎない。

名古屋のイメージを定着させた一つは、「日本一の地下街」であった。地下鉄東山線（名古屋駅〜栄）の開通（1957）とともに、地下街もオープンした。地下通路を活用した店舗街でなく、名古屋駅には本格的地下街「サンロード」をはじめとした3つの地下街（合計1.4ha、124店舗）が出現した。当時の名古屋は交通事故死日本一であったため、この対抗策をとったことと地下鉄改札口と地下街の一体整備によるコスト削減がその背景があった。このことを指して「尾張名古屋は地下で持つ」と呼ばれた。

【1960年代：戦災復興の概成と工業都市の成長へ】

この年代に入ると戦災復興事業はおおむね骨格を整えてくる。基盤整備をしてから土地利用がなされるため、他都市で戦後すぐさまビルが建設されていったのとは対照的に、名古屋はスロースタートであった。しかし、一旦基盤が完成すれば後の建設はスムーズにいく。これから伸びゆく姿を「青年都市」のイメージに被せていった。

当初は①ディズニーランド、②バスターミナル、③東海製鉄（名古屋市外であるが）の三大プロジェクト構想が打ち上げられた（1960）。東京ディズニーランドの開園が1983年であることを考えれば随分と早いが、名古屋プロジェクトは「奈良ドリームランド」に対抗して、当時の松竹会長が小林橘川市長に持ちかけた構想である。本家のディズニーランドでなく、"日本のディズニーランド"なのである。結果的にこれは実現しなかったが、残り二つのプロジェクトは実現している。ものづくり分野と交通分野は強化され、工業都市のイメージは定着していくが、観光・レジャー分野は実現していない。

小説の舞台にならない嘆きが戦前にあったが、歌についても同様で、名古屋に関する歌は多くない。そんな中で、石原裕次郎が歌う「白い街」が1967年10月に発売された。タイトルに名古屋の冠はないが、歌詞には「久屋大通」「白壁」「東山」が歌われるご当地ソングである。同年の2月に発売された「夜霧よ 今夜も有難う」は255万枚の大ヒットであったが、「白い街」

は中途半端なヒットで終わってしまった。ご当地ソング全盛期時代の歌ではあるが、裕次郎が歌っても大ヒットしないため、「名古屋を題材にした歌は売れない」というマイナスイメージを植え付けてしまったようである[注21]。ちなみに「白い街」は整備された街路の街路樹が育たない中で新しいコンクリートのビルが建っていく様が「白」のイメージとして映ったのではないだろうか。

　「抑圧されたケチだが冠婚葬祭には金をかけ、豊かな土地柄ゆえにぬるま湯ムードで、大阪の食いだおれ、京都の着だおれに対して、名古屋は見だおれ（芸能）」が相変わらず登場している。芸どころ名古屋の面目躍如でもあるのだが。いずれにせよ正負両面からの評価である[注22]。復興によって街は変貌したが、名古屋人気質は変化せずといったところか。

【1970年代：不況時の名古屋モンロー主義再評価】

　日本万博の開催で幕を開けた70年代は、田中角栄の列島改造論を引き金にして地価が高騰し、二度にわたるオイルショックを被るなど乱気流の時代であった。また、大都市では革新首長が次々誕生した時代でもあった。

　脱工業化が喧伝され、不確実性の時代とも言われた。この時代の変曲点で神戸や横浜はうまく都市イメージを誘導していったものの、名古屋はうまく波に乗れずにいた。名古屋を取り扱う記事件数も伸び悩んだ。そのなかで、第一次オイルショック後の不景気時代に名古屋人気質の合理性＝名古屋モンロー主義が再評価される。ここでいう名古屋モンロー主義とは、企業レベルで他社とのかかわりを持たない意味で使われている。無借金経営を軸とした名古屋商法にもとづく行動を評しての表現である。これまで貫いてきた「徹底した実利、実益主義と技術至上主義」[注23]は不景気の時代には強みを発揮する。

　徐々ながら、名古屋の飲食や風俗、伝統に関する記事が多くなってくるのもこの年代である。全国的に名古屋経済が注目されれば、その都市を掘り下げるニーズが増えてくるからであろう。オリンピックに立候補したのもこの年代であるが、それ以外目立った記事はなく、いわゆる中だるみ期と言える。

【1980年代：名古屋バッシングと遷都案・デザイン博の効果】

　この年代は、CNNの放送開始でスタートし、ベルリン東西の壁の崩壊と天安門事件の勃発で終わっていった。国際的な政治経済が大変動をおこした時代であり、先の読めない混沌とした時代でもあった。

　1981年に、1988年に開催されるオリンピックの開催地が決定するスケジュールの中で、80年はオリンピックに対する地元対応が注目された。「保守と革新の二人三脚」注24「高度成長型の発想」注25といった批判的なものから、「ハッスル大ナゴヤ」注26「名古屋に熱い風が吹く」注27といった比較的好意的なものまで様々であるが、名古屋が注目されている証左であった。特に若者をターゲットにしている週刊プレイボーイで取り上げられたことは特筆に値する。「日本一ナウい街に変貌しつつある」注27との評判を呼んで、実際に訪れることになる。これはオリンピック、ロサンゼルスとの姉妹都市提携、タモリのギャグの影響であった。

　そのタモリのギャグとは何か。1981年のタモリによる名古屋パロディは大いに嘲笑の的としての都市イメージを定着させた。「名古屋駅に降りるとミャーミャーと猫の鳴き声が聞こえる」とか「エビフリャー」とのコメントである。この記事を扱った「タモリにこけにされた大いなる"田舎"名古屋大研究」注28の内容は従来から指摘されていた内容の繰り返しで、別段新しい分析があるわけではないが、ラジオやテレビなどマスメディアによって流布されたことが影響の度合いを大きくした。改めて、都市イメージの重要さが認識されることになる。その地元からの反論も記事注29になった。これ以降、名古屋を揶揄する記事タイトルの語尾に「みゃー」とか「だぎゃー」を付けることが多くなった。

　1981年9月30日、西ドイツ（当時）のバーデンバーデンでIOC総会が開かれ、1988年オリンピックの開催地がソウルに決定した。「それみたことか」といった論調の記事が増えるのはもちろんだが、1年後の惨状という趣旨でまた大々的に取り上げられた注30。

　1982年に久しぶりにリーグ優勝した中日ドラゴンズが日本シリーズで西武ライオンズと対戦するが、第二戦も敗れて連敗したため、中日ファンが球場内に乱入して暴動を起こした。1984年にはコアラ獲得一番乗りを目指し

ていた名古屋が鹿児島に先を越された。オリンピックに次ぐ誘致失敗は「二度目の屈辱」言われた。1985年は豊田商事会長刺殺事件や投資ジャーナル会長の詐欺逮捕など金融・証券界をにぎわした事件が勃発したが、両者とも名古屋で金銭感覚を身につけたとして、いわゆる名古屋商法の独自感が取り上げられた[注31]。いずれも名古屋にとってネガティブな記事であり、都市イメージはダウンした。

このような状況下で名古屋人気質を集大成したパスティーシュ小説「蕎麦ときしめん」が1984年に小説現代で発表される。作者は名古屋出身の清水義範である。この小説で「地下街大好き」「広い道路と豪華な車」「東京への優越感と劣等感」「排他的なコミュニティ」「無きに等しいプライバシー」といった名古屋のステレオタイプが完成する。内容は名古屋人のパロディであり、誇張されているのだが、イメージはそのようなもので構成されるので、真実はともかく印象に残れば残るほど定着しやすい。

さらにもう一つ、別の視点からの名古屋評価である。経済のボーダレス化やジャパン・プロブレムが話題になるなかで日本が生きる道を名古屋に置き換えて議論している場面が登場した。「日本は輸出ばかりして貯め込むだけで消費せず、社会は閉鎖的で他者を受け容れない、日本は尊敬されず嫌われる」というもので、「世界のなかの日本は、日本のなかの名古屋」との指摘[注32]である。1970年代の不況期には評価された名古屋モンロー主義は、1980年代に入ると排他性、閉鎖性を代表するキーワードとなり、名古屋評価は180度転換する。

この年代の後半になってくるとイメージをアップする記事が登場する。首都移転が政治的話題になるなかで、東海銀行（現三菱UFJ銀行）が発表した名古屋遷都案である。名古屋に首都機能を移転する案に対しては「地元銀行による我田引水の構想」[注33]や「オリンピック誘致と同じ発想？」「エビフリャー的思惑」といった切り口で話題となった。もちろんこの案は実現していないが、批判的ではあるものの一石を投じたことは間違いない。

1989年に名古屋市は市制百周年事業として世界デザイン博覧会を開催した。この年は多くの都市で百周年記念事業を実施している。横浜、大阪、神戸、広島、福岡などもイベントを行っている。開催公表と同時に、これまで

のステレオタイプではない新しい視点で語られるようになる。その最初でまとまったコメントが雑誌ACROSS[注34]（1986年12月号）であった。ネオ名古屋の出現として捉えられ、名古屋のトレンドを紹介しているのだが、名古屋は東京や大阪とは異なる独自のバイオリズムをもち、「何かが生まれてくることが期待できそうな街」としている。たしかに戦災復興事業が進捗しているときには「青年都市」と呼ばれ、「これからの街」を予感させたものの、答えを出せなかったが、デザイン博は名古屋の定型イメージを打破するポテンシャルを感じたのかもしれない。1986年以降デザイン博に関連して多くの記事が生み出され、1989年の開催後も取り上げられるほど影響力があった。ハード先行の街づくりは記事になっても単発で終わり、それだけでは都市イメージに及ぼす影響は少ない。いわば、それは舞台の整備にすぎず、都市イメージを形成するパワーを持ちうるのは、その舞台で何を演じるのかである。その演題を名古屋デザイン博覧会で見て取ったのかもしれない。

　前述のACROSSがデザイン博覧会開催中に「デザイン人工都市・名古屋論」[注35]（1989年8月号）を特集した。ファッションとカルチャーを分析するこの雑誌は東京に軸足を置いている。そこから名古屋を見た場合、もともとデザイン都市であり、都市をデザインし、機械（エンジニアリング）をデザインしてきているが、名古屋の美意識は「つくる」ことにあるとしている。対して東京の美意識は「なる」（「なるようになる」の「なる」）にあり、この視点からは「つくる」は人工的・現世的で、自然的・精神的な「なる」と比較すると、野暮でダサい存在でしかない。ましてや名古屋城金鯱や名古屋仏壇、戦災復興時事業はものとまちの「つくりすぎ」の代表であり、一層イメージが悪くなると評価しているのである。

（3）平成の名古屋大変身
【1990年代：おしゃれな街へ変身から三大プロジェクトへ】

　デザイン博覧会の効果は1990年に入っても続く。経験的にいうならば、街が美しくなった。経済誌が「名古屋『大イナカだわ』から変身中」[注36]やグラビア雑誌が「新・名古屋八景」[注37]として、新旧の景観を紹介している。ちなみに八景とは、名古屋市美術館、旧鳴海球場（日本初のプロ野球試合開催

地）、中村（遊郭街）、愛知県芸術文化センター、ミッキー（基幹バス）、金鯱
２（遊覧船）、大須（下町）、納屋橋（船のバー）である。いいものは残り、新
しいものが生まれる、その変身が記事になっている。また若者向けの雑誌に
よく登場するようになる。「オシャレに変身」[注38]や巨大水族館や大芸術シア
ターの紹介[注39]である。

　他方で東海道新幹線「のぞみ」の名古屋飛ばし[注40]や某辞書で「joke
town」[注41]の例として名古屋を挙げたことが騒動となった。地域のプライド
を逆なでする出来事であった。きんさん・ぎんさんの百歳双子姉妹[注42]は全
国的に有名な存在になり、雑誌だけでなくテレビで頻繁に名古屋が紹介され
た。

　当時の愛知県知事は地域の経済活性化、国際化を推進するため、中部国際
空港、中央リニア新幹線、第二東名・名神高速道路の三点セットの実現[注43]
を推進していた。そこには2005年の21世紀国際博覧会の誘致を見込んだう
えでのアピールである。これらプロジェクト構想により、雑誌等は頻繁に名
古屋・愛知を取り上げていくことになる。

**【2000年代以降：気になる都市から無視できない都市へ　名古屋の消費動
向に注目】**

　21世紀の名古屋はトヨタをはじめとした製造業が好調であり、それに伴
い名古屋の消費行動が注目された。全国的な不況を尻目に、万博推進（2000
年にBIE総会で正式登録）、新空港建設、名古屋駅前ビル建設などが注目され、
ブランド店の進出や百貨店等の床面積拡大に拍車がかかった。そこでは名古
屋人の豪快な消費行動が繰り広げられ、惜しげもなくお値打ちな商品を買い
込む「名古屋買い」の言葉が生まれた。また、その消費を担う若い女性を「名
古屋嬢」といい、髪型ファッションを「名古屋巻（ゴージャスな巻き髪）」と
表現された。若干揶揄する感はあるものの、あくまでプラスイメージである。
あこがれの職業や地位にある有名人が「実は名古屋出身である」と紹介され
るようになったのもこの時期である。食文化も「B級グルメ」から2000年
に入って「名古屋めし」へと固有名詞がついて扱われることになる[注44]。

　経済誌「東洋経済」は2004年5月に初めて名古屋を特集した臨時増刊号

を出した。経済誌といえども、中身は経済だけでなく、文化から人材まで広範に及んでいる。以来、名古屋臨時増刊号を2017年まで毎年発行し続けた。じつに14年間にわたる特集であった。東洋経済では一度「北九州の主張」（2013.2）を特集したことはあったが、それ以外の都市特集はない。それだけ名古屋の経済力あるいは名古屋の存在が大きかったと言える。その表紙タイトルを一覧にしたのが表1-5である。

その14年間に「最強」の言葉が何度か登場する。ほとんどが名古屋の強さを再認識する記事であった。しかし、2009年と2011年に「激震」や「正念場」とネガティブな言葉が使われている。前者はリーマン金融危機を地域はどう受け止めるのか、また後者は自然災害（三連動地震）やポスト自動車をどうするのかの問いに対する記事が掲載されている。しかし、いずれもそれらの壁を乗り越えて今日に至っている。

表1-5　東洋経済　名古屋臨時増刊号の表紙タイトル

年	タイトル
2004	日本経済をリードする　最強の名古屋
2005	中部空港・万博で開花する　世界の名古屋
2006	強さは本物だ！　リアル名古屋
2007	絶好機に死角はないか！　「最強の名古屋」ふたたび
2008	名古屋の実力　テクノロジー＆ビジネス
2009	再生の光は見えるか　名古屋激震
2010	危機を脱した最強の都市　名古屋再起動
2011	ナゴヤの正念場
2012	進化する名古屋
2013	名古屋ものづくり宣言！
2014	名古屋人づくり宣言！
2015	リニア新幹線開通へカウントダウン　動き出す世界の名古屋
2016	飛翔する名古屋
2017	名古屋の逆襲

2015年9月の発売された「京都ぎらい」がベストセラーになった。冒頭の

第一回都市ブランドイメージ調査が2016年9月に公表された^{注45}。それに刺激されたのか「週刊ポスト」で「名古屋ぎらい」が特集され（2016.8.19-26号）、名古屋からの批判を受けて、続けさまに「ああ、やっぱり名古屋ぎらい」（同9.2）「名古屋ぎらい　食べ物編」（同9.9）が、それら3冊のとりまとめ偏「増刊2017新春スペシャル」（2017.2.1）が発売されている。取り上げられている内容はこれまでのものの焼き直しで、目新しさがあるわけではない。すると今度は週刊誌AERA（2017.3.6）で「大名古屋経済圏の底力」が特集される。こちらは名古屋を肯定的にとらえた視点で書かれている。記事内容に「住めば都の偉大なる田舎　嫌われる勇気をもってわが道を行く」とタイトルがつく。「週刊ポスト」でも「日本一嫌われ都市」のキャッチフレーズがついている。名古屋は「揶揄される大都市」「嫌われる大都市」というポジションを与えられているようだ。

【名古屋のポジション　気になる都市から無視できない都市へ】

　名古屋は戦後の高度経済成長期には太平洋ベルト地帯の一角を占めていた。東京・大阪・名古屋の三大都市（圏）の一つであるとともに、地方大都市である横浜・京都・神戸や札・仙・広・福のグループのなかの一つでもある。これらのなかで名古屋のポジションは20世紀まで「気になる都市」であったが、21世紀に入るとリーマン金融危機に打ち勝つ経済力が「無視できない都市」に変化し、消費行動が注目された。大都市にも関わらず都会的でなく、田舎的要素が色濃く残っているため、その行動が揶揄の対象になり、嫌われることで嫉妬の対象（憧れの対象）になったわけだ。揶揄や嫌悪を発する側は暮らしや自都市の不満の捌け口として「気になる」名古屋をターゲットとするが、ビクともしないことも知っているし、受ける側は表面的には批判・反論するが、内面的には「それがどうした」という感情があるのも事実である。概して好況の時は揶揄・嫌悪し、不況の時は感歎・愛好する傾向にあり、毀誉褒貶を受けやすいポジションを名古屋は持っている。

表 1-6　都市イメージを比較するための全国誌にみる５都市の記事内容

年代	札　幌	横　浜	神　戸
1940 年代以前	**薄いイメージ** 31　インテレとプチブルの街	**ハマとミナト** 02　横浜開港の濫觴 29　横浜名物チャブ屋盛衰記 32　ハマの小抽斗 42　港湾労働者の生態 49　港ヨコハマの断面	**暗部としてのミナト** 98　兵庫開港顛末の一斑 14　市財政の窮状 30　神戸の暗黒街ポン引物語 48　分解しゆく村－神戸市の村から 49　麻薬のミナト・神戸
1950 年代	**札幌十八番（おはこ）の出揃い** 52　雪まつり 53　異国情緒のある街 54　ラーメンの街 59　札幌時計台守	**戦後の引きずり** 52　アメリカの町ヨコハマ 53　真空の町－横浜 54　横浜開港百年祭 55　エタイ知れぬ世界横浜 59　復興忘れた「斜陽都市」	**戦後の混沌と萌芽** 53　在日華僑人の生活 54　唄のない街 56　混血の街＋(57　捨てられた混血児　神戸) 56　国際都市ミナトコウベ 58　ミナト神戸の売春 59　細長く「中心」のない町
1960 年代	**支店経済と全国区** 60　札チョン族 64　雪と土と星の街 65　札幌ラーメンの体質 69　冬季オリンピック	**混沌のヨコハマ** 60　エキゾチックなムードを売るハマ 62　汚い、キタなミナト・ヨコハマ 62　国際都市ヨコハマの妖しい素顔 63　モダンとクラシックの混血都市 64　真夜中の無国籍タウン 66　なぜみんな横浜に行きたがる？ 67　公害追放のモデル産業都市 68　窓を開ければ港が見える、200 万人都市の栄光と屈辱 69　ブルーライトヨコハマヒット	**変わり行く神戸** 61　海と山へのびる神戸 61　麻薬基地神戸 62　陽気な六甲ボーイハント族の生態 63　ロマンス六甲の山と川と 67　日本の発展とともに開港百年を迎えた神戸 68　新しい日本のツチ音ミナト神戸のでっかい夢ポートアイランド「人工島」 69　新しい文化と流行つくる誇り高き港町の煩悶 69　万博会場より大きな島を残して退陣する 79 歳市長
1970 年代	**歓楽街と食べ歩き** 72　冬季オリンピックと雪まつり 72　札幌文化のホンモノとウソ 76　ススキノと冬枯れ 77　食べ歩き 10 軒集中 78～雪まつり、サケ、ススキノ、開拓史	**イメージチェンジ途上** 73～ナイトスポット、旅、ヤングスポット、元町 75　ドヤ街寿町＋沈みゆく革新都市 75　港ヨーコヨコハマ、伊勢佐木町見る・遊ぶ・食べる 77　全調査横浜中華街 77　墓地にも恋と涙のメロドラマがございます 78　馬車道浜っ子の食い倒れ　ハマのザキ通り　7 億円かけて復活	**風見鶏と人工島でイメージアップ** 71　開発プロジェクトの取り組む神戸 72　実現するか三割緑地 73　街角にあふれる異国情緒 73　若者も中年もとけこめる町 73　革新に乗り換えた神戸市長の出処進退 74　さあすが国際都市・神戸ついに出た金髪ファッションモデル売春 74　異人館の見える町 77　NHKTV 小説風見鶏で地元神戸北野町は大パニック 78　神戸にまた一つ人工島六甲アイランド 79　恋する二人の町たそがれ神戸　愛の詩 79　海上都市神戸ポートアイランド 博覧会準備
1980 年代	**北の大都市・都市比較** 80　地下街／京都／名古屋／札幌／福岡 80　札幌と那覇大比較 80　二都物語／札幌・福岡ニューミュージックを生む街 80　消費都市のフロンティア・東京の縮図・テスト市場 84　離婚率・クレジット・破産・いたずら電話日本一 87　21 世紀を目指す「芸術の森」 88　ススキノ 89　サッポロビール工場跡地開発 89　ススキノはヤクザ・地上げ・放火の無法地帯	**トレンディな都市へ大変身** 81　ラブロード 81 横浜海岸通から山手・本牧へ 81「なんとなくクリスタル」に登場の人気ブティック 82　過密ヨコハマ大改造計画 84　あの日活アクションの名舞台　山下ふ頭が沈む 86　港の歴史　古い建物を訪ねて横浜散歩 88　横浜ベイエリアが次の街　変貌する港町 88　MM21 プロジェクト走る 89　屋台撤去と博覧会 89　もうひとつの横浜博　マイカル本牧 89　女の子がいちばん行きたい街だから　横浜ベイブリッジ	**さらに磨きをかける神戸** 81　ポートピアでさらに変貌 神戸いまむかし 81　ファッション神戸の幻影 81　神戸市のマネー（マルク債）ゲームの損得 83　国際都市の国際商法　英文おみくじ 84　神戸南京町 87　海の手六甲 21 世紀にむけての海上文化都市 87　近代日本を凝縮した国際都市 88　次代の花形は神戸だね 神戸ファッションマート 89　神戸市元祖「都市経営」 89　神戸ファッションタウン完成
1990 年代	**札幌のイメージチェンジ** 90　学会で満杯の夏のサッポロ 91　札幌テクノパーク 91　膨らむ北方圏の中枢管理都市 92　とって安全な繁華街ススキノ 92　ノスタルジック・広大・ロマンチック 93　札幌ファクトリーオープン　特集多 94　画期的リサイクル団地計画 98　北海道・札幌－拓銀破綻で道産子企業は仮死状態	**レトロとフューチャー** 90　ファッションアベニュー元町　陸の孤島化伊勢佐木町 91　童謡の情景「カモメの水兵さん」「赤い靴」 91　ビジネス大魔神　横浜ビジネスパーク 92　横浜ランドマークタワー 93　博物館入りした屋台ラーメン 96　NEW WAVE 横浜・上大岡に大型百貨店 97　アミューズメントスポット楽しさランキング●横浜みなとみらい 98　特集　強い組織のつくり方　横浜ベイスターズ躍進の秘密	**定番神戸プロジェクトと震災復興** 90　神戸という外国に行く 90　神戸シアトル　バンクーバー村 90　女性に人気抜群のおしゃれなタウンは夜も昼もロマンチックがとまらない 92「善意の帝国」町内会法人化も進む 92　ハーバーランドお目見え　デパート戦争 93　アーバンリゾートフェア開催 93　神戸市フルーツ・フラワーパーク 95　阪神淡路大震災 97～神戸「少年 A」関連記事多数 97「神戸経済特区」は日本再生の鍵
2000 年代以降	**伸び悩む情報発信** 02「日本ハム」札幌移転に水を差すソロバン勘定 02　特集たっぷり！札幌	**変貌後のイメージ定着　伝統的と都会的** 00　<特集>懐かしいヨコハマ、新しい横浜 00　この街からヒットが生まれる！【横浜 VS 浦和】2002 年 W 杯で新都心候補の一番手争い 01　横浜市大「患者取り違え事件」の内部告発 03　Street Watching 神奈川・横浜～隠れ家と個性派ショップ「裏横浜」はこだわる大人向け	**復興と楽しい神戸へ** 00　大阪と神戸を繋ぐ一阪神間モダニズムの系譜　小林一三が教えた「生活を愉しむということ」 00　特集　震災五年－日本はこの街から何を学んだのか 01　神戸のミセスが案内する上質の神戸 02　週末を「神戸」で遊ぶ［歩く］［食べる］等 03　企業の活路（67)」震災から８年

第1章　名古屋の都市イメージ形成

（４）名古屋は歌に唄われない都市

【カラオケの歴史[注46]】

　カラオケは今や人々の娯楽の一つとして定着している。1950年代の生演奏から1970年代の磁気テープ式小型ジュークボックスや伴奏用ミュージックテープへと展開していき、1980年代はレーザーカラオケが主流となった。これはレーザーディスクに楽曲演奏とその楽曲に合う映像を記憶するディス型の媒体である。よって、楽曲と映像は1対1対応であり、楽曲に相応しい背景映像がセットになって、約3,000曲以上がストックされた。1990年代に入ると、レーザーカラオケから通信カラオケへと転換し、楽曲が通信を通じて配信され、店の機器のHDDに蓄積されてくるようになった。背景映像は容量が大きいので、近くの別途小型サーバーに蓄積されてから再配信されるシステムである。これだとCDが発売と同時に通信カラオケに組み込むことができ、その日に配信することが可能となる。よって、配信できるカラオケは21万曲（2013年JOYSOUNDの場合）に達している。この場合、普及段階では楽曲とBGVは1対1対応でなく、楽曲の雰囲気に合わせて自動選択された背景映像が映し出された。今日では1対1対応の映像が出されるようになったが、データとして、どこのロケ地かは不明である。

【レーザーカラオケの楽曲と背景映像の関係性】

　1対1で対応している楽曲の背景映像のロケ地はどこかを明記している第一興商のカラオケ楽曲索引本（1993.8時点）をもとにその関係性について調査した。

　全曲数3,656曲のうちロケ地名が明記されている楽曲は2,424曲であった。およそ2/3である。残りの1/3は楽曲内容から室内の映像が中心であった。この2,424曲のロケ地は表1-7、1-8の通りである（これをロケ地曲と呼ぶ）。

　ロケ地が最も多い都道府県では、ロケ地曲997曲、全体の41％を占める東京都である。後で見るように東京都内の地名がタイトルに出ているのは80曲であり、必ずしも東京がロケ地でなくてもよい楽曲なのだが、おそらく東京がロケ地になったのは背景映像を制作する企業が東京に集中しているためではないかと推察される。第二位は神奈川である。295曲、12％を占める。

曲名に神奈川県内の地名がついている楽曲は22曲であるので、これも東京にある映像会社が近傍に合って、独自の風景（例えば、湘南や鎌倉、港町横浜）をもった場所で撮影したためであろう。以下、福岡180曲（8%、地名入曲6曲）、大阪110曲（5%、同51曲）、北海道107曲（4%、同23曲）と続く。この上位5位はすべて100曲以上であった。それでは愛知県はどうであったか。42位の2曲である。この2曲は牧村美恵子「あなたの妻と呼ばれたい」、落合博満と中村美律子「恋の広小路」であった。前者は名古屋・愛知とは無関係な曲である。ちなみにロケ地なしの県が一つあり、愛知と隣接する三重県であった。風景が美しい伊勢志摩や二見ヶ浦と夫婦岩、伊勢神宮、熊野古道などがあるし、三重出身の演歌歌手鳥羽一郎・山川豊兄弟がいるにもかかわらず、ロケ地は0であった。

　もちろん名古屋のご当地ソングは存在する。西條八十「大名古屋行進曲」、石原裕次郎「白い街」(1967／久屋大通・白壁・東山)、茜なゝこ「納屋橋ブルース」(1969)、青江三奈「広小路ブルース」(1970)、神野美伽「どんとこい名古屋」(1989)、伍代夏子「ふれあい」(1994／名城・東山、納屋橋・五条橋、若宮・広小路) ロス・プリモス＆真咲よう子「名古屋ブルース」(2000) などがあるが、さほどヒットせず、カラオケのリストに入っていない。

【なぜ歌われないのか？なぜヒットしないのか？】
　ブルースの女王である青江三奈は1966年に「恍惚のブルース」で66万枚のヒットを飛ばし、1968年「伊勢佐木町ブルース」100万枚、「長崎ブルース」120万枚、1969年に「池袋の夜」150万枚とミリオンセールを記録した。その翌年に発売された「広小路ブルース」は「長崎ブルース」と「池袋の夜」と同じ作詞家・作曲家によるものであるにもかかわらず、ヒットしなかった（発売枚数は不明）。

　先に述べた石原裕次郎の「白い街」(1967) もそうだ。売れていない。彼はご当地ソングを何曲かうたっている。彼のレコード売上ベスト20に入っているご当地ソングは「恋の町札幌」(65万枚／1975)、「サヨナラ横浜」(53万枚／1971)、「おれの小樽」(43万枚／1983) の3曲である。

　演歌にしろ、ポップスにしろ、男女の出会いと別れが歌われることが多く、

それにふさわしい場が求められる。それが港や酒場であったり、川や通りであったりする。そこに物語が生まれるが、それを生み出す都市としての背景が必要である。

　当然、名古屋にも港や酒場、川や通りがある。しかし、歌われない、あるいはヒットしないのは、名古屋は出会いや別れの感情を高めて共感を得る、つまり物語を生み出す都市背景が弱いのかもしれない。東京的視点では、ダサいと言われる「つくる」都市（工業都市）、合理的でお値打ちを求める市民性、生活の自己完結とたこ壺文化、名古屋モンロー主義に代表される閉鎖性、戦災により焦土と化し、復興によって昔の面影を消去した無情緒場所性（後述する消毒都市）といった背景が物語を紡いでいかないのであろうか。

表1-7　カラオケ・レーザーディスクの楽曲のロケ地分布

No.	都道府県名	ロケ地曲	同構成比	地名入曲	同構成比	No.	都道府県名	ロケ地曲	同構成比	地名入曲	同構成比
0	ロケ地曲計	2,424	100.0	278	100.0						
1	東　京	997	41.1	80	28.8	24	鹿児島	8	0.3	2	0.7
2	神奈川	295	12.2	22	7.9	27	滋　賀	7	0.3	1	0.4
3	福　岡	189	7.8	6	2.2	27	石　川	7	0.3	2	0.7
4	大　阪	110	4.5	51	18.3	29	和歌山	6	0.2	2	0.7
5	北海道	107	4.4	23	8.3	29	山　口	6	0.2	0	0.0
6	静　岡	89	3.7	6	2.2	29	香　川	6	0.2	0	0.0
7	千　葉	77	3.2	3	1.1	32	福　井	5	0.2	3	1.1
8	沖　縄	49	2.0	0	0.0	32	栃　木	5	0.2	0	0.0
9	京　都	38	1.6	9	3.2	34	奈　良	4	0.2	0	0.0
10	長　野	35	1.4	5	1.8	34	高　知	4	0.2	2	0.7
11	兵　庫	26	1.1	1	0.4	34	島　根	4	0.2	0	0.0
12	山　梨	25	1.0	1	0.4	34	宮　崎	4	0.2	0	0.0
13	長　崎	22	0.9	7	2.5	34	茨　城	4	0.2	0	0.0
14	岩　手	20	0.8	1	0.4	39	徳　島	3	0.1	0	0.0
15	青　森	17	0.7	6	2.2	39	愛　媛	3	0.1	0	0.0
16	新　潟	14	0.6	7	2.5	39	富　山	3	0.1	0	0.0
16	広　島	14	0.6	1	0.4	42	鳥　取	2	0.1	0	0.0
18	岡　山	13	0.5	0	0.0	42	愛　知	2	0.1	1	0.4
19	福　島	12	0.5	1	0.4	44	群　馬	1	0.0	1	0.4
20	岐　阜	11	0.5	5	1.8	44	佐　賀	1	0.0	0	0.0
20	宮　城	11	0.5	1	0.4	44	秋　田	1	0.0	1	0.4
20	埼　玉	11	0.5	0	0.0	47	三　重	0	0.0	0	0.0
20	熊　本	11	0.5	0	0.0		その他	4	0.2	5	1.8
24	大　分	8	0.3	1	0.4		海　外	135	5.6	21	7.6
24	山　形	8	0.3	0	0.0						

資料：1993.8時点カラオケ検索本　㈱第一興商　㈱都市研究所スペーシア調べ
注1）ロケ地曲とは対象曲の背景映像をロケした場所であり、ロケ地名曲は楽曲数は全体で3,656曲であった。
注2）ロケ地曲とは対象曲の背景映像をロケした場所であり、地名入曲とはタイトルに地名が入っている曲。

表 1-8　ロケ地が５曲以上の都市一覧

神奈川	横浜 (82)	湘南 (33)	鎌倉 (15)	箱根 (14)	小田原 (8)	横須賀 (5)
北海道	札幌 (13)	小樽 (11)	函館 (8)			
静岡	伊豆 (54)					
兵庫	神戸 (15)					
石川	金沢 (6)					

注 1) これはロケ地の都市名であり、曲名に都市名が入っている地名入り曲ではない。
注 2) 東京や大阪、福岡、京都等は上記のような都市名が明記されていない。

3　名古屋のイメージと魅力の創出

（1）いくつかの都市の特性[注47]

　都市のおかれている立地条件や自然条件がイメージを形成している。新聞記事では拾えない特性をグループごとに整理した。

【札幌・福岡】

　北端の大都市札幌と西端の大都市福岡は、それぞれ北海道と九州（＋山口）といった確固たる経済圏を持っている。支店経済都市とも言われるが、外部からの資本を導入しながら、活性化していく代表的な都市である。国際化も独自路線をとり、北方圏やアジアの拠点都市の役割を担っている。また風物詩として広域から集客する「まつり」がある。さっぽろ雪まつりや夏まつり、博多どんたくや博多祇園山笠は全国区のニュースになる。観光を主要な産業として位置づけ、積極的に広報している。

【仙台・広島】

　独自の経済圏を有するものの、大都市圏に挟まれ、外部資本とのパワーバランスが生まれる。外からの侵入から自身を守るために閉鎖的だと言われることがある。名古屋も同じ立地条件をもち閉鎖的と指摘される。確固たる都市イメージをもっている。仙台は"杜の都"であり、広島は名古屋と同じ工業都市であるが、それ以上に"平和都市"である。両都市とも市民の一体感

を生むプロ球団やプロサッカーチームをもつ。イベントは仙台七夕まつり、広島フラワーフェスティバルがあるが、広島の平和記念式典は全国に発信される。

【川崎・北九州】

　過去に貼られたマイナスイメージ（例えば公害や臨海工業地帯）の払拭ためにイメージアップに積極的な都市である。大都市に隣接しているため、その努力を放棄すれば埋没してしまう可能性もある。川崎市は毎年イメージ調査[注48]を実施しているが、産業（工業）が盛んである一方で、治安の悪さやごちゃごちゃ感、騒々しさ、水・空気の汚染のイメージがあるため、居住推奨度も来訪推奨度もマイナス[注49]になっている。北九州市も臨海工業地帯（あるいは新日鉄）のイメージが強く、「灰色」イメージが付きまとっている。それを打破するために環境未来都市やSDGs未来都市を標榜している。

【横浜・神戸】

　横浜も神戸も港町のイメージを怖い妖しげなエリアから大変身に成功した。工業港でなく都心と隣接する商業港として基盤整備や都市デザインの導入を図り、情緒あふれる「ミナト街」を演出している。よって、人々の出会いや別れの舞台として恰好の場となり、歌に唄われ、映画のロケ地にもなった。そうすることで市民や観光客を集めている。

（2）名古屋のイメージを形成する二面性

　名古屋市には二面性がある、あるいは両極の狭間にあるため、どちらからも攻めることができる 。その例を挙げてみよう。

【都会性と田舎性】

　名古屋市人口230万人、都市圏人口1,000万人の立派な大都市であり、大都市圏である。しかし、今なお、よそ者を受け容れない閉鎖性（経済やコミュニティ）をもち、赤味噌大好きで（食文化）、冠婚葬祭（暮らし）に力を入れ、方言（名古屋弁）をしゃべる側面を指して「（偉大なる）田舎」的といわれる。

しかし、東京であれ、大阪であれ、よそ者が入ってくるとまずは警戒する。独自の食文化や方言はどこにもある。にもかかわらず名古屋が田舎的といわれるのは、大都市にも関わらず、都会的なセンスや行動様式からかけ離れている扱いを受ける。

【生産（なりわい）と消費（暮らし）】

　名古屋（圏）はものづくりの中枢圏域である。製造品出荷額等は全国の15％を占め、二位とは圧倒的大差で43年間連続全国一位を維持している。経済力が高いと消費力も高まる。ブランド好きや21世紀に入ってからの「名古屋買い」はその表れである。これまでの都市イメージを見てみると川崎や北九州のように工業都市はマイナスイメージを持つ。人々は消費動向を見ながら都市をイメージする。ファッショントレンドやカフェ・レストラン紹介は女性誌の重要なコンテンツである。名古屋市は第三次産業が中心の都市であるのだが、イメージはあくまで工業都市なのである。

【自己完結性と国際競争性】

　名古屋（圏）は一通りのものが揃っているので、ゆりかごから墓場まで、ここで暮らしていくことができる自己完結性を持つ。他方でこれまで名古屋（圏）は木材や繊維、自動車等などの輸出型製造業が多く、国際競争のなかで揉まれ、あるいは関税撤廃による国内で競争激化のなかで企業体質が強化されていった。当然、ぬるま湯体質では競争に勝てず、競争力の強化や品質の向上、為替変動のリスクヘッジなど常に努力を重ねてきた。無借金経営は銀行に相談することなく、リスクへの即断に不可欠な条件なのであろう。豊かな暮らしを支える自己完結的国内サービス、経済を支える企業の国際競争、その二面性を名古屋は持つ。

【三大都市の三男坊と地方大都市の長男坊】

　都市には序列がある。人口規模や都市中枢機能の集積などによって測られる。高度経済成長期には三大都市圏の一角に名古屋はあるが、東京・大阪が長男・次男の位置づけなので、名古屋は三男坊になる。擬人化[注50]されて、

三男坊は個性をもって自由に生きるイメージである。三女的性格のなかに「い
じられキャラ」注51の指摘がある。地方の時代になるとそれぞれの中枢拠点
都市の役割に注目され、東京・大阪は地方都市から除外され、名古屋以下の
大都市がグルーピングされる。そうすると名古屋は長男となる。長男はマイ
ペースでリーダーシップを発揮するイメージである。三男坊（三女）か長男
かの相反する名古屋イメージがあるのだ。ただし、これまでの名古屋イメー
ジは東京メディアから見たものであり、名古屋的なるものを集めて特集して
いるのだが、逆にそのイメージに合わないものは排除される。大阪のおばちゃ
んはいつも "アメちゃん" を持ち、ヒカリ物を身につけていないと大阪的で
ないのと同じようにだ。

　これら二面性を持つ名古屋で、これまで築き上げてきたイメージに合う一
方の面を強調してきたのが東京メディアである。名古屋のイメージを変える
にはもう一方の面の強調と東京メディアでない新しいメディアからの発信が
重要である。

（3）名古屋のイメージ転換に向けて　物語が生まれるまちを

　名古屋圏は世界に冠たるものづくりの中枢圏域である。ものづくり＝工業
はあいかわらず、煙突から煤煙を排出するイメージから脱却できずにいる。
また、ものづくりの "野暮" さ加減もある。工業都市のイメージ転換が求め
られる。つまり、「暮らしの物語」を生み出していくことが必要である。

【生産都市から消費都市へ】

　全国雑誌に取り上げられ、都市イメージを決定づけるテーマは「消費」で
ある。「生産」ではない。「生産」は経済誌には取り上げられ、経済人にとっ
ては重要なテーマではあるが、一般人にとってはニュースバリューが小さい。
　ここでいう消費は「金の消費（購買）」だけではなく、「時間の消費」を含
む。その結果「知恵の獲得」が生まれる。貯め込むだけでは嫌われる。気前
よい使い方が求められる。食べ歩きやデートコース、出張ガイド、トレンディ
スポットといったシティカタログ情報がそれら三つを実現する。ただし、「派

手婚」のように個人や身内だけの消費は、注目はされるが、田舎的であって都会的ではないので、そこにセンスが求められる。現実的で「野暮」であるゆえに「ドラマ」が生まれにくいとも言えるが、金と時間の消費と知恵の獲得、人と人の出会いと別れが生まれる「都市のハレの場」における「物語づくり」が必要なのだ。

【生産の見せ方にカッコよさを演出】

　名古屋周辺にはトヨタ自動車をはじめ、世界的全国的にシェアの高い製造業が立地し、名古屋を取り囲んでいるため工業都市圏＝名古屋市となっている。それは名古屋（圏）の個性であり、隠そうにも隠せないし、否定する必要もない。また、名古屋圏全体で取り組むテーマである。ものづくり分野で一般人が金・時間・知恵を消費することで、カッコよさを演出することである。

　その対応の第一は、生産者と消費者をつなぐ工場現場の見学や産業博物館の活用である。これらの対象企業・施設は東海三県で84ヶ所[注52]あり、愛知県が62％を占める。それら施設で入場料や飲食・お土産で金銭出費し、見学や体験を通じて時間を消費し、その製品特性や変遷改良を学んで知恵をつけるプロセスを演出しなければならない。「工場」や「産業」のイメージを変えるネーミングを再考する必要がある。「大人の社会見学」とする言葉は使われているが、中堅層には「粋な社会見学」、若者には「未来設計図」というのはどうであろうか？

　第二は匠の技を結集して高級製品を提供することで感動を与えるのである。つくることがかっこいいというイメージ戦略である。これは伝統産業に限らず、先端産業を含めた匠の技による製作である。NHK番組で「超絶 凄ワザ！」[注53]があった。二つのチームが同じ課題に挑戦し優劣を競うものだが、NHK名古屋放送局が制作する番組なので、対決シーンは名古屋市近郊の金型工場を改装した施設で行われた。ものづくり圏域ならではの番組と言えるものであり、課題解決にむけた苦闘のプロセスに感動する。

　企業側が提供したい製品をクラウドファンディングで資金調達して製作したり、消費者から作ってほしい製品を圏内企業が受け止めて実現したり、ダイナミックに生産者と消費者がかかわりを持って、イメージチェンジを図る

必要がありそうだ。

【情報発信の多様性】

　ここではマスメディア四媒体の一つである全国雑誌に取り上げられる主要都市のイメージを整理してきた。マスメディアはこれまでと同様に対応していく必要があるが、今後はネット（SNS）対応が重要になってくる。今や若者の集う広場は物理的空間でなく、いわゆる仮想空間としての広場＝情報コモンズである。YouTubeやTwitter、Instagramなどがその代表であるが、これらの情報発信の主体は企業体でなく、発信場所にいる個人である。ゆえにマスメディアと対極なローカル個人メディアであり、それが情報コモンズに集まり、情報交流が行われ、内容次第でバズることになる。行政や企業・市民団体はそのコンテンツを提供する主体として相当の熱量がいる。

　トリップアドバイザー（世界最大の旅行サイト）の「外国人旅行者が選ぶ夏のフォトジェニック観光スポット」で、第一位の北海道の洞爺湖に次いで、名古屋のオアシス21が選ばれたことがある。その情報をもとに海外から名古屋を訪問するようになる時代である。名古屋テレビ塔との対比がインスタ映えするのであろう。

　テレビやドラマに登場するロケ地は情報発信力が強い。名古屋市も例に漏れず、名古屋コンベンションビューローが「なごや・ロケーション・ナビ」を組織して、ロケーションを支援し、地域の情報発信に貢献している（全国のフィルムコミッションは109団体）。これまでの実績を概観すると、名古屋市役所や名古屋市政資料館、愛知県庁など威厳のある建物の内部撮影が多く、それを見て、どこの都市なのかは窺い知れない。都市イメージ形成上は屋外の街並み映像が重要になってくる。屋外になると道路封鎖など多大な労力がかかるが、その対応なしでは実現できない。今後ますます役割は大きい。なお、アニメで描かれる場所や風景は、聖地巡礼として観光客を呼び込むコンテンツになりうる。

【己を知る】

　冒頭で述べたように、名古屋は自己評価として「推奨度」や「最も魅力的

に感じる」の割合が8大都市中最も低く、他己評価として「訪問したい都市」の割合が群を抜いて低いのである。自分の町をいいと評価していない都市に一体誰が行く気持ちになるのか、ならないであろう。意外に自身が住んでいる当たり前の日常の地域魅力を知らない可能性がある。徹底して地域の魅力を知る必要がある。観光ガイドブックでなく、生活ガイドブックが必要なのであり、それがひいては観光ガイドブックになるのである。

　ローカルな情報発信誌の発刊はそれぞれの地域にはつきものであるが、このローカル情報こそ自己を知り、他に発信しうるコンテンツになる。自都市情報は年齢が若い層ほど「口コミ」や「タウン情報誌」を情報源[注54]としている。このことはSNSの影響対象と一致している。

　そして、最も重要なのは、暮らしている、あるいは勤めている地域でまちづくりに参画して、地域課題解決にむけて知恵を絞り、活動することが、「己を知る」王道である。そのような団体が数多くある地域では、愛着度・誇り度・推奨度も高くなり、その結果、それら地域の集合体である都市のイメージは好感度を高めていくに違いない。

注釈

注1　2016年および2018年の両調査は、札幌市、東京23区、横浜市、名古屋市、京都市、大阪市、神戸市、福岡市に在住する20～64歳で、各都市の在住年数が5年以上の男女を対象に、ネットによるアンケートを実施し、1都市418サンプルを確保している。

注2　「愛着度」「誇り度」「推奨度」の算出方法は、設問に対して同意（例：愛着を感じる）できれば10点、全くできないならば0点として得点を選択。10～8点を同意、5～7点を中立、0～4点を非同意とし、同意の割合から非同意の割合の差を算出して指数化した＝NPS（ネットプロモータースコア）
　※「訪問意向」の算出方法
　行きたいを10点、行きたくないを0点として得点を選択。10～8点を「訪問意向あり」、5～7点を中立、0～4点を「訪問意向なし」とし、「訪問意向あり」の割合から「訪問意向なし」の割合の差を算出して指数化した＝NPS（ネットプロモータースコア）

注3　参考資料【7】P.130　企業の支所数による主要都市のポテンシャルを見た図であるが、福岡、仙台、広島、札幌の順になっている。

注4　札幌市「魅力都市さっぽろシティプロモート戦略」2012.1

注5　この歌詞で始まる歌に「別れのブルース」（淡谷のり子歌唱）があり、これは戦前の1937年の歌である。1968年にこのタイトルで記事になっているのは、横浜

の栄光と屈辱に触れ、イメージが大きく変化していることを表している。

注6　横浜の都市デザイン手法とは①安全で快適な歩行者空間の確保、自然的特徴への配慮、③地域の歴史的、文化的資産を大切にする、④オープンスペースや緑を豊かに、⑤水辺空間を大切に、⑥コミュニケーションの場の確保、⑦形態的、視覚的美の追求、を目標にしている。（国吉直之氏の講演資料を基に）

注7　参考文献【3】P.37　1610年ごろ。

注8　矢頭純＜1987.3＞「徳川宗春」海越出版社

注9　アクロス＜1989.8＞「デザイン人工都市・名古屋論」アクロス

注10　亀田忠雄＜1996.6＞「企業と風土－中部産業のメタモルフォーゼ―」中部ブレイントラスト

注11　尾山篤二郎＜1936.9＞「昭和風土記　名古屋の裏表」改造

注12　鮫ヶ寺広光＜1931.9＞「城と美人の都素描－吾等の町『名古屋』を語る」文学時代

注13　小野賢一郎＜1932.10＞「名古屋あれこれ」日本評論

注14　渡辺東一郎＜1939.5＞名古屋の軍需工場街をゆく―四日間の視察報告記」話

注15　参考文献【5】参照

注16　宮田重雄＜1956.10.10＞「美人地帯をゆく、名古屋美人」週刊朝日別冊

注17　週刊朝日＜1959.7.26＞「お城と美人とパチンコと」『尾張名古屋の底力』

注18　伊藤徳雄＜1981.12＞「インタビュー／街づくりの原点を探る―戦災復興事業の30年」地域問題研究15

注19　堀田弘＜1948.9＞「金の鯱の失くなった名古屋」座談

注20　サンデー毎日＜1957.10.20＞「日本一の理想都市　名古屋市民の夢みのる」

注21　Jingle Jangle氏は「本ＣＤに収録されている『白い街』は、ご当地ソング全盛の時代に名古屋を舞台に書かれた楽曲ですが、当時全盛期であった裕次郎氏の作品にしては中ヒットにとどまりました。そのため、この曲は「名古屋を題材にした歌は売れない」という負のイメージを名古屋に植え付けたということにされ、「いわく付き」の曲としてカルト的に有名になってしまっています。評論家諸氏のこの曲に対する論調もほぼすべて上記のようなものであり、この曲はある意味楽曲としての純粋な評価を得ることなく埋もれています。－略－」と指摘している。アマゾンストアでのEP販売コーナーでのコメント。

注22　文芸朝日＜1965.2＞「名古屋はケチと言うけれど―中京という名誉のために」

注23　週刊現代＜1975.9.25＞「大型倒産がさらに続く！それだけに借金ゼロ経営12社の中心名古屋モンロー主義を見直す」

注24　アサヒ芸能＜1980.2.21＞「88五輪めざす偉大なる田舎・ナゴヤの“国際感覚”」ここでいう保守とは仲谷義明愛知県知事、革新とは本山政雄名古屋市長のことである。

注25　井出又彦＜1981.1＞「名古屋オリンピック誘致の10の疑問」中央公論

注26　船橋建治＜1980.5＞「ハッスル大ナゴヤ―オリンピック誘致で燃える中部経済人」中央公論

注27　週刊プレイボーイ＜1981.7.7＞「＜NAGOYA＞にL・Aの熱い風が吹く」

注28　週刊朝日＜1981.6.12＞「タモリにこけにされた大いなる“田舎”名古屋大研究」

注29　週刊現代＜1981.7.9＞「全名古屋人がタモリの悪口に怒りの大反論」

注30　週刊新潮＜1983.5.19＞「五輪誘致崩壊一年で露呈した名古屋の惨状」

注31　女性セブン＜1985.7.11＞「水野一男・中江茂樹の『金の哲学』を育てた名古屋の『気風』研究」

注32　江坂彰＜1986.12＞「『名古屋商法』に未来はあるか」プレジデント
　　　上坂冬子・飯田経夫・水谷研二＜1987.9＞「『脱工業化社会』の進展で変貌迫られる日本最大の工業生産基地／名古屋・名古屋人・名古屋式経営」プレジデント

注33　週刊読売＜1987.9.13＞

注34　ACROSS＜1986.12＞「特別企画　NAGOYA　NEW　MOVEMENT－ネオ名古屋出現」パルコ
　　　この雑誌はパルコにより1977年に創刊されたファッションやカルチャーに関する情報発信メディアである。

注35　ACROSS＜1989.8＞「デザイン人工都市・名古屋論」パルコ

注36　プレジデント＜1991.5＞「名古屋『大イナカだわ』から変身中」

注37　厳島薫＜1992.9.25＞「新・名古屋八景」アサヒグラフ

注38　DIME＜1991.1.17＞「NAGOYA快食ストリート“食い倒れ漫遊記”」

注39　DIME＜1992.12.17＞「アジア最大級の水族館＆大芸術センター完成」

注40　週刊読売＜19921.12.8＞「『大都市』名古屋が恐れるもう一つの『大変だぎゃあ』」

注41　週刊読売＜1994.2.13＞「小学館辞典編集部　『冗談の町』で名古屋に怒られちゃった」

注42　週刊朝日＜1992.3.6＞「きんさんぎんさん　タレント活動大忙しで口の神経痛も治った百歳姉妹」

注43　黒川紀章＜1991.3＞「『三大プロジェクト』は活力ある未来を約束するか」プレジデント

注44　2000年以降の動向は参考文献【6】P15-22で分析している

注45　名古屋市が実施した第一回都市イメージブランド調査の公表は2016年9月なので、「週刊ポスト」の発売後になるため、直接的に影響を受けてはいないと考える。

注46　村上信夫・康友雄一「通信カラオケJOYSOUND－技術はカラオケ市場で鍛えられる―」通信ソサイアティマガジンNo.27　2013.冬 https://www.jstage.jst.go.jp/article/bplus/7/3/7_222/_pdf

注47　参考文献【5】を参照

注48　川崎市＜2021..3＞「令和２年度川崎市都市イメージ調査　調査結果サマリー」

注49　各々評価を10点満点で評価し、推奨者（８～10点評価者）から批判者（１～４点評価者）を差し引いたポイント数で表す。

注50　三兄弟の性格分析はhttps://tabi-labo.com/208834/mitsuo-characteristicを参照（2021.9.9検索）

注51　三姉妹の性格分析はhttps://pouchs.jp/marriage/6HOjpを参照（2021.9.9検索）

注52　中部広域観光推進協議会・編＜2007.3＞「中部の観光」P.305　交通新聞社

注53　2015.4.11～2018.2.26まで113回がNHK総合テレビジョンで放送された、NHK名古屋放送局制作の番組である。

注54　参考文献【9】P.18

参考文献

【1】名古屋市観光文化交流局＜2018.9＞「都市ブランドイメージ調査結果」Web入手

【2】名古屋市観光文化交流局＜2016.9＞「都市ブランドイメージ調査結果」Web入手

【3】 内藤昌他＜1985.10＞「日本名城集成 名古屋城」小学館
【4】 井澤知旦＜1995.7＞「名古屋の都市イメージ形成史」『名古屋のイメージ向上に関する調査研究』㈶名古屋都市センター
【5】 井澤知旦＜1996.10＞「名古屋の新たなイメージ形成に向けて」『2010年名古屋のイメージ戦略』㈶名古屋都市センター
【6】 ㈶名古屋都市センター＜2003.3＞「名古屋の地域特性に関する比較調査研究」研究報告書NO.0048
【7】 阿部和俊＜2003.4＞「20世紀の日本の都市地理学」古今書院
【8】 井上章一＜1987.6＞「名古屋美人の神話学論」Voice
【9】 まちづくり方策研究会＜1997.2＞「使いこなそう！わがまち名古屋〜自由な風土・多様な交流・豊潤な文化都市圏をめざして〜」名古屋商工会議所

第2章

名古屋の都市発展史
5つのエポック

1 名古屋の都市前史

（1）名古屋の太古は湖の中、古墳時代は半分海の中
【東海湖と名古屋】

　今から300万年以上も前、名古屋が存在した場所には琵琶湖の6倍以上の東海湖と呼ばれる湖（淡水）があった。そのことが今の名古屋とどう関わりがあるのか？

　東海湖には数々の河川が流れ込んでいた。それら河川の流域は花崗岩や変成岩等の地質からなり、風化した土砂を東海湖に運び、蓄積していった。それが粘土となり、窯業（陶磁器産業）の原材料である陶土として使用された。六古窯に数えられる瀬戸焼と常滑焼、日本一の生産量を誇る美濃焼はすべて、個々に堆積した粘土を原材料にしている。よって、東海湖は名古屋とは無縁ではない。むしろ、名古屋発展を支えていく、非常に重要な産業の基礎がここで生まれたということが出来よう。

【海進と隆起と堆積と……】

　その後、東高西低の濃尾傾斜運動、すなわち隆起・沈降運動によって、東高西低の地形をつくっていった。12万年前ごろには海面の上昇に伴い、熱田海進が海を内陸に拡大することで淡水湖を海水化していく。最終氷河期が最盛期を迎える1万年前には海退して陸地のみとなる。再び縄文海進によってほぼ現状の海岸線となるが、現在の木曽三川エリアの岐阜大垣近くおよび名古屋市の西半分まで海となった。6000年前以降は数多くの河川が土砂を運んできて、それらが堆積することで濃尾平野を形成していく。（図2-1）

【古墳時代】

　古墳時代ごろ（1700〜1300年前）の名古屋の地形を図2-2に示す。象の鼻の形をした西端の台地が名古屋台地であり、その南端に熱田神宮が位置する。熱田神宮は創祀113年（諸説あり）といわれて、草薙神剣が祀られている。それ以前は現在の氷上姉御神社（緑区大高）がある場所に奉斎されていたが、

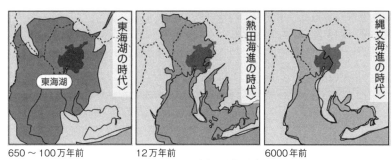

〈東海湖の時代〉	〈熱田海進の時代〉	〈縄文海進の時代〉
東海湖		
650〜100万年前	12万年前	6000年前

出典：名古屋市「生物多様性2050なごや戦略」2010.3　P.15
原典：名古屋市「新修名古屋市史第8巻自然編」1997、東海化石研究会「日曜の地学24 東海の自然をたずねて」1997

	名古屋城 名古屋駅	名古屋城 名古屋駅
	熱田神宮	熱田神宮
紀元前4000年	名古屋城築造1610年	2009年現在

図2-1　名古屋の地形変遷

出典：名古屋市「低炭素都市2050なごや戦略（概要版）」2009.11 表紙 ©LANDSCAPE PLUS LTD
＊現在の名古屋市の境界線を強調している。

正式に奉るため、熱田社に移された。氷上姉御神社の高台から北に遮るものがないため、熱田の森が見えたことであろう。ちなみに、この古墳時代には存在しないが、名古屋台地の北端に名古屋城が建設されている。名古屋台地は名古屋の背骨部分に位置している。（図2-1の下図）

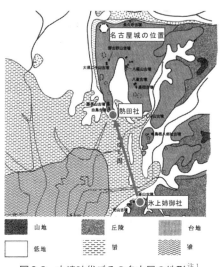

	山地		丘陵		台地
	低地		窪		壊

図2-2　古墳時代ごろの名古屋の地形[注1]

53

（2）中世の名古屋―清州城と那古野城

【清洲城と那古野城の歴史概略】

中世時代、応仁・文明の乱以降、室町幕府体制がほころびを見せ、尾張国では守護斯波氏とその守護代である織田大和守家はその実権を失っていき、戦国の群雄割拠の時代（1500年〜）に突入する。この当時、清洲城は下津（おりづ）城（現稲沢市）の焼失に伴い、尾張守護所（守護の居住館）の移転先（1476年〜）として機能していた。そこで勢力を拡大してきたのが勝幡織田氏である。織田信貞（信長の祖父）やその子信秀家（信長の父）が湊町とし

図2-3　中世末期の尾張主な城
出典：新修名古屋市史　第3巻　p.96

て栄えた津島を支配下に置き、経済力をつけていった。信秀の子信長は家督を1552年に継ぎ、1565年に尾張8郡を統一する。信長は1555年に織田大和守家当主の居城であった清洲城を奪取し、那古野城からここに居を移した。

さて、この那古野城は、駿府の今川氏親が尾張東部を領有化し、尾張進出の拠点として1524年頃に設置した。氏親は義元の父親である。その後、那古野氏、斯波氏、今川氏と領有者の名を変えていくが、織田信秀によって奪取（1532年）され、彼はそれを子信長に与えた。信長は那古野城で生まれたという説があるが、定かではない。信長が清洲城に移った後は廃城となって寂れていったが、それから半世紀たって再び徳川家康が名古屋城を建設するのである。（図2-3）

【清洲城】

清洲城は下津から守護所を移転してから、尾張国のなかで最大の6〜7万人の人口を誇る城下町を形成していた。この地は尾張平野のほぼ中央に位置

する。城下内には川湊を設けて五条
川の水運を利用するとともに、それ
に並行して鎌倉街道が走り、さらに
伊勢街道とも合流する交通の要衝で
あった。那古野城から移った信長は
今川義元を討つため、ここから桶狭
間に向かって出陣した。1560年の
ことである。それから三年後、信長
は小牧城を築いて移っていく。信長
が本能寺の変で倒れた後、だれを後
継者にするのかの議論がこの清洲城
でおこなわれた。いわゆる1582年
の「清須会議」である。ここで羽柴
秀吉が担いだ信長の長男信忠の子三
法師を後継者と決定した場所である
が、同時に次男信雄が尾張領を相続
した場所でもある。また、小牧・長
久手の戦いで次男信雄に乞われて徳
川家康軍が1584年に清洲城に入城

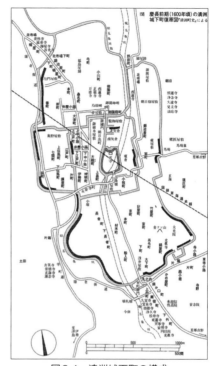

図2-4 清洲城下町の構成
出典：参考文献【4】P.165

した。信雄は1586年に領内を再検地し、再編を行った。領内の各拠点城下
で集住していた武士や町人を知行替えによって、清州城下町に一元移住さ
せ、南北2.5km×東西1.5kmの中世では空前規模の城下町を形成したのであ
る。政治の拠点、経済の拠点、そして軍事の拠点を担っていた。のちに織田
信雄は豊臣秀吉による国替え命令に従わなかったために除封され、城主が豊
臣秀次、福島正則と続き、1600年の関が原の戦い以降には徳川家康の四男
松平忠吉に引き継がれたのち、忠吉病死の1607年に九男義直が引き継いだ。
目まぐるしく城主が入れ替わる城（領地）であった。（図2-4）

【那古野城】

　図2-5は那古野村から那古野城および城下町形成の変遷を概念図化したも

のである。城は現在の名古屋城二
の丸付近に位置している。1521〜
24年にかけて那古野を領有してい
た今川氏一族（那古野今川氏）が
築城したと言われている（那古野
概念図1）。その後、今川氏豊が城
主となって城をより堅固なものに
改修している（那古野概念図2）。
しかし、織田信秀がこの城を1532
年に奪取し、子の信長に1546年頃
に譲った。その頃の那古野城下は
現名古屋城三の丸付近に武家屋敷
を集約している（那古野概念図3）。
1555年に信長が清洲城に移ると、
信長の叔父信光が、そして重臣の
林秀貞が城主になったのち、1582
年に廃城になった。それから30年
後に家康によって近世の名古屋城
が建設されたため、遺構が失われ
ている。

　図2-6は廃城になってからの那古野
村の古図である。この図は南面の図で
あるため、方位は上が南となっている。
図2-5に比べ、範囲は広がり、御城跡
柳御丸（二の丸内）はもとより、屋敷
跡のほか、広大な万松寺（織田信秀の
葬儀の場）、天王様といったランドマー
クが記されている。

　ある説[注2]によると、廃れたのは那古
野城跡一帯であって、那古野村や城下

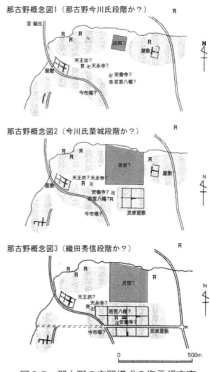

図2-5　那古野の空間構成の復元想定案
出典：鈴木正貴　参考文献【2】P.23

図2-6　那古野村之古図
出典：名古屋市博物館蔵

町も最盛期ほどではないにしても、宿場町として機能していた。1586年に徳川家康が上洛する折にここに宿泊し、清洲城主松平忠吉（家康四男）が鷹狩等で那古野を訪れた際に磯谷屋敷（三の丸）を休憩所としている。決して那古野村全体が廃れていたわけではないようだ。

2　第一のエポック　清洲越と築城に伴う技術定着

（1）那古野移転の経緯

1600年に関ヶ原の戦いで徳川家康は勝利したものの、大坂に豊臣家が存続しているので、安定した世の中にはなっていなかった。そこで近畿一円を支配すべく、江戸の畿内の前衛として4度目の伏見城を再建する[注3]。また、江戸を守る東海の軍事拠点を強固にする必要があった。しかし、清洲城は五条川の氾濫や井水の不便、水攻めの恐れがあり、また兵の駐屯や市街地の拡大に制約があった。

1586年に天正地震が発生し、清洲も震度7に見舞われたため、城と城下は大きな被害を受け、翌1587年に清洲城の織田信雄による大改修が行われた経緯がある。1596年には慶長伏見地震が近畿一帯で発生し、伏見城の天守の上二層が倒壊したため、多くの人命を失った。そのことから、清洲では地震により同様な被害にあう可能性があり、家康は那古野への移転は、地盤の重要性を再認識していたのかもしれない。

当初、家康は清洲の軍事拠点強化を検討していたが、①上記で述べた制約や限界性のほかに、②織田・豊臣両家のかかわりの深い城であり、③藩主義直の直前は四男忠吉が治めていて急死したので、その家臣が残っていることから、それらを一掃するため、清洲からの移転を受け入れたのである。移転先として、小牧、那古野、古渡の三つの古城跡が候補にあがり、果たして那古野が選ばれた。ここは名古屋台地の北西端にあり、北および西が高い崖になっている要害であり、名古屋台地は清洲の何倍もの大きい城下町を形成することが可能の地であった。また④普請にあたっては譜代大名の負担を強いることで財力を削ぐことができる。①〜④のように清洲移転による名古屋城

と城下町の整備は幕府安泰のための一石四鳥の良政策なのである。

（2）名古屋築城と清洲越

名古屋築城と清洲越等の歴史は表2-1のとおりである。すでに第1章で述べたように、名古屋城は天下普請（土木工事）であり、豊臣家と縁の深い西国・北国二十の外様大名、20万人の人夫総数、158万人の延人夫数を数える大規模な工事が行われた。他方、天守や本丸御殿等の作事（建築工事）は

表2-1　名古屋城築城関連の出来事

西暦	出来事
1600	関ヶ原の戦い　徳川家康勝利
1603	徳川幕府開幕
1607	家康九男　義直が藩主となる
	駿府城完成
	清州城→那古野・古渡・小牧山の3候補
1609	家康　名古屋築城と遷府を決定
1610	名古屋城普請（土木工事）は年内完成
	清洲越開始（士民・社寺・五条橋の移転開始）
1611	堀川完成
1612	天守閣の作事（建築工事）は年内に完成・城下の町割
1613	清洲越等一段落　諸士、町人の住居定まる
1614	名古屋城（本丸御殿）完成・大坂冬の陣（11月）
1615	義直と春姫婚儀　大坂夏の陣（5月）　豊臣家滅亡
1616	家康死去
1633	本丸御殿（上洛殿）完成

幕府直轄事業であり、ここでは天守の大工工数が20万工数にのぼった。江戸城天守が25万工、駿府城天守が17万工、京二条城天守が11万工であるのと比べ、名古屋城の重要度が計り知れよう[注4]。

築城にあたっては大工、木挽、左官、鍛冶、彫金などの多くの職人がここ名古屋に集まって来た。名門棟梁衆が大和・京・近江や摂津から集められ、また地元も名門の大工が登用されて、築城されている。それを統括したのが家康から信頼の厚い総棟梁中井大和守正清であった。さらに名古屋城本丸御殿表書院上段之間の障壁画は狩野永徳直系の孫、狩野貞信が担当したと言われる。まさに天下に格を示す築城であった。

清洲越は1610年から始まり、1613年にはほぼ住居が定まった。清洲越は清洲側からみた名古屋城下への移転である。名古屋越とも言われるが、この場合は名古屋側からみた移転なので、駿河越や京都越なども含めたものにな

る。しかし数量的には清洲越が圧倒的に多い[注5]。移転にあたっては、家臣や町人の約2,700戸の町屋、3社110寺の社寺はもとより、橋、町名まで清洲越となった。

（3）職人技術の定着と展開

　名古屋城築城および清洲越を契機に、全国諸国から高い芸術性と技術力を持った技術職人が集まり、彼らが技術を伝授あるいは定着することで様々なものづくりに応用されていき、また地元の職人も参加することで、名古屋のものづくり技術の底上げが可能となった。

　築城が完成すると、ある職人は出身諸国に戻り、ある職人はこの名古屋にとどまるものがいた。例えば名古屋桐箪笥の製造は大工職人の定着と木材の集散地であったことが結びついて始まっている。名古屋仏具も錺（かざり）金具職人の定着と木材集散地の組合せで生まれ、祭礼具や神社仏閣の需要もあり、さらに1695年になって名古屋仏壇が登場することで発展していった。有松絞も同様に九州豊後の人々が使用していた絞り手ぬぐいから絞り染を伝授され、尾張藩の保護ともあいまって発展している。

　これが名古屋発展の第一エポックである。

3　第二のエポック　七代尾張藩主徳川宗春によるものづくりと芸どころの礎固め[注6]

（1）七代尾張藩主徳川宗春の政策

　1730年、兄たちの死去によって、七代尾張藩主徳川宗春が誕生する。宗春は翌1731年に名古屋城に入城すると同時に政治理念（いまでいうマニュフェスト）である「温知政要」を著した。それは序文と21箇条から成り、政治の根本に「仁」を、さらに「慈」と「忍」を掲げ、慈悲と忍耐で藩政を行うことを表明している（表2-2）。法度は最小限にして規制緩和を行い、民衆がのびのびとした生活を楽しめる政治を行えば、民衆の消費が盛んになり、経済も活性化して、国も富むという考え方である。具体的には祭礼の振興、

歌舞伎・人形浄瑠璃のための芝居小屋の増設と振興などにより、大坂にも劣らぬ一大娯楽のまちをつくった。ちょうどそのころ八代将軍徳川吉宗の質素倹約を旨とした享保の改革の真っ只中にあり、幕府方針とは対立する内容となっている。

（2）ものづくり名古屋と芸どころ名古屋の礎づくり

　全国が質素倹約という規制に縛られているなか、役者や職人が自由闊達な名古屋に集まり、商業・工業・サービスの一大盛隆につながった。宗春が武士の兼業も奨励したこともあり、郊外の農村部では農産物や陶器、絞り、和紙などの生産が盛んになって、今日の周辺地域の地場産業の礎となった。

　宗春は江戸や大坂から来た歌舞伎役者が驚くほどの常芝居小屋を整備した。遊郭を公許して、三箇所が営業を開始した。これに合わせて人々の往来が盛んになり、広小路や橘町にかけての本町通が繁華街となった。伊勢の赤福餅（1707年創業）もこの頃から名古屋で販売されるようになった。京都伏見創業「大文字屋」が、宗春が藩主になる2年前に「大丸屋」として進出し、1733年に家屋敷を構えて正札現金売りの呉服商として大繁盛した。宗春の経済政策とマッチしたのである。近江の松前屋もこの頃に名古屋に進出している。他所からの進出にも宗春は制約をかけなかった。地元商人もこれらの時流に刺激を受けて、伊藤屋（後の松坂屋）は呉服小間物問屋から呉服太物小売業（呉服は絹、太物は綿や麻）に転じて現金商売を行い、繁栄の礎をつくった[注7]。このような繁栄ぶりが「名古屋の繁華に京がさめた」と言わしめた。

　からくり人形師の玉屋庄兵衛が京から移り住み、山車からくり等の修理や製造に従事したのもこの時代である。宗春の時代に「芸どころ名古屋」「ものづくり名古屋」の礎が築かれたといわれている。友禅も京・江戸からの職人がこの時期に往来し、その中にいた友禅師が伝えた。宗春が失脚したのち、質素倹約が励行されたため、名古屋友禅は単彩濃淡を特徴とした。京友禅の多彩明華、加賀友禅の五彩繊細とは異なっている。1983年に伝統工芸品の認定を受けたが、長い間、京友禅の下請けとして売られていた。

　名古屋は江戸と大坂・京都の東西の狭間に位置しているため、東西の規律や規範の影響が名古屋には緩やかにしか及ばず、家元や座（ギルド）等の縛

りから相対的に自由になることができたと言われる。そのため、東西とは異なる独自の文化を育てることが可能となり、その文化は現在も「芸どころ名古屋」と称されるような発展を遂げている。また、関東が政治（とビジネス）の拠点、関西が商業の拠点とするならば、名古屋はその両方でもない製造（ものづくり）の拠点として発展を遂げてきたと言えよう。

表2-2　徳川宗春の温知政要の現代語訳

序	国を治め民を安らかにする道理は仁である
第　一　条	「慈」「忍」の二文字を心の戒めとする
第　二　条	仁者に敵なし
第　三　条	千万人のうちに一人あやまり刑しても国持大名の恥である
第　四　条	初めは賢君でも最後まで続く例は少ない
第　五　条	慈悲憐憫が第一の学問
第　六　条	すべての物には、それぞれの能力がある
第　七　条	自分の好みを人に押しつけてはいけない
第　八　条	法令（規制）が多いのはよくないことである
第　九　条	倹約ばかりではかえって大きな出捐となる
第　十　条	庶民惻情を大切にした政治を
第十一条	心の中を平穏に保つと健康になる
第十二条	勧進能や相撲などの見世物を許可する
第十三条	物知り・案内者になること
第十四条	書芸の難しさを知ること
第十五条	若者の気持を理解して意見すること
第十六条	若いときの誤りはすべて学問になる
第十七条	たとえ千金を溶かした物でも、軽い人間一人の命には代えられない
第十八条	下情に通じること、通じすぎないことが肝要
第十九条	社会の変革は時間をかけて、緊急な要件は急いで解決しなければならない
第二十条	甲斐角がすべて正しいと考えるのは誤りである
第二十一条	家臣にわけへだてなく憐愍を加えること
本書執筆の意図は、自分の本意を知らせ政道の助けとすることにある	

出典：大石学＜ 1996.11 ＞「宗春の政治思想−『温知政要』を読む」
「規制緩和に挑んだ「名君」徳川宗春」PP.118 − 149 小学館

（3）宗春の政策評価

　これらの政策は名古屋の繁栄をもたらしたが、金銭浪費で貧困層を生み出し、風紀も乱れ、かつ宗春のおびただしい浪費は藩の財政を破綻させつつあった。よって、1734 〜 5年ごろから家臣の遊郭や芝居小屋の遊行を禁止し、遊郭三郭の廃止、新規芝居小屋の禁止など、温知政要の方針とはかけ離れ、

混乱を招いていった。1737年には藩財政の赤字蓄積のため、借上金を課すようになった。記録では宗春が引き継ぐ前の1728年の藩財政は金13,372両、米27,815石余の黒字財政であったが、隠居前の1738年には金74,608両、米36,489石余の赤字財政に転じている。

　先に見たものづくり名古屋、芸どころ名古屋を築き、一大商工業都市へと発展したことも事実であり、毀誉褒貶相半ばと言ったところであろうか。

4　第三のエポック　専売特許とベンチャー

（1）若者による起業化と実業家による起業化
【若者の起業】
　江戸時代から明治時代（1868年）に入ると、欧米列強に追いつけと富国強兵・殖産振興策がとられる。そして多くの若者も国のために何をなすべきかの議論を戦わせていた。そこに本格的特許権制度の専売特許条例が1885年に公布され、発明者の利益は独占的に保護されるとうたわれた。それに刺激されて、多くの若者が明治のものづくり（鍛冶屋職人集団）の中心地であった名古屋に流入し、発明に没頭していった。

　下記は外から名古屋に流入してきた代表的若者の事例である。

【1】豊田佐吉：静岡湖西から豊橋や東京などを転々とし、1894年（27歳）に名古屋に来て、豊田代理店を立ち上げた。その後、豊田式木鉄混製力織機を開発し、さらに新しい自動織機を発明していった。後に豊田自動織機製作所を1925年に設立し、その中の自動車部が独立して、1937年にトヨタ自動車工業となった（現トヨタ自動車）。

【2】大隈栄一：佐賀から1897年（27歳）に名古屋に来て、大隈麺機商会（1898年）を立ち上げ、製麺機を改良していく。日露戦争のころに兵器製造用の工作機械に参入し、事業を拡大してきた。後の大隈鉄工所（現オークマ）となった。

【3】岡本松造：奈良から1895年（19歳）に名古屋に来て、鍛冶屋に奉公し、自転車メーカー岡本鉄工所（1899年）を興した。1902年に国産初の完成車

62
名古屋都市・空間論

の自転車を製造販売し、1923年には工場を拡張、年産約5万台の出荷を行っている。1933年には市内メーカー5社による純国産自動車アツタ号の製造（車輪とブレーキ担当）に参加している。

名古屋在住の若者も頑張っている。代表的な若者を整理すると下記のとおりである。

【4】8代目鈴木摠兵衛：酒造業の長男として生まれたが、18歳で鈴木家の婿養子に向かい入れられ、翌1875年に19歳で8代目として家督を継いだ。家業は江戸時代の特権がなくなり、経営再建を求められたので、財産を処分する一方で、家業の木材の仕入れ先を確保するため、4〜5年もの間、木曽や飛騨の山中を歩き回っていた。本業が軌道に乗ると新しい企業の創業に関与していく。その一つが1898年創立の愛知時計製造であった。木曽ヒノキの集散地である名古屋は時計筐体の材料の供給地であった。

【5】浅野吉次郎：20歳で桶樽製造業の家業を継いだ。様々な機械の改良に日夜努力していたが、1886年（27歳）にセメント樽の製造依頼があり、各種木工機械を開発して対応していった。1907年（48歳）にはロータリーレース(薄く木材をむく機械＝合板用丸剥機)を開発してベニア板を日本で初めて製造した。

【6】鈴木政吉：1890年（31歳）に本格的にバイオリン製造を始め、全国に展開していった。積極的に国内の勧業博覧会や海外の万国博覧会、さらに各種博覧会にも出品し、いくつかの金賞を受賞している。1906年にはマンドリン、その翌年にはギターの製造も行った。

このように多くの若者が名古屋で一旗揚げるべく、発明に人生をかけていったのである。今日でいうベンチャー企業の集積地として名古屋は注目された。

【名古屋で起業した実業家】

彼ら以外でも、外から実業家が流入し、起業していった者もいた。

【A】福沢桃介：埼玉出身の桃介は、福沢諭吉の娘婿として福沢姓を名乗る。当初は株式投機で財をなすが、1906年の水力発電の大株主を皮切りに、実業家として電力事業に関わっていき、全国を飛び回っていた。特に木曽

川電源開発に力を入れ、読書発電所や大井発電所の建設を進め、日本初の本格的ダム式発電所となる大井ダムは資金調達に四苦八苦するも1924年に完成させている。これらの活躍により「電力王」と呼ばれるに至った。名古屋では川上貞奴と二葉御殿で暮らし、その御殿は庭を照らすサーチライトを持ち、屋内では家電製品が数多く使われていたので、「電気の館」と呼ばれた。

【B】森村市左衛門と大倉孫兵衛・和親父子：名古屋に工場を構え、近代窯業の礎を築いた人々である。現在の森村グループであり、現在のノリタケや日本ガイシ、日本特殊陶業、ＴＯＴＯなどの創設者である。これについては後述する。

　他方、地元でも実業家として新たな企業を生んでいった。

【C】奥田正香：名古屋の渋沢栄一と呼ばれた旧尾張藩士奥田正香（まさか）は銀行会社や保険会社、紡績に電気、車両会社など新しい会社を次々と興したが、木材の集散地である名古屋の好立地条件を評価して、木製鉄道車両の生産を行う日本車両製造㈱を1896年に立ち上げている。

　明治中頃以降の新しい産業の興隆は、これら若い人々が流入し、また地元の若者も発明に没頭していったのである。このような動向は近代産業の基礎を形作っていった。

【地元と外来のせめぎ合い】

　城山三郎によると、明治以降の名古屋（中京）財界の企業人を土着派、近在派、外様派の三つに分けられるとしている[注8]。土着派は明治以前から名古屋で商業・工業の活動している人々であり、近在派は明治以降に近郷から流入してきた商工活動家であり、外様派は他国（藩）から流入してきた人々である。本稿では若者起業家として土着派（名古屋で生まれ育った人々）を【4】【5】【6】、外様派を【1】【2】【3】として掲げ、名古屋で起業した実業家として外様派【A】【B】【C】を掲げた。近在派はあげていない。そして、城山三郎はそれらを総合して、「中京経済の発展は実はこれら地元の『創意の人』と外来の『創意の人』との間の競合せ交流の結果」であり、「こうした人々（注：創意の人々）は、また所謂『中京名古屋財界の特色（注：保守的・排他的）』

に反撥し、抵抗し、その『特色』の最も希薄な人達であったのではなかろうか。」と指摘している[注9]。多様な「創意の人」がせめぎ合って、時には協力し合ってこそ、地域は発展していくことを指摘しているのである。

（2）いくつかの企業展開

【豊田家の人々─糸から自動車へ】

　江戸時代から尾張、三河、知多などで綿織物の産地を形成していた当地であったが、明治以降は、綿・毛・合繊の三拍子揃った繊維王国として発展していった。繊維産業の成長を背景にして、生産財としての織機工業が生み出され、その中から今日のリーディング産業となった自動車工業が発展する。（表2-3）

　静岡県湖西で大工の息子として1840年に生まれた豊田佐吉は生産性の低

表2-3　豊田家にかかわる戦前の織機および自動車関連の歴史年表

西暦年	主要な出来事
1890	豊田佐吉、豊田式木製入力織機を発明
1896	豊田佐吉、木鉄混製動力織機を発明・完成
1897	半田市に乙川綿布合資会社設立（豊田佐吉＋石川藤八）
1899	三井物産の要請により「井桁商会」設立し技師長就任（1901年退社）
1907	39年式動力織機開発　豊田式織機㈱を設立
1911	豊田自働織布工場（後に豊田自動紡織工場1914年）を設置（現トヨタ産業技術記念館）
1924	豊田G型自動織機完成
1925	フォード日本工場を横浜に設置、1927年にGM日本工場を大阪に設置
1926	豊田自動織機製作所を設立（刈谷）
1929	「豊田・プラット協定」（特許権譲渡）締結
1930	豊田佐吉逝去
昭和初期	名古屋市長大岩勇夫「中京デトロイト化構想」を推進（1930年）
1932	愛知時計電機、大隈鉄工所、岡本自転車、日本車輌製造、豊田式織機の5社共同による国産発の乗用車「アツタ号」を試作
1933	豊田自動織機製作所内に自動車部を設置
1935	豊田喜一郎、乗用車試作車一号（AI型）を完成させ、翌年から量産へ
1937	トヨタ自動車工業（後のトヨタ自動車）を設立
1938	挙母工場竣工式

い織機の改良を重ね、1890年に独力で豊田式木製入力織機を発明し、翌年特許を取る。それ以降も織機に改良を重ねて特許を取得していく一方で、織機の製造や織布・紡績の工場を建設していった。本格的製造にむけて豊田自動織機製作所を刈谷に設立したのは1926年であった。戦前の織機の技術的頂点にあったのが、豊田喜一郎が中心になって開発した豊田G型自動織機である。この特許権を繊維産業の本家本元のイギリス企業-プラット社に譲渡した。

　昭和に入ると、当時の大岩勇夫名古屋市長は名古屋を軽工業から重工業に転換させるために、自動車産業を育成すべく「中京デトロイト化構想」[注10]を推進していった。すでに米国のフォードやGMはノックダウン方式（主要部品の輸入）の組立工場を日本に設置している。名古屋では、日本車輌製造，大隈鉄工所，岡本自転車，豊田式織機，愛知時計電機の5社共同による国産初の乗用車「アツタ号」を1932年に試作しているが、販売価格や利益の点で問題があったため、量産に至らず、試作のままで終わっている。豊田式織機はそのあと「キソコーチ号」というバスの製造を行っている。1935年に完成し、市営バスとして20台程度納入したようである[注11]。豊田自動織機製作所は1933年に自動車部を立ち上げ、豊田喜一郎は乗用車試作車一号（A1型）を完成させ、翌年から量産へと進んでいる。1937年にはトヨタ自動車工業が分離独立した。ちなみに、豊田自動織機製作所もトヨタ自動車工業も設立総会は豊田自働紡織工場（現トヨタ産業技術記念館）で行われており、のちにサッカーの名古屋グランパスエイトの設立総会も同じ場所であった。現トヨタ産業技術記念館はトヨタグループ発祥の地であると言える。

　まさに、豊田家の歴史は、当地域の織機・紡績機・自動車の歴史であり、多くの企業が関わり合いながら、技術力を高め合ってきた。そして戦争に突入するのである。

【森村グループ―森村・大倉家の人々―近代窯業発祥の名古屋】

　名古屋の周辺には陶都といわれる瀬戸や多治見（美濃）、常滑があり、古くから窯業の一大産地を形成していた。ここで蓄積された技術力を基礎にして、近代的な洋食器、衛生陶器、建築用タイル、絶縁碍子（ガイシ）、着火

プラグなどの近代セラミックス工業が発展していった。それを具現化していったのが日本陶器（後のノリタケ・カンパニー・リミテド）であった。（表2-4）

　江戸から明治に入ると殖産興業が国家の課題となった。森村市左衛門は武具商・馬具商を営んでいたが、日本産品を売って外貨を稼がないと日本は衰退するとの思いから直接輸出業を行うため1876年に森村組を東京に設立した。そこに大倉孫兵衛も参加している。翌々年には弟の森村豊がニューヨークに森村ブラザーズを設立し、日本からの輸入卸売業を営んだ。当初は日本産品を仕入れるため、大倉孫兵衛を中心に全国を歩いて仕入れ、輸出していた。1881年には新物の陶磁器に絞って販売するよう方向転換したが、徳利や茶器は米国では日用品でなかったので売れず、洋食器生産へのニーズが高くなっていった。そこで、瀬戸の陶工と手を組み、コーヒー茶わんや砂糖・ミルクポットや水差しをつくるまでになった。絵付けも西洋風に転換し、1898年には分散していた絵付工場を名古屋店に集約していった。

表2-4　森村グループの戦前の歴史年表

西暦年	主要な出来事
1876	森村市左衛門、貿易商社の森村組（後の森村商事）を東京、銀座に設立
1878	森村組、森村ブラザーズをニューヨークに設立
1892	森村組、東区橦木町に名古屋店を開設
1898	森村組、東京・京都・名古屋に分散していた絵付工場を名古屋店内に集約
1904	森村組、現名古屋市西区に日本陶器を設立
1910	日本陶器元工場長　地元資本で帝国製陶所設立（後の鳴海製陶）
1914	日本陶器、米国向けディナーセットを完成
（第1次世界大戦勃発）　陶器のアメリカ向け輸出が急増する	
1917	日本陶器「衛生陶器」の生産のために九州小倉に工場─東洋陶器（後のTOTO）を設立
1919	日本陶器より日本碍子が独立（名古屋市）
1921	伊奈製陶所に出資（大倉和親等）
1936	日本碍子より日本特殊陶業が独立、日本陶器より共立窯業原料が独立

　米国の得意先であったデパートからテーブルウエアの要望が出たが、当時の状況では素地が灰色で質もよくない。その改良に取り組み、量産化するた

めに1904年に現在の名古屋市西区則武町に日本陶器合名会社を設立し、新工場を建設していった。しかし、純白でディナーセットとして必要な8寸皿（24cm）がなかなか完成しなかった。とうとう技師長飛鳥井幸太郎を解雇し、新たな技師長のもとで改良に取り組んでいった。欧米の製陶工場見学や技師の実地研修を経て、1914年にようやくテーブルウエアのセットが完成した。実に10年の歳月をかけている。。完成したテーブルウエアのセットは第一次世界大戦の影響もあって、特に米国で飛ぶように売れた。

　ちなみに解雇された技師長はすぐさま名古屋財界からの資本（資本金15万円）を導入して1911年に帝国製陶所を設立している。日本陶器は地元資本でなく、東京資本そのものであった。帝国製陶所はのちに名古屋製陶所（1917年）となり、鳴海にドイツ式のトンネル窯工場を建設したものの、戦争の影響を受けて住友金属工業が1943年に買収し、戦後鳴海製陶所となった。名古屋製陶所は1969年に解散している

　日本も大正年代に入ると工業化がどんどん進み、電力需要やオフィス需要が急速に拡大していった。そこで必要になるのは送電のための絶縁体の碍子（ガイシ）であり、オフィスビルの衛生陶器である。1917年に九州小倉で東洋陶器（後のTOTO）が日本陶器から分社化し、1919年には名古屋市で日本碍子（後の日本ガイシ）が同様に分社化した。さらに日本碍子から自動車の着火部品であるスパークプラグを製造する日本特殊陶業が1936年に独立・誕生した。日本特殊陶業を除く、これら三社の初代社長に大倉孫兵衛の長男和親が就任している。なお、土管や建築用タイルを生産する匿名組合伊奈製陶所（後のINAX→LIXIL）が1921年に常滑で設立されるが、ここにも大倉和親等の森村関係者の支援が行われ、不況の中で資金的支援も行ってきた。

　このような歴史を見てくると、日本の近代化とともに洋食器や衛生陶器、碍子やスパークプラグに関係する新会社の設立とそこからの分社や独立、、さらには土管やタイルを生産する地元企業へ資金的技術的支援、それらを通して近代窯業が発展していく経緯が見て取れる。まさに、近代窯業の発祥の地が名古屋であり、外部資本と地元資本が競争し、協力し合いながら歴史をつくっていったことが理解できる。

5 第四のエポック 軍需都市と加工組立産業

(1) 軍需産業と航空機工業の集積

　明治に入ると富国強兵は殖産興業と対をなす大きなテーマとなる。名古屋は昭和の年代に入り、繊維や窯業を代表とする軽工業から機械や自動車などを代表とする重工業へとシフトしていった。

　とくに名古屋は兵器製造も東京・大阪と並ぶ一大拠点であり、名古屋陸軍造兵廠の本部のほか、熱田、千種、鷹来、鳥居松、高蔵、柳津、楠に工場があった。熱田砲兵工廠では速専砲や弾薬車、航空機や同発動機などが生産され、工場には最新鋭の設備が導入されていった。他方海軍も名古屋南部地域に三菱重工業（株）名古屋航空機製作所を設置し、自動車と航空機の製造を行った。地元の愛知時計電機（株）も海軍の航空機の生産を始めている。

　統計的に見ると1931（昭和6）年の満州事変を境に工業製品の出荷額は兵器関連品の品目で急増している。表2-5をみると原動機や電気機械器具、車両、航空機等が急増しているが、とりわけ航空機等が金額的に大きく、倍率も3倍以上に膨らんでいる。

表2-5　満州事変以降の名古屋の主要機械機具工業製品出荷額（単位：千円）

	原動機	電気機械器具	鉱業用機械器具	紡織機械	車両	航空機其他兵器	（銃砲弾丸兵器）
1934（S 9）	43	4,947	---	7,792	15,837	※ 39,905	※ （10,042）
1938（S13）	79,826	20,756	6,099	9,242	42,223	○ 135,875	---

※は愛知県分である。○の数字は「名古屋市勧業要覧」のもので、名古屋市分
出典：参考文献【17】

　急増している航空機生産（三菱重工業と愛知航空機の2社）の推移を1941年〜 1945年までの5ヶ年をみると、この間に昭和時代の7割を生産していることがわかる（表2-6）。また生産のピークは1944（昭和19）年度であった。中京重工業地帯の航空機生産の要となる企業に三菱重工業（名古屋航空機製作所／名古屋市港区）、川崎航空機工業（岐阜県各務原市）、愛知航空機（愛知時計電機／名古屋市熱田区）があり、この3社で全国の32.3%を占める。名古屋

表2-6　三菱重工業と愛知航空機が生産した陸海軍機（1941～1945年）

企業等 年	三菱重工業		愛知航空機	合計
	海軍機	陸軍機	海軍機	陸海軍計
1941（昭和16）年	903	800	217	1,920
1942（昭和17）年	1,404	1,170	305	2,879
1943（昭和18）年	2,004	1,860	998	4,862
1944（昭和19）年	2,413	1,242	1,496	5,151
1945（昭和20）年	292	282	503	1,077
1941～1945年　　計	7,016	5,354	3,519	15,889
1926（昭和元）年 からの累計	10,034	7,488	5,068	22,590

出典：参考文献【15】P.37を一部加工「（東洋経済新報「昭和産業史」）

表2-7　1944（昭和19）年度における航空機生産機数

	海軍機	陸軍機	合計	構成比（%）
三菱重工業	2,362	1,191	3,553	14.3
川崎航空機工業	—	3,136	3,136	12.6
愛知航空機	1,337	—	1,337	5.4
小計	3,699	4,327	8,026	32.3
全国	13,254	11,607	24,861	100.0

出典：参考文献【17】P.3　（堀越二郎、奥宮正武＜1953＞「零戦　日本海軍航空小史」日本出版協同）

　市内の2社に限定しても20％弱を占める。これら以外にも航空機関連の重要企業はあるが、協力工場を含めると企業数で1,186工場に達し、管内工場の20％、従業員（工員）では70％を占めるほど、航空機産業の集積が著しかった（表2-7）。

　なお当地域ではないが、航空機生産（川崎航空機と九州飛行機）における下請割合（作業種別）は表2-8のとおりであり、中島飛行機の総合依存率は表2-9のとおりである。これをみると下請け依存率が4割前後を占め、高かったことがわかる。このように、名古屋は下請け比率の高い軍需工場が集積していて、住宅地に交じっている中小工場が多かったこともあって、徹底的に空襲を受けて都市は破壊された。その数は空襲38回、罹災面積3,858ha（主要市街地の半分）、罹災戸数135,416戸、死者7,858名にも及んだ。

　他方、航空機産業の下請け依存率が高かったことは、逆に技術が下請け企

業に伝播し、戦後の復興に伴う自動車産業などの加工組み立て産業の基盤を形成することに繋がっていったのである。

表2-8　航空機生産における下請割合（作業種別）％

	機械切削	鈑金加工	木製品加工	鋳鍛造
川崎航空機	75	20	—	100
九州飛行機	73	70	98	—

出典：参考文献【15】P.37

表2-9　中島飛行機下請け4社の総合依存率

年	総合依存率（%）
1940（昭和15）年	33.7
1941（昭和16）年	33.4
1942（昭和17）年	25.7
1943（昭和18）年	34.4
1944（昭和19）年	38.6
1945（昭和20）年	43.4

出典：参考文献【15】P.37

（2）熱田兵器製造所と新堀川と鶴舞公園

　1904年に国は東京砲兵工廠の名古屋における製造拠点を整備するにあたって、熱田に設置することを計画した。製造する兵器は主に観測車、弾薬車、山砲、航空機用機関砲であった。そこで名古屋区は翌1905年に精進川の開削土砂を熱田兵器製作所に売却し、氾濫原たる地盤の嵩上げと排水路の確保を同時に行った。それまで精進川はたびたび氾濫していたので、当時の名古屋区長吉田禄在が精進川を開削するように1883年に愛知県令へ建言するも20年以上も実現しないでいた。しかし、国策としての兵器工場の配置要請は、その氾濫防止のための河川改修工事の実現を後押ししたことになる。いわば一石二鳥の政策であった。開削された精進川は1910年に新堀川へと名称を変更した。なお、東京砲兵工廠は1923年に名古屋工廠（熱田兵器製造所）と名称が変更されている。

　この精進川の開削にあたっては、もう一つのエピソードがある。江戸から明治に時代が変わった際、近代化を図る一環で公園（景勝地や名所地、官有地で万人偕楽の地）の整備を府県に太政官名で布達した。しかし、市内では小さな公園しか確保できなかったため、同じく名古屋区長吉田禄在が大公園

建設を愛知県令に1884年に建言
するも、これも実現しなかった。
先の精進川開削によって生じた
土砂は兵器工場用地の嵩上げ以
上の残土が出たため、大部分が
市外の御器所村にある公園用地
31.9haを買い上げ、そこへ残土を
移送して大公園の造成を行った。
それが鶴舞公園であり、次の第
6節で述べる1910年開催の第10
回関西府県連合共進会や1928年
開催の御大典奉祝名古屋博覧会
の会場になったのである。なお、
共進会の会場と現在の鶴舞公園
とは一致せず、後者のほうが狭
くなっている。なぜなら、その
一部を医科大学・大学病院（現名
古屋大学医学部）に売却したため
であった。

　つまり、軍需都市の象徴であ
る熱田兵器工場の配置は、これ
まで懸案だった20年来の二つの
課題、精進川の氾濫と大公園建
設を同時に解決するものであり、
これによって一石三鳥の政策と
して取り組まれたのである。（図2-7）

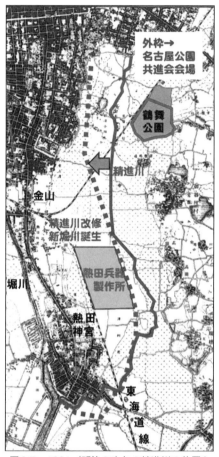

図2-7　1891（明治24）年の精進川の位置と
熱田兵器製作所・新堀川・鶴舞公園の配置
関係（1891年の時点では存在しない）
地図：国土地理院名古屋・熱田（M24）

6　第五のエポック　イベントによる地域発展

（1）　国と地方のイベント

【内国勧業博覧会の開催】

　明治に入ると殖産興業と富国強兵が日本の二大テーマとなった。前者は第三のエポックで述べ、後者は第四のエポックで触れた。殖産興業を促進するため、国は内国勧業博覧会を開催し、地方自治体は関西府県連合共進会を開催していった。いずれも見世物としてのイベントではなく、出品者に現場参加を促し、交易チャンスをつくることや他出品を見ながら自作品の改善を促すものであった。第一回内国勧業博覧会は1877年に開催された。この博覧会は文字通り勧業を促進するものであったが、なかなか成果が短期で、かつ直截的に見えるものでないため、徐々に経済効果を評価指標に掲げ、集客を増加させる娯楽イベント的色彩を持つようになっていった。なお、内国勧業博覧会は財政難とも相まって第五回（1903年）の開催で終了した。その一覧が表2-10である。

　初回から徐々に入場者数を増やしていっているが、特に第五回は飛躍的に伸び、第四回の100万人から500万人へと5倍増となっている。1903年の日本の人口は4,555万人（内閣府統計局推計）なので、およそ9人に1人はこの博覧会を訪問したことになる。この博覧会から工業所有権保護のパリ条約に日本が加盟したので、海外からの出品が可能となり、14ヶ国18地域からの参加を得、さながら万国博覧会の体をなす盛り上がりを見せた。

　第六回を1907年に予定していたが、日露戦争後の財政悪化により延期されることになったため、東京府が単独で東京勧業博覧会として開催し、134日間で約680万の入場者を獲得することができた。東京府はその勢いを買って、1914年東京大正博覧会（134日/746万人）、1922年に第一次世界大戦の終結を祝う平和記念東京博覧会（144日/1,100万人）、1928年に昭和天皇の即位の大礼を記念した大礼記念国産振興東京博覧会（65日間/223万人）を開催している。1,100万人を超える入場者を記録した平和記念東京博覧会は国民の5人に1人が入場したこととなり、戦前の博覧会としては突出した入場者となっ

ている。

表2-10　内国勧業博覧会の概要

回数	開催年	日数	会場	入場者数	備考
第1回	1877（明治10）年	102	東京・上野公園	454,168	＊初代内務卿大久保利通の提案
第2回	1881（明治14）年	122	東京・上野公園	822,395	－
第3回	1890（明治23）年	122	東京・上野公園	1,023,693	－
第4回	1895（明治28）年	122	京都・岡崎公園	1,136,695	＊平安遷宮1100紀年祭と合わせ誘致
第5回	1903（明治36）年	153	大阪・天王寺今宮	5,305,209	＊海外からの出品が可能となった ＊14か国18地域が参加

資料：https://ja.wikipedia.org/wiki/内国博覧会

【関西府県連合共進会の開催】

　明治時代の地方博覧会の一つである関西府県連合共進会を見てみよう。西日本を中心とした府県が参加し、農産物や工業製品の展示が行われ、第一回は大阪府の主催で行われた。以降は2～4年の間隔で府県が持ち回りとなって、10回まで開催されている。最後の第10回は愛知県主催で名古屋市において開催された。そこには大阪府、京都府に東京府も加わり、また当時日本の統治下にあった台湾府と28県の参加を得ることで、最大の共進会となった（表2-11）。これについて、後で詳細に見ていく。

表2-11　関西府県連合共進会の概要

回	期間	日数	会場（当時）	参加府県	観覧人員
1	1883（明治16）年	50	大阪府東区	1府12県	19,270
2	1886（明治19）年	40	広島県広島区	1府17県	41,464
3	1888（明治21）年	50	京都府京都市	2府15県	94,492
4	1892（明治25）年	50	奈良県添上郡奈良町	2府12県	101,337
5	1894（明治27）年	50	石川県金沢市	2府11県	88,478
6	1897（明治30）年	50	兵庫県神戸市	2府16県	294,038
7	1899（明治32）年	50	富山県上新川郡堀川村	2府15県	162,574
8	1902（明治35）年	50	香川県高松市	2府16県	304,065
9	1907（明治40）年	60	三重県津市	2府20県	779,566
10	1910（明治43）年	90	愛知県名古屋市	3府28県 ＋台湾府	2,632,748

資料：https://ja.wikipedia.org/wiki/関西府県連合共進会

（2）名古屋におけるイベントの展開

　戦前から戦後にわたり各種大規模イベントが開催された名古屋では、それを契機に地域の産業が刺激を受け、新しい産業も興こすなど、イベントをうまく活用して、地域発展のテコにしていった歴史がある。その代表的な大規模イベントには次のようなものがある。

【第10回関西府県連合共進会（1910年）】

　名古屋開府300周年記念事業の一つとして開催された博覧会であり、主催は愛知県であった。名古屋の鶴舞公園（31.9ha）を会場として開催された。この共進会には3府28県に台湾府も加わり、約13万点が出品され、機械館、特許館、農産館、台湾館などの先端的製品や農産物を展示する施設のほか、空中天女館、パノラマ館、不思議館、世界一周館、活動写真館、舞踏館など、娯楽色の要素が強い目を引くパビリオンが並んだ（図2-8）。愛知県からは1万点余が出品されている。90日間の開催期日に263万人余の入場者があった。他の共進会と比較してみても、いかに集客力の大きい共進会であったかがわ

図2-8　第10回関西府県連合共進会の会場内建物等配置図（絵葉書より）
出典：第10回関西府県連合共進会絵葉書より

かる（表2-11）。それは主催者である愛知県が前回三重県津市で開催された共進会の4倍もの予算規模[注12]をつぎ込んでおり、相当に力を込めていた。国主催の第5回内国博覧会が530万人の入場者数であるが、会期日数や海外出展を勘案すると、それに匹敵する規模であると理解できる（会期日数を調整すると、450万人近くの計算になる）。

　この共進会の開催趣旨が「日本全国から多くの人に名古屋に訪れていただき、当地の製品を広く世間に知らしめ、モノづくりの発展に資する」としていることから、十分に名古屋の存在を全国にアピールすることができたと言える。なお、仮設建物である展示館等は終了後に取り壊されたが、噴水塔、奏楽堂、貴賓館は名古屋市に寄付された。噴水塔、奏楽堂は現在も残っている。

【御大典奉祝名古屋博覧会と名古屋土地博覧会（1928年）】

　これは昭和天皇の即位記念と産業振興（生産の改善・商勢の拡大）を目的として開催された博覧会である。主催は名古屋勧業協会で、本館・機械館・農林館・電気館のほか、大礼館・国防館・美術館・衛生館・歴史館などが設置された（図2-9）。開催場所は先の第10回関西府県連合共進会と同じ鶴舞公園であった[注13]。1910年の共進会後は鶴舞公園の規模は小さくなるとともに、公園として成熟していったため、展示空間として使用できる場所は限定された。大運動場として確保された空間に主要展示館が仮設で配置された（図2-9の右端施設）。この博覧会のために国鉄中央線に鶴舞公園駅が臨時駅として開設された。なお、本格的な鶴舞駅は9年後の1937（昭和12）年に設置されている。鶴舞公園駅と引き継がれた噴水塔・奏楽堂が一直線に並ぶように配置され、展示品は約10万点、会期77日間で入場者数は約194万人に至った。

　この博覧会の集客を好機として、大名古屋土地博覧会が10月の1ヶ月間開催された。土地整理事業を全国に知らしめ、土地利用の促進を図っていくことを目的としていた。主催は「名古屋市区画整理耕地整理連合会」と「都市創作会」の二者で、土地区画整理組合（30組合）・耕地整理組合（21組合）、土地会社（3社）の54団体が参加して実施された。1日平均8〜9千人の入場者を集めたようだ。本部は噴水塔の西隣に置かれ、そこから来場者を各組合の地区に12台の専用自動車で無料送迎した。ちなみに1928（昭和3）年10月

までに設立認可された耕地整理組合は30組合3,720ha、土地区画整理組合は24組合1,526haであったので、ほとんどがこの土地博覧会に参加している。

図2-9　御大典奉祝名古屋博覧会の鳥観図
出典：御大典奉祝名古屋博覧会案内絵図より

【名古屋汎太平洋平和博覧会（1937年）】

　名古屋市は1934（昭和9）年に人口が100万人を突破した。その後も増加の勢いは止まらず、1943（昭和18）年には136万人超となり、戦前のピークを迎えた。郊外では土地区画整理事業が積極的に推進された。そうした勢いのある1937年に本博覧会は開催された。

　この博覧会は広く内外産業文化の現状を紹介し、日本の産業の振興と文化の宣伝を行いつつ、太平洋関係諸国との平和親善と共同の反映をめざすことを目的として開催された。名古屋市が主催し、現在の港区港明地区（約50ha）が会場となった。この博覧会には太平洋沿岸諸国と名古屋市と友好国の29ヶ国が参加した。36万点の展示品数を誇り、会期78日間で空前の480万人の入場者があった。海外から出品はあったが、海外入場者は6,600人強と、全体からみるとごく僅かであった[注14]。戦前の日本で開催された博覧会のなかでは、会期を考慮するならば、1922年に開催された平和記念東京博覧会（144

日/1,100万人）に次いで多くの集客規模を誇った。名古屋のポテンシャルの高さを示す博覧会であった。

　この年は名古屋港開港30周年の記念の年でもあり、港の発展に向けてその背後地を博覧会場として活用されたのである。さらに同じ年に名古屋駅が整備された。東海道線に関西線、中央線、臨港線が乗り入れることで、当初の名古屋停車場は手狭になったため、現在の位置に新名古屋駅が移転開設され、同時に幅員50ｍの桜通が新名古屋駅へのメインストリートとして整備された。これで、海と陸の玄関口の整備が進んでいったことになる。ちなみに鶴舞公園付属動物園が面積を13倍に拡大して東山動物園に移転したのもこの年であり、市外ではあるが当地域のものづくり発展の要となるトヨタ自動車工業が豊田自動織機製作所から生まれたのもこの年である。

　1937年は名古屋まちづくりのエポックの年であった。

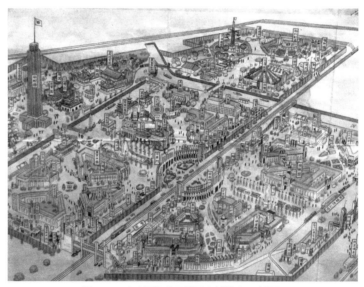

図2-10　名古屋汎太平洋平和博覧会の鳥観図
出典：名古屋汎太平洋平和博覧会案内図（名遊社）より

【世界デザイン博覧会（1989年）】
　戦後名古屋市はしばらく大規模なイベントを実施していなかった。1981

年に1988年オリンピックの誘致に取り組んでいたが、競争相手のソウルに大敗した。その同じ年に神戸市は埋立地ポートアイランドの街びらきにあわせて神戸ポートピア博覧会を開催し、1600万人を超える入場者を迎えることができた。大きな黒字とポートアイランドひいては神戸市の名前を全国に轟かせ、その手腕が神戸経営方式としてもてはやされた時代であった。

世界デザイン博覧会は名古屋市制100周年を記念して開催された博覧会である。この年に市制100周年を迎える都市は38都市あり、いずれも記念イベントが開催された。名古屋では世界デザイン博覧会協会が主催し、「ひと・夢・デザイン－都市が奏でるシンフォニー」をテーマに3つの会場で開催された。会場ごとにサブテーマが設定され、メイン会場である白鳥公園（約26ha）は「21世紀との遭遇」、名古屋城会場（約19ha）は「歴史からの発見」、名古屋港会場（約11ha）は「楽しさへの旅立ち」であった。会期中に世界三大デザイン会議[注15]の一つである「世界インダストリアル・デザイン会議（世界デザイン会議名古屋）」が開催された。会期135日間で3会場合わせて約1,518万人の入場者があった（写真2-1, 2-2）。

写真2-2　デザイン博名古屋港会場（上）

写真2-1　デザイン博白鳥会場（左）

出典：名古屋市

この博覧会を開催することによって、名古屋のまちは美しくなったと言われている。また、これを契機としたその後の種々のデザイン分野での取り組

みや、初めて世界三大デザイン会議が開催された都市となったことなどが評価され、2008年に名古屋はユネスコにより「デザイン都市」として「クリエイティブシティ」に認定された。メインテーマ館である白鳥センチュリーパークは名古屋国際会議場に転用され、ソフトとしては国際デザインセンター（組織）が生まれた。ものづくりの現場的イメージからデザインというよりソフトな分野をより強化していくものであった。

【2005 年日本国際博覧会（愛・地球博）とデ・ラ・ファンタジア（2005 年）】

　大阪万博（1970/総合博覧会）、沖縄海洋博（1975/特定博覧会）に続く国際博覧会で、21 世紀に入った2005年に国内初の国際博覧会を愛知県で開催した。財団法人2005年日本国際博覧会協会が主催し、そのテーマは「自然の叡智」として、"環境万博"が目指された。実施するにあたってのイベントコンセプトは①環境に配慮したエキスポ、②地球大交流を目指すエキスポ、③市民が参加するエキスポ、④IT 時代のエキスポの4本柱であった。会場は約173ha（長久手会場：約158ha、瀬戸会場：約15ha）で、目標1,500万人に対し2,205

写真2-3　愛・地球博サテライト会場「デ・ラ・ファンタジア」の風景
出典：名古屋市

万人の入場者（2会場の延人数）があった。

　当初主要会場として計画されていた瀬戸会場が里山の保全を図るため長久手会場へ変更されたことで、環境問題がクローズアップされた博覧会となった。また、市民参加の博覧会が目指され、国、国際機関、企業に加え、ＮＧＯやＮＰＯ、市民団体等も参加することで「市民参加型万博」ともいわれた。この愛・地球博が開催されることによって、ナゴヤの人々や企業の環境意識が格段に高くなり、また世界に愛知やナゴヤをアピールすることができた。このように博覧会会場は郊外の地に配置されたが、ここ名古屋では万博の玄関口であることから、名古屋駅近くの笹島地区にサテライト会場（デ・ラ・ファンタジア／12ha）を設けて、愛知万博の盛り上げに一役を買った。結果として351万人がこのサテライト会場に入場した。

（3）博覧会都市　名古屋

　このように当地域は戦前・戦後とも博覧会を通じ、産業振興や地域振興を図ってきたが、戦後ではデザインや環境などのテーマを設定して、時代を先取りし、当地域の産業構造変革、意識変革につなげてきた。博覧会を通じて、出展者や来場者との交流が生まれ、情報も交換されるなど、刺激的な場となっていった。

7　名古屋発展の5つのエポックとこれから

（1）名古屋発展の5つのエポック

　これまでの名古屋の発展を人材や技術（産業）を中心に見てきた。それを総括したのが図2-11である。5つのエポックから成り立っているが、改めて整理すると次のとおりである。

　第一のエポックでは名古屋城築城にあたって、選りすぐりの職人が名古屋に集まり、技術伝播したり、一流職人がここに定着したことで新たな産業が生まれたこと、第二のエポックでは七代尾張藩主徳川宗春が、八代将軍徳川吉宗の質素倹約政策下にあって、名古屋のみがよく働きよく遊ぶ元気政策を

取ったため、職人や芸人が働き場所を求めて名古屋に集まってきたことでものづくりと芸どころの名古屋の礎を築いたこと、第三のエポックでは明治に入り発明特許が保護される条例ができたため、全国から一旗揚げようとする若者がものづくり名古屋に集まってきたことで、新しい時代にふさわしい新しい産業が生まれていったこと、第四のエポックは、ものづくりの現場であるがゆえに、戦前に兵器製作の拠点に位置付けられ、下請け割合の高い航空機産業が集積し、罹災したものの、その下請け企業が戦後の組立加工の産業を支える企業として育っていったこと、第五に戦前戦後を通じ博覧会等（イベント）を積極的に展開することで製品展示等を通じて先端的情報を入手し、人々の交流を深めていくことで次代の取り組むべきテーマを模索できたこと、があげられる。

　いずれも内なる力と外からの力が混じり合い、時には反発し、時には融合して、新しい都市発展力を創出してきたのである。

（2）次なる発展のエポックはなにか

　となると、次なる名古屋の発展力は何であろうか？

【「まちものづくり圏域」とクリエイティブクラス】

　人々の交流を支えるインフラストラクチャーはリニア中央新幹線の開通や国際空港の充実・高度情報通信技術の整備がこれから期待されるところであり、ものづくりの中枢圏域としてより強化していくことが求められる。しかし、それは自動車や工作機械などの世界競争の勝てる商品レベルの強化では一方向性に過ぎない。メタバース時代の「ものづくり＝情報づくり」が求められるであろう。もう一つは当地域内外で製造されるハードとソフトを組み合わせて構築される「まちものづくり中枢圏域」なのかもしれない。Society5.0を組み込んだスマートシティや住民参加による未来社会先行型のスーパーシティが実現されている都市がそのイメージであるが、そこには新しい階層—クリエイティブクラス[注16]の呼び込みと定住が期待されるのである。

【人材の育成とスタートアップ】

　明治中期に入ると多くの若者が、ものづくり名古屋に流入し、起業化して

いった歴史があった。その当時は名古屋で事業成功の夢をかけることができたのである。さて、今日ではどうであろうか。名古屋では新しい取り組みに対し応援できる環境を産学官（官といっても地方公共団体が中心か）で作り上げていくことが重要であろう。上記①の「まちものづくり圏域」での多様なハードとソフトの実装プロセスに新しい技術等を組み込むことができるなら言うことはない。このようにスタートアップ環境が整った都市であるなら、徳川宗春の時代や明治時代のように、多くの有能な人材が名古屋に集まってくるに違いない。名古屋市も愛知県も起業への支援を積極的に推進しようとしている。市は「NAGOYA EVOLVES」プロジェクト[注17]を立ち上げ、チャレンジャーをバックアップする体制を取ろうとしている。県は鶴舞公園の勤労会館跡地に「STATION Ai」[注18]を整備し、スタートアップ拠点を通じて、積極的に支援に乗り出していこうとしている。新時代に一歩踏み出しはじめた。

【交流を促す観光の推進】

　さらにもう一つ。これからは観光が交流の主潮流になっていくであろうと予測される。新型コロナウィルスの蔓延でインバウンドは極端に減ったが、それを克服する近々未来では再び観光が経済成長の要になることは想像に難くない。人々が往来することで文化や情報の多様性が生まれ、発展のための新たな視点が提示されるのではないだろうか。

　名古屋は自己完結型経済圏として自立しているが、これまで見てきた通り、外から人や情報を呼び込んで経済を活性化させる視点が不可欠である。観光についても同様に、内輪の観光で十分とする意識であったが、観光が経済成長の柱になりうるので、対外的かつ積極的に人々を呼び込むコンテンツが重要になってくる。自然観光や都市観光では競争力は弱いが、産業観光や歴史観光（武将観光等）では一歩先んじることは可能であろう。当然、名古屋市内での観光ルート完結はあり得ないので、中部圏での「昇竜道」観光や東海圏での観光のネットワークが必要なのは言うまでもない。

　名古屋の発展論を検討するうえでは、この視点だけでは不十分であろう。文化的側面や都市基盤的側面などからのアプローチが求められるが、それを

叶えるだけの情報を持ち合わせていない。ただし、次章で土地区画整理を中心に都市基盤的側面を整理する。

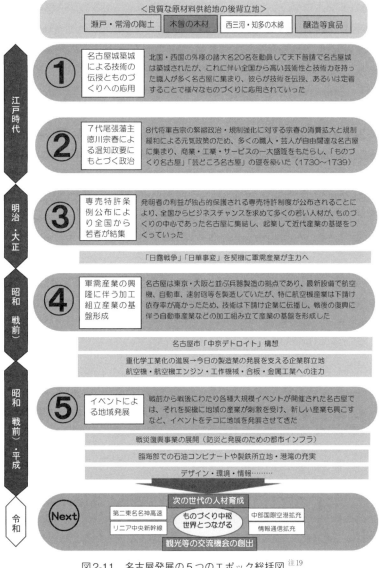

<良質な原材料供給地の後背立地>

瀬戸・常滑の陶土　　木曽の木材　　西三河・知多の木綿　　醸造等食品

江戸時代

① 名古屋城築城による技術の伝授とものづくりへの応用
北国・西国の外様の諸大名20名を動員して天下普請で名古屋城は築城されたが、これに伴い全国から高い芸術性と技術力を持った職人が多く名古屋に集まり、彼らが技術を伝授、あるいは定着することで様々なものづくりに応用されていった

② 7代尾張藩主徳川宗春による温知政策にもとづく政治
8代将軍吉宗の緊縮政治・規制強化に対する宗春の消費拡大と規制緩和による元気政策のため、多くの職人・芸人が自由闊達な名古屋に集まり、商業・工業・サービスの一大隆盛をもたらし、「ものづくり名古屋」「芸どころ名古屋」の礎を築いた（1730〜1739）

明治・大正

③ 専売特許条例公布により全国から若者が結集
発明者の利益が独占的保護される専売特許制度が公布されることにより、全国からビジネスチャンスを求めて多くの若い人材が、ものづくりの中心であった名古屋に集結し、起業して近代産業の基礎をつくっていった

「日露戦争」「日華事変」を契機に軍需産業が主力へ

昭和（戦前）

④ 軍需産業の興隆に伴う加工組立産業の基盤形成
名古屋は東京・大阪と並ぶ兵器製造の拠点であり、最新設備で航空機、自動車、速射砲等を製造していたが、特に航空機産業は下請け依存率が高かったため、技術は下請け企業に伝播し、戦後の復興に伴う自動車産業などの加工組み立て産業の基盤を形成した

名古屋市「中京デトロイト」構想

重化学工業化の進展→今日の製造業の発展を支える企業群立地
航空機・航空機エンジン・工作機械・合板・金属工業への注力

昭和（戦前〜）・平成

⑤ イベントによる地域発展
戦前から戦後にわたり各種大規模イベントが開催された名古屋では、それを契機に地域の産業が刺激を受け、新しい産業も興こすなど、イベントをテコに地域を発展させてきた

戦災復興事業の展開（防災と発展のための都市インフラ）

臨海部での石油コンビナートや製鉄所立地・港湾の充実

デザイン・環境・情報………

令和

Next

次の世代の人材育成

第二東名名神高速　　ものづくり中枢　　中部国際空港拡充
リニア中央新幹線　　世界とつながる　　情報通信拡充

観光等の交流機会の創出

図2-11　名古屋発展の5つのエポック総括図 [注19]

注釈

注1 藤井康隆＜2002.No.4＞「名古屋台地古墳時代の基礎資料（3）―斎山古墳の埴輪―」

注2 清須越400年事業ネットワーク編著＜2011.5＞「清須越 大都市名古屋の原点」付属資料「『清須越』

注3 参考文献【3】P.111

注4 参考文献【4】P.50

注5 参考文献【5】P.28 これによれば1750年刊の「寛延旧家集」によると総数115家のうち清洲からは97家、駿河からは9家、その他5家等となっている。清洲越は84％になるが、この資料は旧家なので、庶民の職人や商人の家族はこの数値と異なるであろう。

注6 参考文献【7】は筆者が執筆した。中部経済産業局の了解を得て、加筆修正・再編している。

注7 参考文献【6】第4巻 PP.256-257

注8 参考文献【8】

注9 参考文献【8】P.392

注10 参考文献【13】によれば、1932年11月に名古屋市産業部は，「自動車工業発展振興策」のなかで、「今後はアツタ号等を契機に、本市ガ日本ノ『デトロイト』トシテ自動車ノ都市タランコトニ切望」としている。言葉としての「中京デトロイト化構想」の根拠であるが、実際はアツタ号の製作のころから取り組んでいたのであろう。

注11 参考文献【13】P.39

注12 名古屋商工会議所のあゆみ 明治・大正の出来事 https://history.nagoya-cci.or.jp/meiji/h4.html

注13 会場となった鶴舞公園は25.8haの規模であった。共進会会場は31.9haであったが、そのうち6.1haを県立病院、県立医学専門学校（現名古屋大学医学部）の用地として公園から外したため減少している。なお、実質的に博覧会会場となったのは8.3haであり、残りは公園としてそのまま利用された。

注14 乃村工藝社 博覧会コレクション より
https://www.nomurakougei.co.jp/expo/exposition/detail?e_code=1660

注15 世界三大デザイン会議とは国際インダストリアルデザイン団体協議会（ICSID）、国際インダストリアルデザイナー団体連合（IFI）、国際グラフィックデザイン団体協議会（Icograda）の世界会議を指す。

注16 リチャード・フロリダは脱工業化した都市における経済成長を推進する人材をクリエイティブクラスと呼んでいる。これからの経済は技術（Technology）・才能（Talent）・寛容性（Tolerance）の3つのTが牽引するとし、それら3つのTを包摂する領域（Territory）が重要であるとしている。この領域の質とは、①建物と自然が融合。②多種多様な人材との相互影響、③ストリートライフ、音楽、芸術、カフェ文化、アウトドアのアクティブとクリエイティブ性、④完成されていない場所に関わって作り変えていくことのできる居場所があること、を掲げている。

注17 NAGOYA EVOLVES については https://nagoya-innovation.jp/（2020.6.14閲覧）

注18　STATION Ai　については　https://www.aichi-startup.jp/support/（2020.6.14
　　　閲覧）
注19　参考文献【7】P.18をもとに修正加筆している。

参考文献

【1】　新修名古屋市史編集委員会＜1999.3＞「新修名古屋市史　第3巻」ぎょうせい
【2】　仁木宏・松尾信裕編＜2008.8＞「信長の城下町」高志書院
【3】　内藤昌＜1997.8＞「近世大工の美学」中公文庫　1981年9月刊「近世大工の系譜」
　　　を加筆訂正
【4】　内藤昌他＜1985.10＞「日本名城集成　名古屋城」小学館
【5】　愛知県郷土資料刊行会編集部＜2010.4＞「名古屋開府四百年史」愛知県郷土資料
　　　刊行会
【6】　新修名古屋市史編集委員会＜1999.3＞「新修名古屋市史」第1巻～第5巻　名古屋
　　　市
【7】　経済産業省中部経済産業局＜2009.3＞「グレーター・ナゴヤの魅力発信方策に関
　　　する調査報告書」
【8】　城山三郎＜1994.7＞「創意に生きる　中京財界史」文春文庫
【9】　浅利佳一郎＜2000.6＞「鬼才福沢桃介の生涯」NHK出版
【10】　小栗照夫＜2006.8＞「豊田佐吉とトヨタ源流の男たち」新葉館出版
【11】　和田一夫・由井常彦＜2002.3＞「豊田喜一郎伝」名古屋大学出版会
【12】　佐藤正明＜2005.5＞「ザ・ハウス・オブ・トヨタ」文芸春秋社
【13】　牧幸輝＜2011.6＞「中京デトロイト化計画とその帰結」オイコノミカ第48巻第
　　　1号　名古屋市立大学経済学会
【14】　亀田忠男＜2001.8＞「大岩勇夫と大名古屋」㈳地域問題研究所
【15】　亀田忠男＜1996.4＞「中部型企業の生成と風土―中部産業のメタモルフォーゼ―」
　　　㈳中部開発センター
【16】　砂川幸雄＜2000.7＞「製陶大国をきずいた父と子　大倉孫兵衛と大倉和親」晶文
　　　社
【17】　笠井雅直＜2020.3＞「戦争と企業―都市名古屋への航空機工業の集積と戦後民需
　　　転換―」名古屋学院大学総合研究所
【18】：名古屋市都市計画史編集委員会＜1999.3＞「名古屈都市計画史（大正8年～昭
　　　和44年）」㈶名古屋都市センター
【19】　Richard L. Florida　井口典夫訳＜2014.12＞「新クリエイティブ資本論」ダイヤ
　　　モンド社
【20】　笠井雅直＜2021.12＞「国産航空機の歴史　零戦・隼からYS-11まで」吉川弘文
　　　館

第3章

都市計画の母と父
──区画整理とその推進者

1 区画整理とは何か

（1）区画整理手法とは

　区画整理は略語で、正式には土地区画整理と呼び、その後ろに「法」とか、「事業」とか、「手法」とい単語が続くことが一般的である。

　区画整理事業の仕組みは図3-1のとおりである。区画整理を実施する前の地区の状況は、道路が狭く、公園は整備されておらず、各敷地も不整形であるのが一般的である。これでは自動車は走行しづらく、宅地の利用増進には限界があるとともに、歩行者の安全や居住者の健康増進も図ることができない。そこで、各地主が集まり、土地を拠出しあって道路や公園用地に充て、またその土地を売却して事業費に充てることで、現状の課題を解決する手法である。道路や公園用の土地の拠出を公共減歩と言い、事業費捻出用の土地の拠出を保留地減歩という。

　この減歩によって、各地主の土地は整形されるが、所有面積は減少し、かわって公共用地が増加する。従前の資産価値の合計と従後のそれが一致あるいは従前以上になることで、事業は成立する。つ

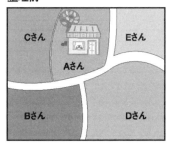

整理前

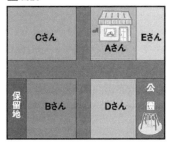

整理後

図3-1　土地区画整理事業の仕組み
出典：郡山市ホームページより

まり地価が上昇することが前提となる。結果として宅地の利用増進と地域の安全や健康を維持向上できるのである。

（2）区画整理の歴史

【農業生産を高める耕地整理】

　明治に入ると、いかに農業の生産性を高めていくのかが課題であった。1872（明治5）年に静岡県山名郡彦島村（現在の袋井市と磐田市にまたがる彦島地区）で畦畔改良が行われたことに始まる。当初は個人所有の農地（田）の区画を整然とすることで、日当たりや空気の流れを良くするとともに、除草も容易となり、また増歩（耕地面積の増加：小さい農地区画をまとめることで畦道が少なくなり、その分が耕地になる、あるいは測量の精度を高めることによって面積が拡大する。これを縄伸びという。）も見込めることから、農業の生産性が高まった。1875（明治8）年には彦島村の33haを対象に畦畔改良が行われている。1887（明治20）年ごろになると耕地面積の拡大と地価の上昇を見込んだ田区改良が行われていったが、規模が拡大するに従い、工事期間や整地経費も増大し、増歩拡大による収益を上回るようになった。ちなみに1903（明治36）年には静岡県の田原村全体に広がる耕地整理285haを完成させている。

　1899（明治32）年には耕地整理法が制定された。耕地整理の定義は「耕地の利用を増進する目的を以て其の所有者共同して土地の交換若は分合、区画形状の変更及道路、畦畔若 は溝渠の変更廃置を行う」（第一条）としている。制定後10年間で全国の施行実績は2,124地区1,240㎢（1地区平均58ha）に達した。

　耕地整理法制定から10年経過した1909（明治42）年に耕地整理法は大改正され、新耕地整理法が誕生した。当初の耕地整理がドイツを参考にしていたため、畑地主体の事業であったのに対し、日本的農業の中心であった水田主体に対応すべく、水利事業や土質改良も取り込んだ事業へと大改正された。その内容は①交換分合や区画形質の変更等を追加、②整理組合の設立認可と法人化、③許可権、監督権の権限を主務大臣から地方長官（知事）へ移譲、④整理後地価総額から公共用地増加面積相当分の減額措置などであった。これらにより農業の生産性を高めつつ、法人化により銀行からの借入れもしやすく、事業採算性もよくなることから全国に普及していった。

【耕地整理準用による宅地供給のための土地区画整理】

　耕地整理はあくまで農地の生産性の向上にあり、宅地の造成を意図するものではなかった。しかし、20世紀に入ると都市化が進み、人口増加に対応した宅地需要が拡大する。その需要に応えるため、耕地整理手法によって宅地造成がなされ、供給されていった。その代表的な事例として、名古屋における東郊耕地整理事業（280町歩≒280ha）があげられよう。ここでは組合員の金銭的負担を軽減するため、地主が拠出した土地を事業費に充てる「減歩法」を組み入れる手法であった。宅地を供給する手法がないため、各自治体は組合に助成金を提供する仕組みまで作って支援している。

　1919（大正8）年には都市計画法が制定された。戦後の都市計画法との対比で、これを旧都市計画法と呼んでいる。ここで初めて宅地供給のための土地区画整理が都市計画区域内において位置付けられた。それを実現する手法に耕地整理が準用されることが明記された。

　1920年代は2間以下の細街路や水路と3間程度の街路が方形状の街区を交互に囲む整備水準であった。しかし1920年代後半になっていくと、その形状を半分にした長方形状にすることで宅地として使いやすくなり、3％の公園面積を確保した。このような流れを受けて、1933（昭和8）年に内務省通達「土地区画整理設計標準」が提示され、6mの街路幅員（一部4mも可）と地区面積の3％程度の公園を確保する内容になっている[注1]。

　なお、1931（昭和6）年に耕地整理法が改正されたため、都市計画区域内での宅地供給を目的とした耕地整理はできなくなった。以降は土地区画整理として実施することになる。（表3-1）

表3-1　耕地整理と区画整理の制度的変遷

1899（明治32）年	1919（大正8）年	1931（昭和6）年	1933（昭和8）年
耕地整理法の制定	都市計画法の制定	耕地整理法の改正	区画整理設計標準
・耕地整理事業（農地整備）の展開 ・一部、宅地供給のための耕地整理事業を実施	・耕地整理法準用による土地区画整理事業（宅地供給）の実施 ・耕地整理事業による宅地供給と併存	・都市計画区域内での宅地供給目的の耕地整理を禁止	・6mの街路幅員（一部4mも可）の確保 ・地区面積の3％程度の公園を確保

【罹災復興のために土地区画整理】

　1923（大正12）年に関東大震災が発生し、大被害をもたらしたが、その復興のため土地区画整理を実施することになった。土地区画整理事業は既成市街地での実施を前提としていなかったので、特別都市計画法が制定された。それは公共団体施行を前提とし、「建物アル宅地」の編入を認めるものであった。新たな視点として公共団体の施設整備に関する費用負担割合を明記するとともに、「1割の無償減歩規定」と「仮換地予定地の指定」を設けたことがあげられる。特に後者は被災後すぐさま生活再建を図るためには、「換地設計と区画道路の整備とほぼ同時に建築を可能とする仕組み」が不可決であり、時間のかかる換地処分を待たずに土地が利用できるようにするためであった。現在の土地区画整理法の仮換地指定の考えと同じである。なお、事業の完了とともに特別都市計画法は1940（昭和15）年に廃止された。

　1945（昭和20）年に終戦を迎え、戦災地の復興に向けて、1946（昭和21）年に再び特別都市計画法が制定された。内容的には震災復興の法律と同様であるが、行政庁施行で費用負担は10分の8以内を国庫補助とすることになっていたが、戦後の緊縮財政政策、いわゆるドッジ・ラインによって縮小している。この法律は全国115の戦災都市に適用されている。

【戦後高度経済成長に向けた土地区画整理】

　1949（昭和24）年に耕地整理法は廃止され、新たに土地改良法が制定される。自作農を主体とする農地改革を踏まえ、工事の実施と事業後の水利施設の管理を想定した内容になった。そのため、耕地整理法に準拠できなくなった土地区画整理は、新たな法律を早急に制定する必要に迫られた。1954（昭和29）年になって土地区画整理法が制定された。これまでの耕地整理法や旧都市計画法、特別都市計画法を総合化して、土地区画整理の視点から制度化したものであった。耕地整理法の準用と大きく異なる点は、事業目的として「宅地の利用増進」に「公共施設の整備改善」が追加、計画内容として「環境の整備改善、交通の安全、健全な市街地造成に必要な公共施設及び宅地に関する計画」とし、手続きや組織について「民主化」を図り、事業手法として「仮換地指定や保留地」を明記したこと等があげられる。

1968（昭和43）年に旧都市計画法が廃止され、新しい都市計画法が公布される。区画整理との関連で言えば、市街地開発事業の一つに位置付けられた。このことから、「都市計画を総合的に実現した健全な市街地を形成するため、大量で良好な宅地を供給」（名古屋市HP）できる事業であることから「都市計画の母」と呼ばれている。

（3）全国における土地区画整理事業の実績[注2]

国土交通省市街地整備課の資料によると、これまでの土地区画整理事業の実績は下記のとおりである。データは2017（平成29）年までの実績を示す。
・【市街地】全国の市街地の約3割相当の面積を整備し、面積では約37万haの土地区画整理事業に着手してきた。
・【公園】全国の住区基幹公園（街区公園、近隣公園、地区公園）の約1/2相当を整備し、面積では約1.5万ヘクタールの公園を土地区画整理事業で生み出した。
・【都市計画道路】全国の都市計画道路の約1/4相当を整備し、延長距離は11,500kmに及んでいる。
・【駅前広場】全国の主要駅の駅前広場（供用されている都市計画施設としての駅前広場）の約1/3相当を整備し、それは約960箇所に及んでいる。

2　笹原辰太郎と区画整理[注3]　—耕地整理を都市開発に適用した男—

笹原辰太郎は、本来は農地を整備する耕地整理手法を需要が拡大している宅地の供給手法として援用した全国の先駆者であった。彼のビジョンは一つの地区での適用にとどまらず、都市全体の宅地供給手法として描いていた。そんな彼の足跡をたどる。

笹原辰太郎

（1）笹原辰太郎の生い立ち

【公務員としての人生前半】

　笹原は1861年に福島県北会津郡若松栄町で生を受けた。師範学校の前身で学んだため、一旦は教員になったが、そののち埼玉県巡査から山梨県警務課長を経て静岡県警察署長と警察畑を22年間歩んだ。1905年44歳の時に愛知県南設楽郡長に転職して、1908年47歳で第九代愛知郡長に転任、52歳まで5年間務めた。名古屋とのかかわりはこの愛知郡長時代からである。ここまでは公務員として過ごしてきたので、行政の意思決定や財政支出等の仕組みについて、内実をよく理解できていたと考えられる。

　愛知郡長に転任して、笹原は西愛知郡全域5千町歩（≒5,000ha）に及ぶ耕地整理事業によって都市基盤の整備と宅地の供給をはかる構想（これは「大正大耕地整理事業」と呼ばれた）を打ち立てた。そこには中川運河や荒子川運河の整備構想が含まれていた。耕地整理手法こそ、発展する名古屋周辺の基盤整備と宅地供給には不可欠であると考えていたため、それを面的に適用しようとしたのである。

　当時の愛知郡は現名古屋市の南半分と現長久手市、日進市、東郷町、豊明市および瀬戸の一部を含んだ地域であった。笹原が大耕地整理事業を構想したエリアは戦前の名古屋市域の南半分（中・熱田区および名東・天白・緑区を除く）であった。その対象範囲が広大なうえ、農地を整備する手法である耕地整理事業を宅地の供給に使おうとしたため、関係する町村長の説得は成功したものの、代わったばかりの愛知県知事の反対を受けて実現できなかった。

【民間人として事業推進】

　そこで笹原は愛知郡長の職をなげうって（"郡長の交迭"との記述もあり[注4]）、1913（大正元）年に東郊耕地整理組合を立ち上げ、自ら組合長となって民間事業として推進していくことになる。笹原の行動指針は「巧遅より拙速」であり、些細なことは担当者に任せて、大道を猪突猛進で対処する性格であった。それゆえに誤解を招くことも多かったようだが、彼の実績と経験からくる言動は、生まれの東北弁の朴訥さとも相まって、多くの人々を説得し、耕地整理や区画整理の事業を推進していくのである。（表3-2）

表3-2　笹原辰太郎の活動年表

西暦	元号	年齢	活動	関連事項
1861	文久1	0	福島県北会津郡に生まれる	
1883	明治16	22	埼玉県巡査拝命	
1898	明治31	37	山梨県警察部警務課長拝命	
1899	明治32	38		耕地整理法の制定
1901	明治34	40	静岡県警察署長へ転任	
1905	明治38	44	愛知県南設楽郡長に就任	
1908	明治41	47	愛知郡長へ転任	
1910	明治43	49	5千町歩の耕地整理を企画	
1911	明治44	50	八事保勝会設立	
1913	大正2	52	3月依願免官 4月東郊耕地整理組合長	
1919	大正8	58		旧都市計画法の制定
1920	大正9	59	第14回衆議院選挙出馬・落選	都市計画名古屋（翌々年に愛知）地方 委員会に黒田了太郎と石川栄耀が赴任
1923	大正12	62	八事耕地整理組合副長	
1925	大正14	64	名古屋市会議員当選	都市創作会の発足
1926	大正15	65	港東土地区画整理組合副長	
1927	昭和2	66	音聞山土地区画整理組合副長	
1928	昭和3	67		大名古屋土地博覧会（鶴舞公園等）
1929	昭和4	68	永眠	

資料：参考文献【5】をもとに一部加除・修正した。
＊1905年からは愛知・名古屋での活動であり、ゴチックで示している。

（2）都市経営の視点を取り込んだ東郊耕地整理事業

【東郊耕地整理事業の内容】

　東郊耕地整理地区は、図3-2に示すように、西は新堀川、北は鶴舞公園、東は旧郡道、南は平針街道に囲まれた310haに及ぶ地区で、現在の昭和区と瑞穂区にまたがっている。当時は東1/3は高台で、西2/3は低地帯であり、用水を確保できず旱魃にあったり、大雨により冠水したりするなど、農地として使いづらい条件下にあった。

　1913（大正2）年の組合設立時は愛知郡であったが、1921（大正10）年に名古屋市に組み込まれた。当時は名古屋が大発展を遂げつつある時期で、それを見越して耕地整理の名で区画整理を行い、工場の誘致や人口流入を受け止

める宅地を供給するよう企図された。課題は土地所有者の金銭的負担を軽減しつつ、いかに事業費を捻出するのかであった。

　この事業を始める前に、このエリアで、第2章6（2）で述べた熱田兵器製造所と新堀川と鶴舞公園の一石三鳥をねらった事業が行われ、洪水の原因である精進川を新堀川に付け替える工事が行われた。笹原は名古屋市長加藤重三郎と交渉し、廃川となった精進川の跡地3万坪を無償で交付してもらうことに成功した。また3年に及ぶ内務省、農務省との交渉によって、組合員の金銭的負担を減殺すべく、土地の提供でもって賄う減歩を認めさせた。

【都市経営的視点の導入】

　笹原は一貫して、都市経営を考えていた節がある。上記の事業費負担の軽減もしかりだが、幅員8間（14.4ｍ）道路を整備して、そこに鉄道を敷設することで、資産価値を高めようと取り組んでいった。整備当初は不要な幅員と批判されたが、後に市電が走るに及んでその先見性が評価されるのである。他方、事業として成立させるための地価上昇は当然として、整理された土地に工場等を誘致してこそ、都市の発展につながるものとし

図3-2　東郊耕地整理地区の概況
資料：国土地理院　大正9年測量　昭和2年鉄道補足

て、笹原は土地の廉売をも叫ぶのである。それも個人的な行動でなく、地主が同盟を結束して、全国から需要を呼び込もうとする意図があった。[注5]

（3）八事耕地整理事業を契機とした東部丘陵地開発
【八事耕地整理事業と「山林都市」】

　この事業は1923（大正12）年に設立認可された耕地整理事業であり、99.8haの規模を有していた。笹原はここでは組合の副長を任じている。

　八事は江戸時代より風光明媚な場所として注目されていたが、明治に入り、燃料として樹木が伐採され荒廃していった。そのことを残念に思った笹原は八事を再びの景勝地として復活させるべく、1911年に八事保勝会を立ち上げ、植樹を進めていった経緯がある。

　1920年に旧都市計画法が施行され、その法律を徹底していくために、中央には都市計画中央委員会を、地方では6大都市（東京・京都・大阪・横浜・神戸・名古屋）に都市計画地方委員会が設置され、事務官・技師・初期・技手からなるエキスパートを送ることになった。都市計画名古屋地方委員会には事務官筆頭である幹事に黒谷了太郎（1874～1945年）がいた。技師には後述する石川栄耀（土木技師）、八事をはじめ名古屋東部丘陵地域の整備に関わった狩野力（造園技師）がいた。黒谷は名古屋に1920～1922年度の3ヶ年幹事の任に携わり、1921年から1928年にわたり"山林都市"を著した。これはイギリスで広がっていったE.ハワードが提唱する「Garden City」を日本に適用しようとして、一般的には「田園都市」と訳されるも、彼は「山林都市」と解釈した。地価が高価な「田園」でなく、日本の土地利用の大部分を占める「山林」を活用しようというものである。そこには水力発電や電気自動車の導入をはかり、築庭的で人工美と自然美の調和を図ろうというものである。

　黒谷は名古屋に赴任し、東部丘陵地が山林都市の格好の場所であると看破していたが、きっかけが掴めず、悶々としていたところへ、後の八事耕地整理組合副組合長に就任する柴田次郎（料亭八勝館当主）が訪ね、「山林都市」の実現を要望した。他方、笹原は「八事全部が恰も自分の地所ででもあるかの如く可愛がり」[注6]、当時は八事に一坪も所有していないものの、耕地整理に関して関係地主を説得して回った。敢意専攻（ママ）の彼がいなければ実現していないのも事実である。柴田、笹原の二人はともに熱心な区画整理

推進者であった。

「森林都市」の造成にあたっては造園技師である狩野力が専門性を発揮し、①等高線に並行して緩い曲線道路を整備し、それと直行する道路は十字でなく食い違いで交差させたこと、②平坦地は細かな区画割（150〜200坪）とし、高みのエリアは景観を考慮して比較的規模の大きい敷地（300〜400坪）を配置したこと、③黒谷による「四季の名所」を実現すべく、字名に梅園、雲雀ヶ丘、弥生ヶ丘、桜ヶ丘、松風園、緑ヶ丘、清水ヶ丘、紅葉園の8つが付けられたこと、があげられる。現在も使われている地名である（丘は岡に変えられている）。特に特徴的なのは八事および南山の耕地整理地区にまたがる輪環道路（幅員12ｍ）が配置されていることである。この道路は必ずしも等高線に沿ったものでなく、アップダウンが大きく、循環できるよう意図的に整備されたようだ。

【八事耕地整理から東部丘陵地開発へ】

八事耕地整理を嚆矢として、八事区画整理、南山耕地整理、音聞山区画整理、上山区画整理と続いていき、森林都市として設計した東部丘岡地をほぼ網羅していったのである。総施行面積は485haにもおよぶ。笹原は音聞山区画整理の副組合長を歴任していたが、完成を見るまでもなく人生を閉じた。しかし彼が愛してやまない八事については音聞山に1千本の桜を植えたり（1928年）、八事耕地整理地区では余剰金を使って街路樹等の植栽に積極的に取り組んだり、さらには八事および南山耕地整理の余剰金をもとに、彼が中心となって組織した八事保勝会を改組して八事風致協会が立ち上がっている（1937年）。この時点では笹原はこの世にいないが、彼の思いは八事風致協会に引き継がれている。（表3-3，図3-3）

表3-3　東部丘陵地における耕地整理・区画整理

地区名	認可年月	施行面積（ha）
八事耕地整理地区	1923.12	99.8
南山耕地整理地区	1925.12	75.9
八事区画整理地区	1925.06	220.1
音聞山区画整理地区	1927.01	56.7
上山区画整理地区	1931.11	32.9
合　計		485.4

図3-3　東部丘岡地開発設計図と耕地整理・区画整理の分布
資料：「都市創作第3巻第11号　1921」の設計図をもとに区域を加工

（4）笠原辰太郎の功績

　彼は名古屋でなく、福島会津の生まれであるが、国家公務員として関東や静岡をめぐる中で愛知郡長に赴任することになった。彼は制定後10年経過した耕地整理事業に着目し、これを農地整理でなく、需要が高まっている宅地整理を行う手法として位置づけ、名古屋南部の5千町歩（＝5,000ha）で展開しようとした。大正大耕地整理事業と呼ばれた。この大風呂敷を広げることのできる大胆不敵さが笹原の真骨頂と言えよう。しかし、手法の使用目的に宅地供給に置いたため、当時の愛知県知事の反対を受けて実現しなかった。この考えは後述する石川栄耀に引き継がれることになる。

　そこで、自らが地主を説得し、東郊耕地整理組合の組合長となって、耕地整理手法を使って宅地供給を一つの地区で実現していった。その際、名古屋市を説得して新堀川に付け替えられた精進川用地を無償で交付してもらい、さらには国と交渉することで、いわゆる“減歩”を手法として認めさせ、地主の金銭的負担を軽減させた。事業手法を革新的に展開していったのである。

景勝地であった八事界隈の景観保存のために、八事保勝会を立ち上げ、あわせて東部丘陵地の開発整備を「山林都市」として実現に尽力した。事業の余剰金を活用して植栽に力を入れ、彼の死後も八事風致協会に改組して景観保全が行われていったため、今日の八事の重厚な住宅地（高級住宅地）を形成していったのである。

　笹原はまさに名古屋の区画整理によるまちづくりの先駆者として評価されるべき人材であると言えよう。

3　石川栄耀と区画整理—郊外地の基盤整備手法としての区画整理の普及—

（1）石川栄耀の生い立ち
【都市計画技師になるまで】

　石川は1893年に山形県天童市にて、根岸家の次男として生まれた。6歳の時に父親の次弟（叔父）にあたる石川家の養子となって、埼玉県大宮市に転居した。東京帝国大学土木工学科に21歳で入学し、1年留年して25歳で卒業を迎えた。中学時代から夏目漱石や石川啄木に心酔していた。よって、彼の写真はどこか漱石を彷彿とさせるポーズをとっている。また落語や音楽にも精通し、特に「落語への並々ならぬ傾倒は彼にユーモアのセンス

石川栄耀

と庶民を愛する精神を培養する。同時に巧みな話術の源泉となった。」[注7]と指摘されているように、区画整理の啓発・普及にあたっては、数々の雑誌への投稿や関係者への説得に不可欠な能力とセンスが求められるが、石川はその当時からそれらの能力を磨いていたと言える。

　石川は卒業すると、多くの同僚が官僚として就職する中で米国系貿易会社に就職、建設部に1年間だけ籍を置いて鉄筋の計算をし、その後横河橋梁製造所に転職、そこを半年勤め、都市計画技師として転任していった。ちょうど転任の1年前に旧都市計画法が制定されて、そこに耕地整理法に準拠する土地区画整理が位置付けられる。都市計画委員会官制が勅令をもって公布

（1919.11）されたが、都市計画委員会は中央委員会と地方委員会が設けられ、いずれも「其ノ権限ニ属セシメタル事項其ノ他都市計画上必要ナル事項ヲ調査審議ス」ることを目的としていた。この都市計画委員会制度は、地方委員会の議を経て、内務大臣の決定、そして内閣の許可という一連の手続きが完成し、都市計画の趣旨と一定水準の徹底を図ったのである。

表3-4　石川栄耀の活動年表

西暦	元号	年齢	活　　動
1893	明治26	0	山形県天童市にて士族の次男として出生
1899	明治32	6	石川家に養子になり、埼玉県大宮に転居
1918	大正7	25	東京帝国大学土木工学科卒業し、米国系貿易会社建設部に就職
1919	大正8		旧都市計画法が制定される
1920	大正9	27	都市計画名古屋地方委員会に技師として赴任
1921	大正10	28	中国出張　　大連・北京・漢口
1922	大正11	29	梶原清子（20歳）と結婚
1923〜1924	大正12〜13	30〜31	1年間の欧米視察。第8回IFHP国際住宅・都市計画連盟会議（アムステルダム）に出席、都市計画家レイモンド・アンウィンと出会う
1925	大正14	32	名古屋の土地区画整理の指導監督
1926	昭和1	33	中川運河着工（10月）
1927	昭和2	34	「名古屋をも少し気のきいたものにする」の会設立・世話人
1928	昭和3	35	鶴舞公園で「大名古屋土地博覧会」を開催　入場者1万人
1929	昭和4	36	中川運河建築敷地造成土地区画整理の設立認可 田代地区の土地区画整理組合の設立認可 東山公園用地を確保
1930	昭和5	37	名古屋都市美研究会の発案 公園で第1回広小路祭を開催
1932	昭和7	39	満州国政府の都市計画課長の席を用意されるも辞退 中川運河全通（10月）
1933	昭和8	40	都市計画東京地方委員会へ転任 （東山公園開園→動植物園開園は1937年/S12年）
1943	昭和18	50	東京都計画局道路課長就任
1948	昭和23	55	東京都建設局長就任
1951	昭和26	58	早稲田大学理工学部教授に就任
1955	昭和30	62	永眠

資料：参考文献【12】をもとに作成
＊1920年からは愛知・名古屋での活動であり、ゴチックで示している。

【名古屋へ赴任】

　石川は同僚の推挙もあって、都市計画専任第1号として採用された。都市計画地方委員会は6都市、すなわち東京・京都・大阪・横浜・神戸・名古屋に設置されたことはすでに述べたが、石川は都市計画名古屋委員会に出向することになる。その当時から、名古屋への赴任は「都落ち」の感があったためか、石川も落胆の意を隠せなかったようだ。彼は「名古屋ときいて私は少なからずラクタンしたのであったが、今にして思えばそれは、名古屋の都市としての最上昇期であり、又名古屋市民の闊達性は我々に何でもさせてくれたので、これ程好い研究室は無かったわけである」[注8]と回顧している。名古屋在任中の13年間は、名古屋を実験場に様々な取組みを展開することで都市計画家として成長していった時期であったようだ。

【海外視察とレイモンド・アンウィンとの邂逅】

　石川は名古屋在任中に2度の長期海外視察を行った。一つは1921年の中国の都市計画を研究するため大連、北京、漢口を28歳の時に訪れている。もう一つは1923年から1924年をまたいでの1年間をかけて欧米を視察している。このなかでイギリス都市計画の大家（イギリス政府の都市計画技監）で「イ

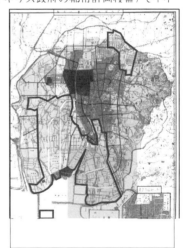

図3-4　名古屋初の用途地域指定図
（1924年）

ギリス都市計画の父」と呼ばれていたレイモンド・アンウィンに面接し、自身が担当した名古屋の都市計画（用途地域等/図3-4）に対して高評を仰いだ。そこでの指摘は厳しいものであった。少々長いがここに引用する。

　「君達の計画を尊敬はします。しかし私にいわせれば、キタンなくいわせれば、あなた方の計画は人生を欠いている。私の察した丈では、この計画は産業を主体においている、いや、主体どころではない産業そのものだ。成程カマドの下の火が一家の生命の出発点であるように産業は立都の根

本問題であろう。それに対して何もいわない。しかし、例えて見ても一家の生活においてもカマドの火は高々一時間で消される。それから後は愉快な茶の間の時間がはじまるハズだ。産業は人間生活のカマドでしかない。むずかしく言えばそれは文化生活の基礎である。軽い言葉で言えば文化の召使（サーバント）である。あなた方はサーバントに客間と茶の間を与えようとしている…（中略）…私の理想では海岸の2/3はこの遊園施設に与えたいと思っている位である。残念な事にはこの計画ではこの付近ベタ塗りに工場色に蓋われている。考え可き事と思う。」[注9]

　石川はこの指摘について素直に「自分達のほとんど偶像化している先輩から思いがけなくこうした若い柔らかい意見が聞けたのが何よりも嬉しかった。文句なしに頭が下がった。」[注10]と述懐している。これらの指摘に加えて、多くの欧米諸都市の視察は、都市空間のあり方（生活者中心）や都市経営のあり方（地主中心）を考える大きな情報を得た。これを糧に名古屋の区画整理に邁進していくのである。

【名古屋時代から東京時代へ】

　その後、石川は名古屋郊外地で区画整理を普及・推進していく。これについては（2）（3）で詳しく述べる。名古屋で13年間土木技師として活動してきた石川が都市計画東京地方委員会へ転任し、戦前戦後を通じ東京都に在籍した。そして1951年に東京都公務員から早稲田大学理工学部教授に就任し、1955年に62歳で永眠した。（表3-4）

（2）名古屋での区画整理の展開
【「都市計画は区画整理」の名古屋での実践】

　石川は「都市計画に王道なし、ただ区画整理あるのみ」[注11]という名言を1930年に都市公論で発表している。東京や大阪のような大都市は予算規模も大きく、都市のインフラに財政を投入することは可能だが、中小都市にとっては財源が貧弱であるため、同じようなことはできない。「そのためには何をするのか」の問いに区画整理により、地主自らが土地を供出して、道路や公園などの公共用地を確保し、用地売却により事業資金を賄うことが現実的

であると考えた。

　日本では第一次大戦後、都市の無秩序な膨張がすすみ、1918年にそれを防止するため膨張が著しい5都市へ市区改正を準用するべく指定され、それゆえ都市計画地方委員会が設けられた。名古屋もその一つで、名古屋委員会へ土木技師の石川栄耀が派遣させられたわけである。本格的な都市計画の仕事として、都市計画区域の設定と名古屋街路網などの都市基盤の整備計画の策定があげられる。都市計画区域は162.3㎢（合併後の名古屋市域149.6㎢に、西枇杷島町等、下之一色、天白村八事を加えた面積）を対象に決定された。それを受けて、用途地域等の土地利用、街路、公園、運河等の計画が順次決定されていった。

　街路網計画は当初計画に追加計画を加えた207.3km（約50里）を整備するべく1924年に策定した。その整備には5〜6千万円の費用がかかると言われ、どのように捻出するかを先輩である内務省の山田博愛主任技師に問われ、石川は土地区画整理事業で実現すると返答した。この考えの背景には、前出の笹原辰太郎が愛知郡長時代に描いた名古屋南部5千町歩の「大正大耕地整理事業」の構想が裏付けとしてあって、また笹原を中心として名古屋で宅地供給を目的とした耕地整理事業が実態として進められていることから、夢物語ではない実現手法であると確信して答えたのであろう。

【名古屋での区画整理の発展要因】

　石川自身が名古屋での区画整理の発祥と興隆の要因を述べている[注12]。第一に名古屋の人口増加が目覚ましくなり、特に関東大震災の影響は大きく、増加率が1.5〜2倍に上昇していたこと、第二に初期の組合が事業的に大成功を収めたので、それに続けと組合設立を刺激したこと、第三に発展を阻害していた鉄道や急坂に沿って初期の事業が展開されたので、その背後地への拡大を阻害するネックがとれたこと、第四に土地所有者は小作問題で悩み、区画整理によってその問題を解決しつつ、農業以上の収入を確保する道を獲得することができたこと、をあげている。人口増の圧力により無秩序な市街地拡大が見られるのが一般的であるが、ここ名古屋は区画整理により都市基盤が先行整備され、そこに拡大人口が定着するという画期的な都市形成がな

されたのである。

　図3-5、3-6は都市計画街路図と戦前の耕地整理・区画整理の分布図である。都市計画街路の多くが耕地整理区画整理の施行区域と重なっており、それらの事業によって生み出されているのが分かる。特に市内を走る環状道路（図の破線部分）はその典型路線である。

　広大な区画整理事業が名古屋郊外で展開され、当時市域の実に56％がこの事業で整備された。6大都市のなかでは突出した施行率であり、東京23区や大阪市といった大都市よりも25ポイントも高くなっている。なお、東京23区は面積が名古屋市の3.6倍であるのに対し、実施面積では2倍となっているので施行率は低い。この結果はまさに石川栄耀の功績が大きいと言え、本節冒頭の「都市計画に王道なし、ただ区画整理あるのみ」の言葉は説得力を持っている。（表3-5）

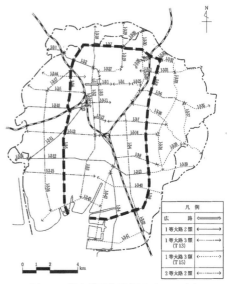

図3-5　都市計画街路網図（1926年）

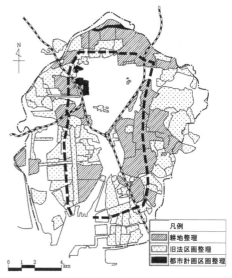

図3-6　戦前の耕地整理及び区画整理の施行状況図
（1945年）

出典：参考文献【16】P.90（上）、P.212（下）それをもとに
環状道路を強調している。

表3-5　6大都市の区画整理施行面積と市域面積に占める割合（1945時点）　面積：㎢

	名古屋市	東京23区	横浜市	京都市	大阪市	神戸市
区画整理施行率（%）	56.1	31.3	4.5	5.5	31.0	14.2
区画整理施行面積	90.7	181.4	18.1	15.8	50.0	16.4
うち耕地整理	38.5	95.9	11.1	1.6	12.7	8.1
うち区画整理	52.2	85.4	6.9	14.2	45.3	8.3
市域面積（1945）	161.8	578.7	401.0	288.7	187.4	115.1

＊耕地整理と区画整理を加算しても四捨五入の関係で区画整理施行面積と一致しない。
出典：参考文献【11】P.42　これをもとに面積をhaから㎢へ単位変換

（3）石川栄耀がかかわった区画整理地区の特徴

【田代地区の場合】

　石川が当初より企画・設計を行い、実現した土地区画整理事業の一つが名古屋市千種区の田代地区である。1929年に田代土地区画整理組合が設立され、1933年に着工されるが、その面積は416haにもおよび、戦前の区画整理では最大規模であった[注13]。当初の組合長は伊藤祐民（15代伊藤次郎左衛門、初代松坂屋社長）が担った。

　ここでの特徴は、従来の区画整理の街区は平地部においては長方形グリッドが一般的であり、土地を評価するうえでは理想的な形状ではある。しかし、それでは平板的すぎて、地域コミュニティの形成や土地経営の視点から公共施設や交通機関の導入を図っていくことを考えるなら、中心性が求められるとした。そこで石川は幹線道路ではそれに沿っておのずと商業的価値を生み、小公園を配置することによって住居的価値を生む計画で設計した。これを「有機計画」と呼んだ。田代地区では田代公園[注14]を中心に置いた。そして街路パターンとして、アンウィンにより提唱されたY字構成を念頭に置いて、「Y字袋地式」を提案し、実行に移している。交通の安全性と環境美を高めていくことが導入の意図であった。（図3-7）

図3-7　田代土地区画整理組合地図
資料：名古屋まちづくり公社　名古屋都市センター蔵

【豊田地区の場合】

　この田代地区と同様な街区形式を持ち、同時期に土地区画整理組合が設立された名古屋市南区の豊田地区（236ha）がある。この地区はもともと尾張徳川家の所有地であったが、民間企業に払い下げられ実施された事業である。借家に住む住宅困窮者にむけて住宅地開発を行うために、生活関連施設（公園・新駅・盛り場・日用品売り場等）が計画[注15]され、中心性を明確にするための施設配置や街路計画（Y字袋地型）が導入されている。

【西志賀地区の場合】

　さらに特徴的な街区設計については1927年に設立された西志賀土地区画整理事業（84ha）における志賀公園である。造園技師狩野守や石川栄耀が設計に関わっている。当初計画では1街区全部を公園用地とし丘陵地型の曲線道路を配していたが、それでは事業の減歩率が高くなり、組合員の反対にあったため、都市計画公園指定のままに中央部の2/5を公園利用とし、西2/5と東1/5を住宅地として利用している。そのため住宅地部分の道路は園路のままの曲線道路となっている。市に移管された公園は防空緑地公園事業として

整備が進められ、現在では西側の住宅地が公園となったが、東側は住宅地のままである。（図3-8）

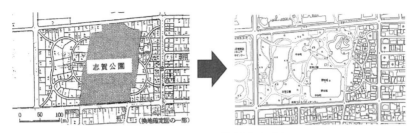

図3-8　志賀公園の開園当初と現在
出典：左図は参考文献【19】P.215より（1935年）、右図は名古屋市都市計画基本図2015-16年版

（4）石川栄耀の功績

　石川は都市計画黎明期に成長著しい名古屋に赴任することで、新しい取組みを実験しつつ実装することができた。とくに区画整理を新郊外地で十二分に展開していくことで、延長距離207kmを超える街路網の多くを整備することができたのである。

【都市計画の泰斗アンウィンによる生活者中心の教え】

　名古屋赴任後3年目に欧米を視察したが、その際に面会したイギリス都市計画の泰斗レイモンド・アンウィンとの邂逅は一生の財産となったようだ。都市計画は生活者中心に考えるべきことを学んだ。

【アーバンデザインと"経営主義"】

　区画整理は道路や公園、宅地造成などのハード整備を目的としており、上物を建てる制度にはなっていない。しかし、そこでの生活を念頭に置いて、石川は都市美や賑わさを創作する努力を惜しまなかった。区画整理特有のグリッドパターンから抜け出し、平地では中心性をもったY字袋地を、丘陵地では等高線に沿った曲線の街路を、といったアーバンデザインを開発していったのである。区画整理を組合事業で展開するため、地主たちが拠出した土地を事業費に充て、地主の土地資産が上昇するマネジメント、すなわち"経

営主義"を明確に打ち出したことである。区画整理には大義名分があり、組合内での公平性があり、何よりも資産価値が大きくなることを訴えたのである。

【都市を成立させる市民の心】

　そして彼は市民に呼び掛ける。「市民よ。都市とは家屋の集合ではない。道路ではない。都市とは市民の化合体である。市民の心の化合体である。『相むつみ合う心』なき市民によってなんで都市が成立しよう」[注16]と。漢文調の呼びかけではあるが、都市をつくるのは市民であって、市役所や県庁ではないことを明確に謳っている。そのために三種の市民倶楽部による都市づくりを構想した。①アウトドアのレジャーを楽しむ遊楽連盟、②社交サークルとしての隣人倶楽部、③街歩きとまちづくり提案を行う都市批判会がそれである[注17]。これらによって市民の自覚を促そうとした。③の前身が「名古屋を少し気のきいたものにする会」(1927)であり、その実践活動が「名古屋都市美研究会」(1928)であった。後者はそのなかに市民を構成員とした広小路・大須研究会を立ち上げ、都市美化を追究すると同時に「町内毎の花車と浴衣姿400人が松坂屋バンドを先頭に練り歩くカーニバル(広小路祭)[注17]」や「観音堂前に舞台を造り、盆踊りを競う大須祭[注17]」を実施し、何十万という多くの人々を集め、賑やかさを作り出した。

　従来の土木技師の枠を超え、「市民による都市づくり」のプロデューサーとでも言うべき役割を発揮したのである。

【都市学の樹立】

　石川は黒谷や狩野等、都市計画愛知地方委員会のメンバーを中心に「都市創作会」を組織し、機関誌「都市創作」を1925年9月より刊行していった。「都市計画に関する諸藩に事項を研究調査し、都市の改良発達及地方の福利開発に貢献する」[注18]ことを目的としていた。旧都市計画法が施行された1919年の前年に内務省都市計画課を中心に組織された「都市研究会」により「都市公論」が、各都市計画地方委員会のうち、愛知は前述したとおりだが、東京は「東京市政調査会」により「都市問題」、「大阪都市協会」により「大大阪」、

「兵庫県都市研究会」により「都市研究」が次々と刊行されていったのである[注19]。大正から昭和への転換期はまさに都市学研究の揺籃期であった。

「都市創作」は1930年4月までに第1巻1号から第6巻3号までの55冊が刊行され、そのうち石川が執筆した論考は51篇にも及び、いかに力を入れていたのかがわかる。都市を多様な視点から論考し、海外の都市視察結果も紹介しながらも、日本の事情にあった都市計画（郷土都市）を確立すべきと考えていたようだ。都市創作への投稿の31編は「郷土都市の話になる迄」の主題が掲げられているが、「郷土都市」の表現はそのことを表していると指摘されている[注20]。そこでの石川のたどり着いた結論は「都市創作宣言」として「手段としては区画整理。精神としては小都市主義。態度としては都市味到」[注21]としてまとめられている。

【名古屋から区画整理の情報発信】

石川は1933年に名古屋を離れるのだが、2年後の1935年に雑誌「区画整理」が創刊される。設立には石川もかかわり、名古屋市役所内の「区画整理協会」の職員が中心となって組織された「土地区画整理研究会」が発行主体となった。よって投稿記事の多くは名古屋の区画整理が事例として取り上げられている。石川は区画整理に関わる論考は1927年から1937年までの10年間に23編あるが、「中央銀行会通信録」4編、「都市創作」5編、「都市問題」2編、「都市公論」11編、「区画整理」1篇という配分で公表している。

このように一方で区画整理の事業を試行錯誤しながら実践し、それらの経験や都市視察の実情を書き記すなかで、自身の考えをまとめていったのである。本節の冒頭で「これ程好い研究室は無かった」[注8]と石川は回顧しているが、実践と論考の行き来があったがゆえの「研究室」であり、都市計画家の成長過程を示すものであった。同時にこれらの情報発信は、「名古屋と言えば区画整理」、その逆の「区画整理と言えば名古屋」というブランドを確立していった。多くの区画整理関係者が名古屋を訪れ、また石川自身も多くの都市へ出かけて区画整理の講演を行ったのである。

【笹原辰太郎と石川栄耀】^{注22}

石川と笹原とのつながりは、それぞれの活動年表である表3-1と表3-3をみると1920年から1929年までが重なっているが、石川が中国や欧米の都市視察に出張したため、実質7年程度が接点を持てた期間であるといえよう。

そのなかで石川は笹原とは私的な交際はないが、区画整理という仕事上での付き合いは深く、笹原への追悼文に「なくしてならないものを落としたと云う気持ちだ」と述べている。「どこか、名古屋市の見える高見に十坪の芝生はないか。そこに笹原さんの銅像が欲しい。『よくなったね。名古屋はよくなった』と、自分の庭の様に眼を細くする氏の顔を、そこに置きたい。」^{注23}とも書いている。そこまで石川が言うのは、3（2）で述べているように、名古屋都市計画区域の街路網等を整備するにあたっては、笹原が構想した「大正大耕地整理事業」と実際に進めていた東郊耕地整理事業の実績を裏付けとして描いたからである。「名古屋区画整理の産みの親」は笹原だと石川は言い切っている。区画整理が都市計画の母なら、それを推進してきた笹原と石川は「区画整理の父」と喩えることができようか。

このように、実務家としての笹原と都市計画家としての石川が二人三脚で区画整理を積極的に推進していったのである。

4　田淵寿郎と区画整理　―戦後の都市基盤をつくった戦災復興区画整理―

（1）田淵寿郎の生い立ち^{注24}
【船乗り希望からと土木技師へ】

田淵は1890（明治23）年に広島県大竹市にて、田淵家の五男で十番目の子として生まれた。よって十番目の男の子であるので「十郎」となるところを、それでは味気ないということで「寿郎」と名づけたようである。実家が回漕（回船運漕の略）問屋であり、宮島の海を目の前にして育ったので、田淵も船乗りになりたかったが、身体検査で不合格になった。せめて大学では造船学科に入

田淵寿郎

りたかったが、それも当時は造船業が不況だったので、しかたなく東京帝国大学の土木工学科に入学したのである。

【土木技師としての活動】

　田淵の卒業時は不況の只中にあり、苦労したうえで山形県庁（酒田事務所）に赴任する。そこでは汚職事件とぶつかり、地位と金には厳密に対応していった。その後、京都へ転任になり、そこでも汚職事件とぶつかったため、若いにもかかわらず大仕事の責任者を任されるようになった。1919年に正式に内務技官として採用された。その後全国の河川現場を中心に転々としていった。1938年には日中戦争で破壊された上海へ、そして南京、漢口に行っては復興計画を作成していった。これらの都市での経験および1923年の関東大震災での復興事業の実態は、名古屋の戦災復興事業にむけて、いい経験を積んだようである。復旧でなく復興を行うことが重要であり、50年後、100年後を見据えないと都市の発展についていけないことを学んだのである。

【名古屋とのかかわり】

　1939年から3年間、名古屋土木出張所長を担った。この時代は太平洋戦争に突入する前で、名古屋は大きく発展を続けていた。1937年は国鉄名古屋駅と桜通が完成し、東山動植物園が開園、港で汎太平洋平和博覧会^{注25}が開催された年である。さらに言えば、豊田自動織機製作所から自動車部が分離独立してトヨタ自動車工業（株）が設立された年でもある。　田淵は土木所長として、今渡ダムの操作規定を策定するために中国から呼び戻された。木曽川最下流の、飛騨川との合流点近くにあるダムを使って、どのように下流に水量を配分するかを決めるものである。農家にとって水量確保は死活問題であり、国が規定をつくることに反対運動が起こっていた。1941年に太平洋戦争が勃発したが、そのチャンスを逃さず反対運動の中心人物と接触し、合意を形成していったのである。時流あっての合意であるが、機を見て敏なる行動力が田淵にはあった。戦後助役退職後に木曽三川協議会の初代会長についたのもこの大任を完遂した実績があったからである。

　ふたたび中国政府からの要請を受けて戻り、黄河の決壊場所の改修や北京

の都市計画の作成などに関わった。同時にハルピンや長春（当時は新京）の都市を見てスケールの大きさに圧倒されたようだ。その時、田淵は大胆な構想が必要だと感じ、また広幅員の道路が必要だとの認識を深めた。

　田淵の名古屋とのかかわりは戦前の1939 ～ 1941年の名古屋土木出張所長（今でいう国交省中部地方整備局長）の3年間と戦後の1945 ～ 1974年30年間であるが、前述の笹原辰太郎や石川栄耀とは名古屋での時期的重複はない。特に石川とはほぼ同年代（田淵は石川の3年先輩）であり、同じ東京帝大の土木工学科を卒業しているが、卒業後の活動は全く接点がない。（表3-6)

（2）戦災復興事業の取り組み
【名古屋の罹災状況】

　名古屋は軍需都市であったため、空襲により徹底して爆弾で破壊され、焼夷弾で焼け出された[注26]。1944年12月13日に東区にある三菱発動機工場に対する爆撃を最初とし、1945 年7月を最後とした空襲回数は38回、延べ来週機数1,973機、罹災面積3,858ha（全市域の24％、主要市街地の約半分）、罹災戸数135,416戸、死者7,858名にも及んだ。他方、最初の空襲日の5日前の1944年12月7日に昭和東南海地震が発生し、名古屋港周辺の工場を倒壊させていった。地震と空襲で名古屋は壊滅していった。（図3-9)

　当時の佐藤正敏市長は三重県知事の時代に名古屋土木所長として赴任した田淵寿郎の堅実な人と為りを知ったのであろう。戦後すぐさま復興に着手する際に、中国での大都市の都市計画や復興計画作成の経験を持っている彼に名古屋復興に力を貸してほしいと要請した。当時、田淵は中国から帰国し、三重県津市に疎開していた。55歳、世間では定年の年齢であった。そこへ名古屋の戦災復興協力要請が来たのである。

表3-6　田淵寿郎の活動年表

西暦	元号	年齢	活　　動
1890	明治23	0	広島県大竹市にて、五男として出生。十番目の子として生まれてきたので「寿郎」と名付けられた。
1915	大正4	25	東京帝国大学土木工学科卒業 佐々木常代と結婚
1917 ～1937	大正6 昭和12	27～47	各地域を転勤にて巡る。山形、京都、秋田、和歌山、大阪、仙台を転々とする。
1938	昭和13	48	・中国へ軍特務付けによる派遣 ・上海、南京、漢口の復興立案を指揮
1939 ～1941	昭和14	49	名古屋土木出張所長
1942 ～1945	昭和17	52	再び渡中。北京都市計画、黄河決壊復旧工事
1945	昭和20	55	名古屋大空襲で留守宅被災し、三重県河芸に疎開中国から帰国。佐藤名古屋市長より招請の手紙とどく。10/10辞令　名古屋市理事・技監兼施設局長
1946	昭和21	56	・名古屋の復興計画立案に取り組む ・施設局を復興局に。墓地整理委員会結成 ・復興土地区画整理区域決定
1947	昭和22	57	都市公園と平和公園を都市計画決定。墓地移転開始
1948	昭和23	58	名古屋市助役に就任
1949	昭和24	59	・全区域の仮換地指定ほぼ完了 ・ドッジラインの実施
1954	昭和29	64	テレビ塔竣工
1955	昭和30	65	猪高村をはじめ周辺6町村を合併
1957	昭和32	67	・地下鉄名古屋～栄間開通 ・平和公園墓地移転完了式典
1958	昭和33	68	名古屋市助役（3期目）辞任
1960	昭和35	70	木曾三川協議会発足。初代会長に就任
1966	昭和41	76	名古屋市名誉市民授受
1974	昭和49	84	永眠

資料：参考文献【25】をもとに作成
※ゴチックの部分は名古屋での活動時期を示す

【戦災復興の「田淵構想」】

　1945年10月10日に田淵は名古屋市技監・理事・施設局長という肩書を得、道路、施設、水道、交通などの部局を統括する立場となった。彼の復興に関する考え方は9つの「田淵構想」[注27]として整理されている。

① 　横にらみで全体を見ながら実施（被災地だけでなく関連地区の改良にも配慮）

② 8m以上の道路整備（都
  心部の碁盤割地区では東
  西・南北とも15m、20
  m幅員を交互）

③ 市内通過鉄道は立体交
  差（金山・千種・鶴舞・
  大曽根等）

④ 学園（小学校）と公園（街
  区公園）の一体化、

⑤ 防災上、中心部四分割
  （百m道路東西と南北の
  2本、新堀川沿両側15m
  道路を整備）

⑥ 中心部の墓地の集約移
  転（平和公園）

⑦ 高速度鉄道の整備

⑧ 名古屋港の拡張整備

⑨ 住宅地の確保

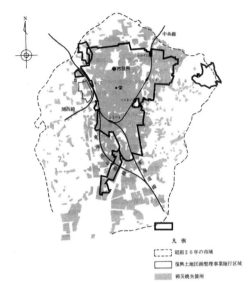

図3-9　戦災焼失個所と復興土地区画整理事業区域
出典：参考文献【31】P.10

名古屋市は田淵が就任した同月に市長を会長とする名古屋市復興調査会を設立し、そこでの議論を重ねることで名古屋市の復興計画を立て、「大中京再建の構想」として1945年12月に公表した。その内容は「田淵構想」を具体化したものであり、終戦からわずか4か月足らずでの迅速な構想策定となったのである。

【復興計画の基本】

また「田淵構想」を受け止めて「名古屋市復興計画の基本」（1946.3）が定例予算市議会に示された。主なものを列挙すると次のとおりである。

・復興計画の範囲は罹災面積の4.400haだけでなく、庄内川・天白川に囲まれた地域とし、人口200万人を受け容れることのできる都市を建設する

・戦前から計画されている高速度鉄道と公園計画等は復興計画に入れる

・交通機能を持たせ、公園道路の役割を担い、防災機能を持たせる百m道路と主要な幹線道路は全て50m以上とする

・墓地を集約移転することで中心部の道路を通すことができる

・百m道路の建設予定地にある名古屋刑務所を移転する

・工業、商業、住宅地区を再検討し、工業地区は軽工業を中心とする

・公園は東山、中村、鶴舞、徳川園などを拡大する

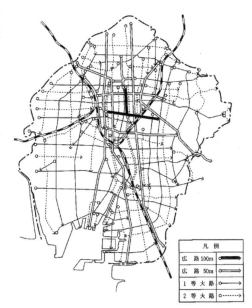

図3-10　復興都市計画街路網図
（1946年当初決定　1950年一部変更）
参考文献【16】P.261

とした。戦前からの事業の経験と蓄積があることや、既成市街地では名古屋駅前整備の実績、強制疎開による空地の多さ等を勘案して、公共施行の土地区画整理手法でこれらを実現することを決めた。（図3-10）

（3）いくつかの特徴ある復興事業

【建物疎開とバラック建設】

　区画整理を実施するためには、宅地に建物が建設されると道路の拡幅や公園の確保が難しくなるため、事業区域に建築制限をかけることになる。しかし人々はその日の生活があるといってバラックが次から次へと建てられていき、区画整理が頓挫することになる。戦中には空襲による延焼を防ぎ、避難路を確保するため、建物疎開[注28]が行われた。建具等を取り外し、建物を解体して取り除くものであり、大空地帯を確保していった。名古屋の場合1944年春ごろに中部軍管区は、「煙突だとか、土蔵、石塀、コンクリートの塀、あるいは建物疎開のあとの水道管、ガス管など地上に出ているものは一切壊

せ」注29と指示を出したため、広大な建築疎開地の上を人々は気ままに歩いていたようである。そして、終戦になっても、建物疎開地は水道もガスもなく、道として使われていたので、バラックが建ちにくかった。そのため、他都市と異なり、戦後の区画整理は実施しやすい環境であった。とはいうものの家屋の被災者や国外からの復員者や引揚者は相当の数にのぼり、栄、矢場町、西洲崎（若宮大通と堀川の交差する西側）には不法建築物が多く集積した。退去するよう説得したが、なかなか進まず、高度成長がはじまる1960年頃には何とか撤去することできた注30。

【小学校と小公園】

　「田淵構想」にあるように国民学校と小公園は隣接して整備される構想を描いていた。規模はそれぞれ1ha程度であった。このワンセット開発は児童も市民も公園で憩うことができるようにするものであった。しかし、1947年4月から旧学制から新学制に改正されたため、国民学校は小学校に、中学校（5年制）は中学校（3年制）と高校（3年生）に分かれることになり、早急に新制中学校を建設する必要に迫られた。そこで田淵は小学校2，3校で1中学校を確保する必要があったので、それら小学校の中間位置に中学校を配置するため、区画整理によって用地を確保していった。現在も小学校と公園のワンセットの場所は30余ヶ所が存在している。

【ドッジ・ラインと復興事業の縮小】

　日本は戦後しばらくしてインフレが激しくなり、ＧＨＱは経済安定に向けて、いわゆるドッジ・ラインと言われる緊縮財政を指示した。政府は「戦災復興都市計画の再検討に関する基本方針」を1949年6月に閣議決定し、自治体に対し戦災復興事業の縮小と早期終結を図るよう命じた。そのなかには建築制限の緩和や30ｍ以上幅員の道路整備の中止などが含まれていた。しかし田淵は建設省との折衝で、仮換地指定を90％が指定済みで、それを前提に市民生活が営まれているので後戻りができないこと、復旧でなく復興という50年、100年先を見据えた事業であること、財政的にも事業縮小はかえって大きな負担となることを訴えることによって、施行面積の縮小を80％近

く（当初4,407haが3,452haへ変更）までにとどめることができた。全国の主要都市と比較しても面積、施行率ともにトップ水準にある。事業の迅速性と理念のあるビジョン、田淵をはじめとする市職員の頑張りがそれを可能にしたのである。（表3-7）

表3-7　主要都市の戦災復興事業面積の変化と施行率

単位：ha

都市名	①当初計画	②施行面積	②/①（%）
仙　台	343	291	84.8
東　京	20,130	1,306	6.5
川　崎	1,162	542	46.6
横　浜	2,066	853	41.3
名古屋	4,399	3,409	77.5
大　阪	6,097	3,519	57.7
神　戸	2,145	1,340	62.5
広　島	1,518	1,058	69.7

出典：一般社団法人建設コンサルタンツ協会　インフラ整備70　第15回プロジェクト記録（2019.11）「名古屋の発展の基礎となった戦災復興事業」表3をもとに一部加工または変更

（4）戦災復興の二大事業

【二本の百m道路の整備】

　戦災復興を実施するにあたり、国は「戦災地復興計画基本方針」を1945年12月30日に閣議決定した。そこで広路百m道路の整備を位置づけて推奨し、交通・防災・美観を兼ね備える旨が掲げられている。1949年6月時点では6都市16本の百m道路が計画されていたが、基本方針の見直しが行われ、早期整備を目的として4都市4本へと規模が縮小されている。しかも実現できたのは、名古屋市の2本と広島市の1本のみであった。国の計画誘導のもとで実現できたのは、名古屋市の戦災状況と都市力の高さであろう（表3-8）。

　百m道路は名古屋の象徴である。南北1.74kmの久屋大通（平均幅員110m）、東西3.85km（幅員100m）の若宮大通の二本があり、逆T字型で配置されている。久屋大通の南延長先に堀留下水処理場と新堀川があり、その両側に宅地（JR中央線と交差するところまで）と15m幅員道路を整備することで幅員100m以上の空間を確保している。よって、都心を百m道

表3-8　100m道路の計画状況と実現状況

都市名	再検討前	再検討後	実現
東　京	7	0	0
横　浜	2	1	0
川　崎	1	0	0
名古屋	2	2	2
大　阪	2	0	0
広　島	2	1	1
合計	16	4	3

資料：参考文献【28】の表2に実現状況を加筆した

第3章　都市計画の母と父　―区画整理とその推進者

路と新堀川周辺とで4分割することになる。これだけの広幅員道路を整備するにあたっては、延焼防止と避難路の確保という災害対策の視点があり、戦時中の建築疎開地の考え方と中国主要都市での壮大な道路計画が田淵の頭にあったためであろう。また、戦後の自動車社会を見据えての対応や市民が憩うことのできる都心型公園として機能することになる。これを計画した際、ここまでの幅員が必要かとの批判を受けている。ちょうど笹原辰太郎が東郊区画整理で8間（＝14.4ｍ）道路を整備することへの批判と同様であるが、いずれもその後に有効活用（前者は名古屋テレビ塔や名古屋都市高速道路の建設を受け持つ公園道路、後者は市電の走行）されることで、先見の明があったと後に評価されるのである。

　久屋大通は戦前の久屋町筋（3間）と関鍛冶町筋（3間）にはさまれた街区（50間）を道路化するものであり、合計56間幅となる。江戸時代初期の1間は約1.97ｍ（京間）だから110ｍとなるので、実態幅員と合致する。街区内全ての宅地を久屋大通に面する東西の街区に換地することができたので、中途半端な道路幅員を確保するために換地するよりも比較的容易であったといわれている。1964年に名古屋テレビ塔が完成し、まさに名古屋都心のシンボルとなった。その地下部には地下街セントラルパーク（1978年）や駐車場が整備され、地上部では2020年にパークＰＦＩによって店舗が多い公園空間として再整備された。

　若宮大通は商業地と南寺町の境を東西に通る道路である。戦前から八事を結ぶ尾張電鉄の終着点である矢場町と都心部と結ぶための道路（13間幅員）が計画されていたが、それを戦後になって百ｍ道路として実現するものであった。江戸期の碁盤割地域ではなかったので、110ｍでなく100ｍとして設計されている。国鉄中央線から東へ延伸するにあたっては密集した市街地ではなかったものの、日本ビール（旧サッポロビール）名古屋工場や名古屋刑務所が立地していた。名古屋刑務所の敷地の1/3が若宮大通にかかっていたので、国に強くかつ根気よく陳情していった結果、1958年に移転請願書が採択された。しかし、問題はどこに移転するかである。紆余曲折を経て三好町（現在三好市）にあった名古屋刑務所農場を移転先に決め、1964年に竣工、同時に旧施設は取り壊されることになった。現在跡地は展示場吹上ホールと

吹上公園が整備されている。なおビール工場はショッピングモールと飲食レストラン、マンションに転用されている。また、若宮大通沿線には国内外のカーディーラーが数多く立地しているのが、最近の特徴である。

【墓地の集約移転】

　名古屋市内において寺院はいくつかの集積地区がある。城下町の出入口となる場所、すなわち東海道から本町筋へ入った南寺町（30数ヶ寺－中区）、飯田街道入口の東寺町（50数ヶ寺－東区）、宮の宿周辺（50数ヶ寺－熱田区）があり、碁盤割地区内（30数ヶ寺－中区）にも多くの寺院が存在した。名古屋は明治に入って人口が増加し、それに伴って墓需要も増大していったため、墓碑が寺院墓地にあふれ、聖地の面影をなくしていた。焼失した寺院としてもどう復旧すればいいのか頭を抱えていた。

　戦災復興事業で整備する道路や公園などの公共用地は復興事業区域全体で33％、しかし多い工区では42〜43％になることから、その分だけ換地できる土地が少なくなる。そこで田淵が目を付けたのが墓地であった。それを別の区域に移転させれば工区内で換地できる宅地面積は増大するからである。

　名古屋市は仏教会に墓地移転の要請を出した。それを受けて3宗派代表による陳情書が提出された。主要な条件を整理すると、①戦災・非戦災を問わず全寺院を対象にすること、②墓地は寺院単位とし、宗派ごとにまとめること、その際、現墓地面積の3割増しとするとともに、将来の余地を確保すること、③移転に関わる手続きを簡素化し、費用については全て県や市が負担すること、であった。それを実現するためには墓地の移転先を確保することが命題となる。広大な土地があり交通の便がよくて聖地になりうる場所、そこで目を付けたのが東山公園の北側にあった旧陸軍の演習場（147ha）を確保することにした。しかし愛知県はその用地を農地営団に譲渡する予定であった。当時の喫緊の課題は食糧増産であったからだ。田淵は「名古屋百年の大計」をもって桑原幹根知事を説得して、墓地用地を確保することができた。

　名古屋市が寺院からの陳情書を受け止めつつ、移転先の用地を確保した。1946年6月に各宗派から16名の代表者からなる「名古屋市復興墓地整理委

員会」が設置され、常任委員として5名が選出された。そして、その中心人物が曹洞宗乾徳寺住職の高間宗道であり、各寺院を熱心に説得していったことは特筆すべきことであろう。この委員会がなければ、迅速な墓地移転はかなわなかった。1947年度の4寺院、3,441基の移転を端緒として、1955年度までに267寺院[注31] 178,104基が移転した。最終的には1979年度までに278ヶ寺、187,405基、墓地面積18.2haの移転を完了している[注32・33]。いかに迅速に対処していったのかがわかる数字である。ちなみに戦災復興事業で墓地移転を実施した都市は36都市ある。名古屋の墓地移転事業は、第二位が和歌山市の3.3万基、第三位が堺市の2.7万基と比較して、群を抜いている規模であることが分かる[注34]。（図3-11）

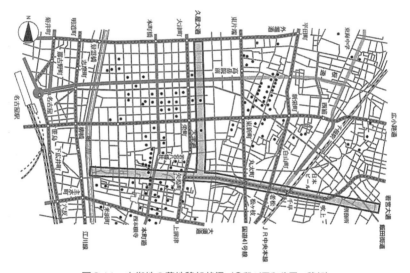

図3-11　市街地の墓地移転状況（●印が平和公園へ移転）
出典：元図は参考文献【29】PP.102-103、それを見やすく加工した図である（参考文献【25】P.109）

　名古屋市の平和公園に関するパンフレットには次のような解説が掲載されていた[注34]。

　①市街地が都市活動の基盤であり、宅地利用の高度化の見地から墓地の存立は検討を要する問題であること、②祖先の安住の地である墓地は、喧騒な市街地から離れた場所にあることが寧ろ祖先崇拝の道に叶うものであるこ

名古屋都市・空間論

と、③新時代の都市施設として、市民が憩うとともに故人を偲ぶ閑寂清浄親しみのある墓地が必要と考えられること、④親しみある明るい墓地が宗教離れの歯止めとなり、宗教的情操心の育成に資するものとなりうること。

平和公園は146.5haの規模を擁し、うち墓地区域は26.0ha、緑地区域104.1ha、道路区域16.4haの内訳となり、豊かな緑に囲まれた清閑な墓苑になった。（図3-12、写真3-1）

図3-12　平和公園墓地平面図
出典：参考文献【31】P.276

写真3-1　平和公園墓地の風景

（5）田淵寿郎の功績

【都市基盤整備による戦後名古屋発展の礎を形成】

戦前まで建て詰まっていて、手が付けられていなかった既成市街地の都市基盤を「名古屋百年の大計」にのっとり大胆な発想で整備したことが田淵の最大の功績である。すでに述べた、百m道路や墓地の集約移転などは代表的であるが、この都市基盤をもとに多様な都市機能が高度に集積することを可能にしていった。戦後の都市発展の礎を築いたことである。

【強力なリーダーシップの下での関係団体と市民と行政による連携】

このような大規模な事業は一人でできるものではなく、田淵はまちづくり群像における偉大なリーダーであった。

田淵は技監・施設局長として市役所に入り、多くの部局を統括することで事業を進めていったが、そこには事業を支える多くの優秀な職員がいることが前提となる。国や県との関係も、田淵自身が内務省の技官出身で、その人柄とこれまでの多くの実績、かつゆるぎない復興事業への信念をもって対応していったので、強い説得力を持っていたのである。そして多くの関係者が彼の支援者になっていった。その際たるものが墓地の集約移転であろう。300近くの寺院を委員会に組織し、誰も実施したことのない事業を完遂させたが、その委員会にも田淵を支えるメンバー（例えば、前述した乾徳寺高間住職）が登場するのである。彼がいなければ、墓地の集約移転はできず、結果的に百ｍ道路はできず、ひいては戦災復興事業も完成しなかったであろう。最後に市民との関係性である[注35]。空襲等により家が焼け出された居住者や土地所有者は、復興事業によって家屋が立てられない時期があり、なかには不法占拠したところもあったが、市民の協力があって事業は完成した。

　このように名古屋市職員、県の知事や担当者、国の大臣や担当者、事業に関係する土地所有者や居住者、なかでも寺院関係者といった多くの人々を納得させ、事業の支援者へと変えていく人としての器の大きさが田淵にはあった。

【長期事業を完遂させる人材育成】

　戦後すぐさま始まった戦災復興は1981年9月に事業区域48工区のすべての換地処分を終了した。事業開始は1946年8月なのでちょうど35年の歳月を有している。これだけ広大で複雑な事業を推進していくためには優秀なスタッフが不可欠である。田淵自身は1945年10月に入庁してから1958年4月に助役を退任するまで12年半を休みなく東奔西走し続けた。しかし事業はその後も22年半も続いていくのである。1958年の事業費は10億円台に達し、1967年には20億円台、1974年以降は30億円台と時間経過とともに増加している。それだけ多くの事業が進められ、それに応じて職員数も多くなっていく。つまり、田淵がいなくなっても復興事業が停滞せず、遂行される体制をつくったことであろう。またここで育った技術者は区画整理事業の国際展開を牽引してきたのである。

　戦災復興事業が収束を迎える1980年代に入って、名古屋市はその後のま

ちづくりを考える拠点を検討していった。それは復興記念館・都市問題研究所（仮称）として1986年から検討がなされ、紆余曲折を経て1991年に（財）名古屋都市センターが金山に設立された。ここでは①調査・研究、②情報収集・提供、③人材育成・交流の3本柱でまちづくり活動が展開されている。現在は金山駅前の金山南ビル内に（公財）名古屋まちづくり公社・名古屋都市センターとして活動している。注36

5　戦後の郊外区画整理

（1）新法土地区画整理事業の展開

　すでに1（2）で述べたように、戦前の土地区画整理事業が準拠していた耕地整理法は戦後の1949年に廃止されたので、独自の法律－土地区画整理法が1954年に制定された。また、自治法の改定に伴い、保健や福祉など市町村の新規事務が増え、行政事務の能率的な運営を図るために、町村合併促進法の施行（1953年）、市の合併の特例に関する法律の施行（1962年）がなされた。これら一連の合併を「昭和の大合併」と呼んでいる。

　名古屋市も例に漏れず、周辺町村を1945年、1963・1964年に大々的に合併していった。その結果、市域面積は戦前の161.8㎢（1943年）から324.1㎢（1964年）へと2倍になった。合併した東部は丘陵地帯、北部および西部は平坦な農業地帯であった。名古屋市の人口も急速に増加し、1950年に100万人超、1960年に150万人超、1969年に200

表3-9　区画整理等の事業施行区域面積

事業種別	事業数	面積(ha)	構成比(%)
耕地整理事業	44	4,192.2	12.8
旧法事業	100	4,806.9	14.7
小計①	144	8,999.1	27.6
新法組合等施行	211	9,045.2	27.7
新法公共団体施行	17	4,153.9	12.7
小計②	228	13,199.1	40.4
合計（①+②）		22,198.2	68.0
その他		10,444.8	32.0
名古屋市域面積		32,643.0	100.0

＊2022年3月時点　重複は除く
＊旧法とは旧都市計画法、新法とは土地区画整理法
出典：参考文献【34】P.223の表6.1.6を最新に変更

万人超とおよそ10年ごとに50万人の増加を見ている。町村合併による人口増もあるが、明らかに高度経済成長に伴う人口流入による増加であり、それを背景に宅地需要は拡大していった。

1957年に土地区画整理事業を実施するために初めて民間組合（個人施行を含む）が設立認可された。これを嚆矢に、2021年度末現在で累積211地区、施行地区面積9,045haに達した。うち200組合、8,174haが事業を完了し、組合は解散している。戦前の耕地整理、旧都市計画法に基づく区画整理、土地区画整理法に基づく組合施行および戦災復興を代表とする同公共団体施行を合わせると実に市域の68％が"区画整理"によって基盤整備されている。その比率内訳は戦前が28％で戦後は40％である。事業施行地区を見渡して

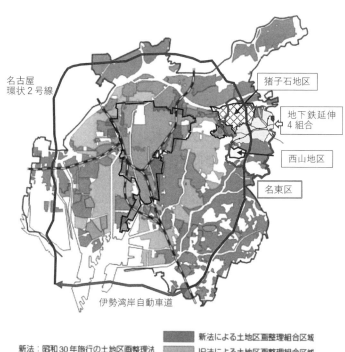

図3-13　土地区画整理事業等による市街地の整備状況
出典：名古屋市＜2000.11＞名古屋市新世紀計画　P.188を一部加

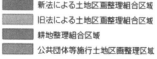

みると、空白地域があるが、大規模緑地・公園や河川敷などの公共空間、港湾区域、市街化調整区域がそれに該当し、それらを除けば、区画整理の占める面積比率はより高まるであろう。（表3-9, 図3-13）

（2） 地下鉄延伸物語

　名古屋東部の合併した地域の発展は著しいものであった。特に名東区の区画整理と地下鉄（正式には名古屋市高速度鉄道）延伸との一体開発は地域発展を支える重要な事業となった。

　名古屋では初となる地下鉄1号線の開業は1957年11月に名古屋駅〜栄駅間を結ぶ2.4kmであった。1950年時点の地下鉄整備計画では東山までであったが、その後1961年に都市交通審議会名古屋部会が答申を出し、1号線は東山〜藤が丘〜長久手までを計画路線として組み込んだ（図3-14）。1967年には星ヶ丘まで整備されたが、1965年時点で星ヶ丘以東の整備が議論されていた。そのころ地下鉄の車庫は池下（千種区）にあったが、増える車両数に対応できなくなって、別の場所に用地を求めていた。しかし用地規模が大きかったため、それを受け入れる地域はなかった。西一社地区や上社地区は道路広小路線の延伸と東名高速道路およびインターチェンジを整備するために区画整理組合を設立するように名古屋市から要請されていた。西一社地区は

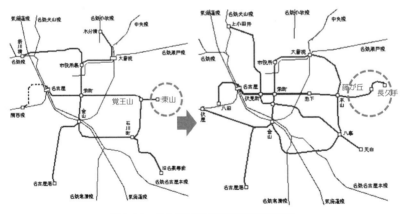

図3-14　名古屋市高速度鉄道計画路線図
左図：名古屋市高速度鉄道協議会　第三次計画1947年　右図：1961年都市交通審議会答申
出典：http://www.maruhachi-kotsu.com/subline/111history.html （2022.3.31閲覧）

東部丘陵地域では区画整理の先陣を切る事業であったので、不安が先立ち、また資金調達もままならない中での組合設立となった。それから遅れること3年半で上社地区の組合が設立されたが、すでに先行する西一社地区や猪子石地区の事業の実績があったため、様々な壁はあったものの設立された。

　藤が丘地区は計画路線には含まれていたが、整備路線になっていなかったため、そのままではいつ整備されるかわからなかった。そこで、広大な車庫用地を市交通局が探していることを知り、その用地を提供することで都市高速度鉄道を誘致しようと考えたのが藤が丘地区であった。藤が丘地区は都市高速度鉄道の誘致をテコに地域の発展を図ろうと藤森東部が、すぐさま藤森南部が、区画整理組合を設立した。誘致のために路線用地、駅前広場用地を無償提供すること、また高速度鉄道終点となる藤森東部では車庫用地をも無償で提供することとなった。

　4つの区画整理組合が都市高速度鉄道の整備のために連携していった。車庫用地は長久手の敷地を含めて9.4haあり、組合内（名古屋市内）の用地に限定すれば8.9ha、路線用地と駅前広場は4組合で4.3haの無償提供が行われた。1966年8月～1968年4月までに各組合と名古屋市とで寄付契約が締結された。なお、この車庫は藤が丘工場と呼ばれ、修車工場と検車工場を兼ね、東山線に属する全288両に対応でき、330両の留め置き能力がある。ちなみに池下車庫（千種区）は60両であった。（表3-10，図3-15）

表3-10　地下鉄東山線（一社～藤が丘）沿線に関連する区画整理組合が概要

組合名	設立～解散	面積(ha)	解散時組合員数	合算減歩率（％）	公共（％）	保留地（％）	地下鉄関連施設	公共・公共施設
西一社	1962.04 1978.08	98.2	798	32.7	20.1	12.6	路線用地 駅前広場	名古屋環状二号 千種高校誘致
上　社	1965.10 1985.07	200.6	1,591	30.5	19.6	10.9	路線用地 駅前広場	名古屋環状二号 東名高速道路 千種高校誘致
藤森南部	1966.05 1975.03	100.3	478	31.1	19.3	11.8	路線用地 駅前広場	東名高速道路
藤森東部	1966.03 1970.12	86.2	539	38.0	18.2	19.8	路線用地 駅前広場 車庫用地	

＊「地下鉄関連施設」とは組合が名古屋市に無償提供した施設
資料：参考文献【36】【37】

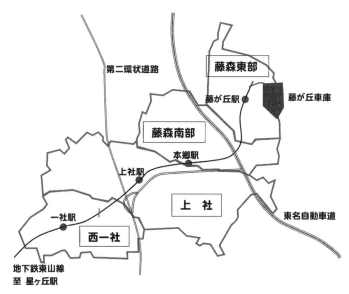

図3-15　４つの区画整理組合と都市高速度鉄道の整備

図3-15　４つの区画整理組合と都市高速度鉄道の整備

（３）都市経営と区画整理―藤森東部区画整理組合―注37

【都市経営的な事業推進】

　藤森東部区画整理組合は高速度鉄道誘致のために車庫用地と路線用地・駅前広場10.3haを名古屋市交通局に無償提供した。そのため保留地減歩率は19.8％と沿線４組合のなかで突出して高くなっている。公共減歩率は若干低いが、合算減歩率は他地区に比較し５～８ポイント高い。減歩率が高くなると、地主が換地で受け取る面積も小さくなるので、いかに保留地を高く売却して保留地減歩を小さくするかが区画整理事業推進上の課題となる。さらに区域全体として当初から生活環境のいい住宅地にしていくための戦略―すなわち都市経営戦略が求められていた。そこで、取り組んでいったのが次の４点である。

① 「**名古屋方式**」注38 **の採用による事業期間の短縮**…名古屋には区画整理を進めるうえでの独自の方式がある。通常の手順だと仮換地指定をした後に造成工事を行うのだが、この方式は組合と地権者が工事施工同意書に基づ

いて造成工事を先行させつつ、造成完了までに順次仮換地指定を行うものである。この方式を採用するメリットは、①地権者自身が受け取る宅地の位置や形状が把握しやすい、②工事先行のため工事費ひいては全体事業費を早くから把握でき、減歩率変更への対応が可能となる、③造成工事と換地設計を並行して行えるので、事業期間の短縮が可能である、としている。当初は反対運動が起こっており、いかに事業を理解してもらうのか、いかに迅速に地権者の生活再建を図るのかは、大きな課題であった。「一般組合員は図面を見て完工時の形状を出来る人は少ない」[注39]と記されているように、「名古屋方式」の採用はそれらの点を解決する有効な手段であった。

②**駅前への保留地集約と徒歩圏内への住宅配置**…区画整理区域内の中心に高速度鉄道駅（藤が丘駅）を配置し、駅付近に保留地を集約換地することで、高価格で保留地処分をはかり、減歩率を縮小していった。この集約された保留地を活用して、次に説明するように駅前住宅団地とショッピングタウンを建設した。さらに徒歩圏内の半径600m範囲内におおむねの宅地（地）が入るようにしたことである。

③**ショッピングタウン整備による生活環境の向上**…地域のショッピングタウンを建設するため、保留地0.84ha、私有地2.45haを購入し、さらに私有地0.85haを借り受けて日本住宅公団（現UR都市機構）が9棟の公団賃貸住宅を建設していった。そこでは1DK120戸、2DK336戸の456戸が供給されるとともに、1階部分にはスーパーマーケットや飲食店等を入店させて、開発地域の生活を支える中核施設としている。1970年10月にオープンした。一般的に区画整理区域の宅地はその所有者の子息の結婚やアパート建設、税金の支払いなどの資金需要があってはじめて売却され、そのあと住宅等が建設されるので、市街化は緩やかで、成熟するのには時間がかかる。保留地を住宅ディベロッパーに売却することで、すぐさま流入人口が増えて、店舗等の売上げの下支えが可能となる。藤森東部区画整理組合は、保留地の一部と地主の土地を集めて、住宅建設用地に充てていることは、生活環境の水準（例えば買物環境）を高めるのに成功している。ちなみに藤が丘学区の人口は1970年の1,500人[注40]から1980年には1万人を超えた。

④**筆界線通路の導入による交通混雑の解消**…パンフレットでは「藤が丘駅を

中心とする、業務地区予定地域内に、筆界線に巾員5mの防塵舗装道路を設定し、将来、各店舗、事務所等の商品搬入路駐停車施設又は緊急時の避難路として、使用し、前面道路の通行秩序の確保とスムーズな流通」[注41]を図ることを目的としている。駅前に集中する乗用車と商用車の混雑をうまく処理する画期的な街区設計になっていて、居住環境の質を高めている。当初は藤が丘駅周辺の8街区を対象に筆界線通路が設けられていた。それらは地権者の合意の上で私有地に設置された通路なので、合意が崩れれば通路は消滅していく。公道や認定道路のような担保力はない[注42]。今日の状況を見ると、8街区のうち2街区は5m幅の通り抜け通路として機能し、2街区は一部機能していない通路（5mおよび2.8m）のため通り抜けができない。また2街区は一部しか通路（2.8m幅）はなく、残り2街区は通路が全くない。街区内の敷地が駐車場化されると店舗用サービス動線は不要となり、むしろ通路部分を駐車場利用したほうが実質の敷地面積を拡大できると合理的な判断を下したためだと考えられる。現状の通路部分の使い方はサービス動線でなく、マンション等への裏側駐車場のアクセスとして利用されている。このような合意による民地の通路化は、公道にすると公共

減歩の一層の拡大につながるため、減歩率を高めずに交通環境を整える苦肉の策を取ったのではなかろうか。（図3-16）

図3-16　藤ヶ丘駅前の住宅団地・ショッピングタウンと筆界線通路

第3章　都市計画の母と父　―区画整理とその推進者

写真3-2　私有地である筆界線通路（通り抜け型）の様子（左）と駐車場への裏アクセス（右）
　　　　　（2022.11）

【柴田正司のリーダーシップと都市経営】

柴田正司

　この組合は設立してからわずか4年10ヶ月で解散に
こぎつけている。西一社が16年、上社20年、藤森南部
9年と比較して、いかに早いかがわかる。たしかに地下
鉄沿線4組合のなかで、規模は最も小さく、組合員数は
2番目に少なく、農地と山林中心の土地利用であったも
のの、前述の大規模な車庫用地等の寄付や保留地の駅前
集約、住宅団地建設などの事業の展開については地元で
は相当の抵抗があったようである。組合員を昼夜問わず
説得に走り回り、合意を取りながら進めて事業を完遂できたのは組合長柴田
正司のリーダーシップに依るところが大きい。しかも、先に見てきたように
笹原や石川が掲げていた都市経営的視点を大胆に導入したことは特筆に値す
る。区画整理後も住宅団地1階部分の商業施設や鉄道高架下用地の使用権を
管理するため、民間会社を設立している。今日でいうエリアマネジメント会
社ということになろうか。

　柴田は1921年に当地猪高村で生まれた。父親は猪高村村長経験者であった。
「海軍甲種飛行予科練を卒業し第二次世界大戦に二十才で初陣し、九死に一
生を得て当地に帰還」[注43]した。区画整理組合長の時代は40歳代半ばである。
経歴からして"怖いもの知らず"でバイタリティ溢れた彼を中心として事業
を強力に推進していったのである。

藤が丘駅前には「先見果敢の雄」と書かれた胸像（頌徳碑）がある。生前の1994年に建立され、彼の功績が称えられている。事業が完了し、急速に市街化が進んでいくと、従前に地権者が抱えていた「事業はうまくいくのか」といった不安も、従後には希望に代わっていく。1969年4月開業当初は1,364人／日だった乗車人員も10年後の1980年には19,057人と実に14倍に達している[注44]。ちなみに2018年は62,345人にのぼっている。それを見越しての都市経営的な事業の推進はまさに「先見果敢」であった。

（4）特筆されるべきいくつかの事業

【名古屋東部丘陵地域の開発を先導する猪高西山地区】

　土地区画整理法の新法は1955年に施行され、日本住宅公団法も同年に公布された。名古屋東部丘陵地の旧猪高村（現名東区）や旧天白村（現天白区）が名古屋市に合併されたのも同年である。日本住宅公団（以下、公団）の設立目的は「住宅の不足の著しい地域において、住宅に困窮する勤労者のために耐火性能を有する構造の集団住宅及び宅地の大規模な供給を行うとともに、健全な新市街地を造成するための土地区画整理事業を施行することにより、国民生活の安定と社会福祉の増進に寄与する」ことにある。公団も区画整理の事業主体になれることと、行政庁施行のうち建設大臣が認める事業については、事業に要する費用の全部または一部を公団が負担することができるとした。公団から市への要請があり、猪高西山地区（以下、西山地区）がその対象となった（位置については図3-11を参照）。この地区は東山公園の西に隣接する105.6haの区域であり1956年に事業着手し、1961年に事業を完了した。本来公団はその目的からして、地区の30％以上を先行買収し、保留地と合わせて住宅を建設することで、大規模な住宅供給を行うものである。しかし西山地区での先行取得は5.0ha（4.7％）でしかなかったため、保留地を獲得することで26.4ha（25.0％）を所有し、4団地約1,600戸（賃貸住宅）、戸建分譲用地210戸の住宅を供給した。

　西山地区はまさに東部丘陵地域の開発を先導する事業であった。また事業経験のない公団としても遂行能力を高める事業でもあった。名古屋市には戦前の区画整理や戦後の復興事業で培った技術力と人材の蓄積があったから

だ。東部丘陵の東南方面は公団施行の鳴子地区（67.4ha　1960.7～1964.3　公団住宅2,196戸）が開発の橋頭保になっている。

【広大な規模の猪子石地区】

　猪子石地区は西一社地区と同様の1962年4月に組合が設立され、15年の歳月をかけて1987年3月に解散している。区域面積は423.8haにもおよび、組合事業では全国最大級である。従前の土地利用は山林原野が46％、農地が42％で、宅地はわずか4％に過ぎなかった。二本の県道を除けば、ほとんど2m内外の道路や農道であり、県道にのみバスが走っていた。1958年ごろに開発の意欲が高まり、名古屋市の指導援助もあって設立にこぎつけた。戦前に旧市域で区画整理事業が積極的に行われてきたが、戦後の大合併で市域に組み入れられた新市街地においては、区画整理が周知されているわけではなかった。それゆえ、地権者への説得と銀行からの借入などにも苦労していた。面積が大きいため、工事がうまく進まない状況も生まれるなどした。なお合算減歩率は32.6％（公共18.1％、保留地14.5％）であった。

　これだけの規模の開発であるため、小学校6校、中学校2校の用地の確保が行われている。これらの多くの学校に隣接して、あるいは近傍に児童公園（現在は街区公園と呼ぶ）などが併設されているのは、戦災復興の考え方を踏襲している。また住宅団地として市営住宅（中央）、県営住宅（東）、公団住宅（西）がバランスよく地区内に配置されて、不足する住宅供給に貢献している。地区の東部を南北に走る名古屋環状2号線が整備されている。

【多くの区画整理組合がかかわって整備された名古屋環状2号線】

　戦前の旧名古屋市域内で環状道路を耕地整理事業や旧法土地区画整理事業で整備した実績について述べた（図3-6参照）が、戦後にはそのスケールを大きくした名古屋環状2号を土地区画整理事業で整備してきた。海上部を加えた延長距離は66.2kmであるが、名古屋都市計画区域だけをとりだすと45.2km（幅員50m・60m）、50組合等がかかわっている（1982年の都市計画変更時点）。名古屋市だけを取りだすと36.3km（幅員同）、42組合等がかかわっている。このような遠大な計画のもとに事業を実践していくパワーは名古屋特有の歴

史と経験を踏まえたものであろう。

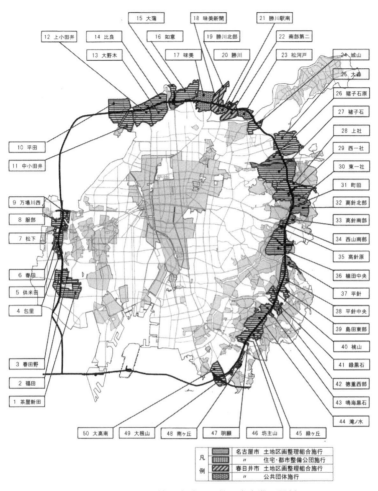

図3-17　環状2号線と土地区画整理事業の関係
＊区画整理区域は50番まであるが、17～23の8地区は春日井市内のため、名古屋市内に限定すれば42地区になる。
出典：参考文献【33】P.407

第3章　都市計画の母と父　―区画整理とその推進者

6 "区画整理のまち名古屋"の将来

（1）リーダーとまちづくり群像

　名古屋では土地区画整理事業が"都市計画の母"であることを、まさに体現してきた。そこには、現状に甘んぜず、創意工夫と英断を重ねながら推進してきたリーダーがいた。耕地整理手法を都市開発手法に活用し、地権者の金銭的負担を軽減する"減歩"を導入した笹原辰太郎、「都市計画に王道なし、ただ区画整理あるのみ」を実践し、"土地経営"と"生活者中心"を追究した石川栄耀、百ｍ道路や墓地の集約移転など大胆な構想で戦後名古屋の礎を築いた田淵寿郎の３人を代表例にそれぞれの偉業を整理してきた。彼ら以外にも強力なリーダーがいる。ここで取り上げたのが藤森東部区画整理組合の柴田正司である。彼は資産の価値増価をめざして、都市高速鉄道の車庫用地等を無償提供することで鉄道を誘致した。さらに保留地の駅前集約による減歩率軽減および当初から住宅団地建設とタウンセンターの一体機能開発による暮らし環境の創出を狙うという、「先見果敢」な都市経営を図ったのである。

　まちづくりは一人のリーダーで実現できるものではない。そこには多くかかわった人々がいる。物語を描く場合に焦点を定めるために主人公を決めるが、本来は"まちづくりの群像"なので、多くの人々がかかわらないと進めることはできない。行政職員や議員、地権者や市民、技術者やマスコミ関係者等が多様にかかわってきたが、その存在を忘れてはいけないであろう。

（2）これからのまちづくり

　区画整理によるまちづくりは収束を迎えた。開発圧力があってこそ区画整理は都市計画の母になるのである。区画整理は都市基盤整備（道路や公園等の公共空間の整備）であって、上物整備ではない。郊外では土木技術力の高まりによる大規模な土地造成が可能となったので、土の搬出入がゼロに近づけるよう土量バランスを考えて造成する。地形が均され景観も一変する。土地の資産価値を公平に評価し、"見える化"するために、直線道路が直角に交

わる街区が単調に広がることが多い。曲線道路は排除される。するとそこでの暮らしも単調となりやすい。区画整理で獲得した公共空間を暮らし向上のためにいかに活用するかが問われる。公園の規制緩和による多様な利用、生活道路の美化や河川管理道路の環境整備、さらには公益施設（小中学校など）や商業施設のリニューアルに際しての生活向上機能の導入など、ストックの活用の時代になってきている。また、都心部では筆単位での宅地再整理と道路拡幅により、従来あった路地空間などの都市魅力が消去された。将来のまちづくりには都市魅力の創出のプログラムを挿入する必要がある。それについて、次章で展開する。

注釈

注1　耕地整理や区画整理の歴史については、参考文献【2】【3】が大いに参考になり、これら資料に基づいて記述している。
注2　国土交通省資料　「参考資料3　市街地整備事業の実績　①土地区画整理事業」https://www.mlit.go.jp/toshi/city/sigaiti/content/001347110.pdf
注3　参考文献【5】を中心にまとめた。
注4　石原秀治郎＜1929.8＞「愛知郡長時代の笹原氏」都市創作第5巻第4号　P.57
注5　笹原辰太郎＜1928.9＞「土地廉売同盟運動」都市創作第4巻第9号　PP.57-59
注6　参考文献【9】P.62
注7　参考文献【12】P.35
注8　参考文献【13】PP.25-26
注9　参考文献【14】PP.17-18
注10　参考文献【14】P.8
注11　参考文献【15】P.56
注12　参考文献【17】
注13　耕地整理では「城東」の626haが最大であり、戦後の新法に基づく区画整理では「猪子石」の424haが最大であった。
注14　当時の田代公園は現在では城山小学校となっており、その南に同名の田代公園（街区公園）が配置されている。これは戦災復興事業で小学校と街区公園は一体で整備する方針に基づいている。
注15　参考文献【19】P.215
注16　参考文献【20】P.14
注17　参考文献【21】P.12　「」は引用
注18　参考文献【22】
注19　東京市政調査会の「都市問題」は1925年の発刊以来、今日まで継続しており、最新では第113巻第3号（2022年3月）が（公財）後藤・安田記念東京都市研究所から刊行されている。兵庫県都市研究会の「都市研究」は第1巻第1号（1925年2月）

〜第33号（1939年9月）まで刊行された。戦後には神戸都市問題研究所が1975年3月に設立され、季刊誌「都市政策」（第1号〜171号）を刊行してきたが、2018年3月に役割を終えたとして解散した。大阪市は1925年10月に大阪都市協会の「大大阪」を刊行していたが、2007年3月に解散した。他方1948年に大阪市庁内に都市問題研究会が設置され，月刊誌「都市問題研究」が刊行され、2007年3月に解散している。

注20　参考文献【11】西成典久「第1章　都市計画技師、区画整理の探求」P.31
注21　参考文献【23】
注22　佐々木葉は参考文献【5】PP.264-265で石川と笹原とのつながりを整理している。
注23　参考文献【24】P.72
注24　参考文献【25】を参考にした
注25　第2章7節（2）③でこの博覧会について詳述している。
注26　第2章6(1)で軍需都市であるがゆえに徹底して空襲された理由を整理している。
注27　参考文献【26】PP.59-60　この文献は「総合的な学習の時間・社会科副読本」として作成されている。つまり小学校3年生から中学生までを対象にしているが、大人も十分参考になる内容である。
注28　建物疎開については参考文献【27】に詳しい。ここでは東京と京都が取り上げられており、名古屋の取組みには触れられていない。
注29　参考文献【26】P.57より引用
注30　参考文献【29】PP.116-117
注31　墓地の跡地利用について、名古屋では商売をする上では格好の土地であると言われ、人骨が人恋しいので多くの人々を呼び込むという一種の都市伝説であるが、不動産仲介関係者にヒアリングすると、名古屋では事実そのように言われているようだ。
注32　参考文献【16】P.302
注33　この墓地（墓碑）移転数以外にも無縁碑などが整理され、その数は12.25万基と指摘されている。参考文献【29】P.147
注34　参考文献【30】
注35　関係権利者が約7万名との記述がある。参考文献【31】近藤義男名古屋復興土地区画整理審議会会長「発刊に寄せて」
注36　参考文献【32】
注37　参考文献【38】【39】
注38　参考文献【34】P.350をもとに整理した。
注39　参考文献【39】P.6
注40　加藤常文＜2016.6＞「地下鉄延伸により発展を遂げた名古屋の東玄関『藤が丘』」名東フリモVOL.51
注41　参考文献【38】P.2
注42　参考文献【40】
注43　http://www7b.biglobe.ne.jp/~sisekiannnai/fujigaoka-kaiwai.html（2022.3.31閲覧）より「」部分
　　を引用
注44　注40と同じ

参考文献

【1】 佐藤洋平・広田純一＜1999＞「わが国耕地整理法の成立とドイツ耕地整理法制の影響」農業土木学会誌第67巻8号　（公益社団）農業農村工学会

【2】 築瀬 範彦＜2014＞「土地区画整理の制度形成に関する史的考察」土木学会論文集D2（土木史）Vol.70 No.1

【3】 築瀬範彦・大沢昌玄＜2013.6＞「宅地供給型土地区画整理の形成過程に関する制度史的考察」土木史研究. 講演集 VOL.33　土木学会

【4】 浦山益郎他＜1992.11＞「戦前名古屋の組合施行土地区画整理事業の展開過程に関する研究」日本都市計画学会 都市計画論文集Vol.27

【5】 佐々木葉＜2011.6＞「名古屋の区画整理の礎を築いた人物笹原辰太郎について」土木史研究 講演集VOL.31　土木学会

【6】 Wikipedia 笹原辰太郎　https://ja.wikipedia.org/wiki/%E7%AC%B9%E5%8E%9F%E8%BE%B0%E5%A4%AA%E9%83%8E

【7】 名古屋市東郊耕地整理組合＜1934.4＞「組合解散に因る事業報告誌」

【8】 瑞穂区の魅力を考える会（池田誠一）＜2018.2＞「瑞穂区の近代-語り継ぎたい四つの街の物語」

【9】 狩野力＜1929.8＞「八事開発の恩人」都市創作笹原翁追悼号　第5巻第4号

【10】 古市太郎、馬場俊介＜1994.5＞「戦前名古屋における土地区画整理制度による集落計画」土木学会土木史研究第14号　自由投稿論文

【11】 中島直人他＜2009.3＞「都市計画家石川栄耀　都市探求の軌跡」鹿島出版会

【12】 高崎哲郎＜2010.4＞「石川栄耀」鹿島出版会

【13】 石川栄耀＜1952＞「私の都市計画史」新都市6巻4号　都市計画協会

【14】 石川栄耀＜1925.11＞「郷土都市の話になる迄、断章の2　夜の都市計画」都市創作3巻1号

【15】 石川栄耀＜1930.8＞「区画整理を始めるまで-中小都市計画当局のために」都市公論13巻8号

【16】 名古屋市計画局・㈶名古屋都市センター＜1999.3＞「名古屋都市計画史（大正8年～昭和44年）」㈶名古屋都市センター

【17】 石川栄耀＜1929＞「名古屋の区画整理の特質（上）」都市問題9巻4号　東京市政調査会

【18】 沼尻晃伸＜1995.10＞「戦間期日本の土地区画整理事業と都市計画-名古屋市の事例を中心にして-」土地制度史学 第149号

【19】 鶴田佳子他＜1994.11＞「名古屋市における戦前の区画整理設計水準の発展過程に関する研究」第29回日本都市計画学会学術研究論文集P.215　日本都市計画学会

【20】 石川栄耀＜1928.＞「郷土都市の話になる迄、断章の16」都市創作4巻4号

【21】 佐藤俊一＜2014.6＞「石川栄耀：都市計画思想の変転と市民自治」自治総研通巻428号

【22】 都市創作＜1925.9＞巻頭言　都市創作会

【23】 都市創作＜1929.10＞「都市創作宣言」「都市創作」第5巻10号　都市創作会

【24】 石川栄耀＜1929.8＞「笹原辰太郎追悼号」「都市創作」第5巻8号　都市創作会

【25】 重網伯明＜2010.3＞「土木技師　田淵寿郎の生涯」中部建設協会 あるむ

【26】 ㈳中部建設協会＜ 2003.10 ＞「田淵寿郎氏の足跡　名古屋の町づくり－ 100 ｍ道路はどのようにしてつくられたか－」

【27】 川口朋子＜ 2011.8 ＞「戦時下建物疎開の執行目的と経過の変容」日本建築学会計画系論文集 Vol.76　No.666

【28】 石丸紀興＜ 2012.10 ＞「戦災復興計画における広幅員道路としての百メートル道路の計画状況とその変遷に関する研究」公益社団法人日本都市計画学会　都市計画論文集 Vol.47　No.3

【29】 伊藤徳雄＜ 1988.7 ＞「名古屋の街　戦災復興の記録」中日新聞本社

【30】 伊藤悠温＜ 2014.3 ＞「名古屋市平和公園墓地設立の経緯について」北海道大学紀要

【31】 戦災復興誌編集委員会＜ 1984.3 ＞「戦災復興誌」名古屋市計画局

【32】 井澤知旦＜ 2011.7 ＞「希望の持てるまちづくりを展望できるか－名古屋都市センターの役割を考える－」アーバンアドバンス NO.55　PP.39-43　（財）名古屋都市整備公社名古屋都市センター

【33】 名古屋都市計画史編集委員会＜ 2017.12 ＞「名古屋都市計画史Ⅱ（昭和 45 ～平成 12 年度）上巻」（公財）名古屋まちづくり公社名古屋都市センター

【34】 名古屋都市計画史編集委員会＜ 2017.12 ＞「名古屋都市計画史Ⅱ（昭和 45 ～平成 12 年度）下巻」（公財）名古屋まちづくり公社名古屋都市センター

【35】 池田誠一＜ 2015.9 ＞「プロジェクト紀行　地下鉄が変えた街（6）」中部電気協会

【36】 名古屋市土地区画整理連合会＜ 1983.5 ＞「区画整理の街なごや」同連合会

【37】 名古屋市土地区画整理連合会＜ 2009.3 ＞「区画整理の街なごや（新版）」同連合会

【38】 藤森東部土地区画整理組合＜ 1970.12 ＞「名古屋市藤森東部土地区画整理事業」

【39】 藤森東部土地区画整理組合＜ 1970.12 ＞「名古屋の東玄関街造り」

【40】 石田頼房他＜ 1983.3 ＞「建築線制度に関する研究・その 5」総合都市研究第 18 号 PP.115-140　東京都立大学都市研究センター

【41】 ㈱東名サービス＜ 1998.5 ＞「30 年のあゆみ～地域開発のパイオニアとして～」

顔写真

笹原辰太郎：都市創作会＜ 1929.8 ＞「都市創作　笹原翁追悼号」第 5 巻 8 号　P.49

石川栄耀：鈴木新太郎＜ 1991.11 ＞「石川栄耀（いしかわひであき）」
　　　　　『都市計画 172』P.81　㈳日本都市計画学会

田淵寿郎：名古屋都市計画史編集委員会＜ 2009.3 ＞「名古屋都市計画史（大正 8 ～昭和 44 年）」
　　　　　（財）名古屋都市センター　P.251

柴田正司：藤森東部土地区画整理組合＜ 1970.12 ＞「名古屋市藤森東部土地区画整理事業」表紙裏

第4章

都市魅力と"消毒"都市
─名古屋都心の路地空間の生成と消滅

1　はじめに

（1）路地空間の評価

「神は細部に宿る」とは建築家ミース・ファンデル・ローエの言葉である。細部にこそ建築家の魂が込められるとするなら、都市の魅力は界隈に宿ると言えるのではないだろうか。竹内宏の著作でベストセラーになった「路地裏の経済学」もコミュニティの場としての路地裏で交換される情報こそ生きた情報という意味を込めている。

都市魅力を高める要素の一つとして、路地空間や商店街アーケードが注目されている。そこにはヒューマンスケールの空間を構成し、コミュニティ的まとまり感がある。また年配層にとっては昭和的ノスタルジーを感じさせ、若年層にとっては先読みできる近未来とは正反対の未体験感覚を引き起こす、"独自の居心地のよさ"を提供している。全国的な路地（横丁）空間の代表として、戦前から引き継がれている法善寺横丁（大阪）や戦後に飲み屋が集積した新宿ゴールデン街（東京）があるが、様々な人々が行き来することで、文化を創出する空間装置となっている（参考文献【1】〜【5】）。

他方で路地等は地震や火災に対して、防災性能が低い貧弱な都市基盤＝負の遺産の地区と評価されている。よって、それらの防災性能を高め、土地の高度利用をはかり、スクラップ＆ビルドしていくなかで、近代都市化を推進してきた。

このように路地等は文化創出装置であり、都市魅力を惹き出す空間であるので、残存させようとするニーズと、防災性能が低く低度利用地といった負の都市遺産として改善すべきニーズとのせめぎあいの歴史であった。しかし多くの場合、特に戦後の高度経済成長の過程で、それらの空間は都市再開発がなされ、消滅してきている。つまり文化的（情緒的）ニーズよりも経済的ニーズのほうが勝っていた。また大震災や大火災、戦災の復興のための都市基盤整備はより強力で面的に路地等を消滅させてきた。このような不可逆的流れの中でも、残存している路地等もある。

防災性能を高め、近代都市化を推進する戦後の時代要請を加味しつつも、

良好な都市環境のもとで収容される多様な都市機能の発揮と路地のような
ヒューマンスケール的猥雑的空間に宿る都市の魅力をどう評価するかは課題
である。

　冒頭に述べたように今日では都市空間の多様性こそ都市魅力を高める大き
な要素との考え方が浸透してきている。そのため、路地等はどのように生成・
消滅していくのかのプロセスを明確にし、今日的ニーズに応えていく必要が
ある。なお、ここで「消毒都市」という用語を使用しているが、もとは米国
における1950〜60年代のダウンタウン再生にむけた不良貧困地区の除去（ス
ラムクリアランス）を批判した際に使用された用語であるが、ここでは路地
等の防災的にも土地利用的にも負の都市遺産を、例えば戦災復興事業によっ
て一掃することを「消毒」と呼んでいる[注1]。

（2）名古屋都心空間の魅力向上の視点

　名古屋は江戸時代の都市成立時期から都心部は碁盤割であり、その基本構
造は変わらず、今日に至っている。しかし第二次世界大戦によって市街地は
焦土と化した。その後の戦災復興土地区画整理事業によって、近代都市に相
応しいように道路は拡幅、公園は拡充され、土地の筆も整理されて、土地利
用は大きく変化した。これに伴い路地等も大きく変化したと考えられるが、
その実態は明らかになっていない。

　そこでここでは、城下町特有の方格子状[注2]（碁盤割）の町人地空間をベー
スに、街路・路地空間の視点から見た近世都市への評価、さらに近世都市の
空間遺産から近代都市への転換を図った復興土地区画整理事業の功罪、す
なわち魅力ある都心空間形成[注3]への寄与に関する分析を行った。すなわち、
第一に方格子状の街区を単位として、いわゆる路地空間の形成がどの程度存
在していたのか、江戸時代の江戸・大坂の町と名古屋の町を比較する、第二
に名古屋都心部では、復興土地区画整理事業によって、道路は拡幅され、地
籍は整理されたが、戦前から戦後において路地等がどのように生成し、消滅・
変形していったのかを明らかにする、第三に全国的に最も活況のある商店街
の一つである大須地区（名古屋市中区）を取り上げ、都市の魅力を構成する
要素を明らかにする。

第4章　都市魅力と"消毒"都市　―名古屋都心の路地空間の生成と消滅

分析のために活用される資料は戦前から今日までの住宅地図である。戦前から戦後を通じて概ね20年間隔となるよう住宅地図を確保し、路地の生成・消滅の量的な分析を行っている。なお、戦前の住宅地図は貴重な資料となっている「名古屋市居住者全図昭和4年調・昭和8年調」を活用した。筆の形状と路地形成の関係については復興土地区画整理事業の換地前後の地籍図をもとに路地の生成・消滅の質的な分析を、戦災復興後の都心の道路構成や大須地区の道路構成は実態調査を行っている。

（3）横丁や路地はどう違う－用語の定義

　ここでは専門的な用語を多用しているので表4-1のとおり定義した。飲食店が集積し、界隈の魅力を高める街路空間は「□□横丁」や「○○小路」と呼ばれることが多いが、下記の定義とは異なる、狭い通路を意味する。

表4-1　用語の定義

用語	定義・解説
①界隈	ここでいう"界隈"は、「『地区』や『通り』といったフィジカルに規定された空間」でなく、経験に基づく「多様でにぎやかで、人を惹きつける場所」という意味で使用している。(建築大辞典第2版　彰国社　1993.6)
②消毒 cf.追補	劣悪な都市環境を改善すること。例えば劣悪な木造密集地を取り壊して、街路を拡幅し、公園を整備するなど、良好な都市環境を整備することを言う。太陽の光が隅々までいきわたるようなイメージが"消毒"という言葉につながっている。
③街路	市街地部の道路。幹線街路や区画街路などの道路区分がある。
④往還	江戸時代に幕府指定の公用伝馬を擁している本街道で、東海道や中山道が該当する。あるいは、人などが行き来するための道。主要な道路。街道
⑤横丁と横町	表通と裏通を直角につなぐ通りを横丁という。江戸の町では横丁と横丁を会所を挟んでつなぐ道のことを"横町"といって区別している（参考文献3）。また本論図4-7では二つの違いを図で示している。
⑥小路	平安京などの大路に対する道で、筋や通と同じ意味を持つ。名古屋の「広小路」は、もとの小路（3間＝6m）の防災性能を高めるため、広小路（13間＝25.6m）に拡幅したので、その名がついた。
⑦路地	屋根のない細い通路で、単に細い通路を意味する。露地や路次と呼ぶこともあり、裏長屋へアクセスする機能がある。最近では飲食店を集積した空間で、「○○小路」や「□□横丁」と名づけることが多いが、ここでは、上記⑤横丁（横町）や⑥小路とは定義が異なる。

2 名古屋の都市構造と街区構造 ―名古屋・大坂・江戸比較―

（1）名古屋の都市構造と街区構造

　名古屋の都心を論じる際に、1610年以降につくられた町割りの形状を踏まえておく必要がある。名古屋台地（熱田台地）の北端に名古屋城を配置し、名古屋城南を方格子状に町割りを行い、そこを町人地とした。町人地の南と東に寺社を集積して寺町を配置し、その周りを武家地が囲む形態となっている。交通基盤として台地の中央部に本町通を名古屋城から熱田まで通して主軸とし、東方面は飯田街道、西方面は佐屋街道、北方面は美濃路（東海道と中山道をつなぐ脇街道）や善光寺街道を配置した。

　町人地は東西に11町、南北に8町が碁盤割を形成している。一つの街区は京間50間四方、それを京間3間の街路が囲んでいる（以下、特に断りがない限り京間＝6.5尺とする）。つまり100ｍ四方の街区とその周りを約6ｍ幅の街路で碁盤割を形成していると言える。ただし、北端の京町筋と魚ノ棚筋の間の街区は70間と標準的街区よりも20間南北に長い。これは京町筋の北片端（隣接する北隣の敷地は武家地と接し、そこには東西の筋が通っていないため）の奥行が長すぎると商売が繁盛しないとの徳川家康の指示により、約20間にしたため、南の街区が20間に伸びて70間になり、ここだけ変則となっている。北片端まで含めると南北9町相当になり、11町×9町の99町が碁盤割の街区と指摘するものもある。

　この方格子状の街区の地籍割（地割）は、モデル的に表現すると図4-1のような杵型であった。当時は城と湊（熱田の宮の宿）を結ぶ南北道が主軸であったので、このモデルでは店舗が南北道路（これを「通」と呼ぶ）、すなわち南北「通」の東西に面する。しかし東西道路（これを「筋」とよぶ）にも店舗が面する地割になっているので、東西「筋」ににぎわいが皆無ということはない。そこが大坂の城下町と異なる点である。なお、伝馬町筋は飯田街道や美濃路に通じる重要な東西「筋」であったので、この筋にすべて店舗が面する地割になっている。町人地全体の地籍図を示したのが図4-2である。

　名古屋城下碁盤割の地割も江戸時代から昭和戦前時代への変化は見られ、

南北街路主軸とした地割から、東西道路を主軸とした地割へと変化している（図4-3）。これは、江戸時代は名古屋城下と宮の宿を結ぶ南北道が主軸であったが、明治に入ると城下町の西に配置された笹島駅や現在の名古屋駅が整備されたため、東西へ主軸が変化したためであろう。

地割を見る限り、後述する江戸の街と違って、会所道はあっても、いわゆる路地（裏）はない。ただし、

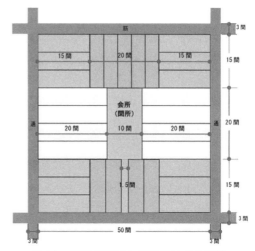

図4-1　京間50間四方の街区における地割（名古屋モデル）注4

＊図中の会所（閑所）を除く濃い色付きの部分は奥行15間の敷地を表現している。

2街区（図4-2, 4-3の⑦および⑩）のみ南北に貫通する中道（江戸の街で言う新道）と呼ばれる街路が存在する。恐らく会所道が延長されて生まれた街路で、地割はこの街路（中道）に原則として間口が面し、沿線は借家として利用されていた（2（2）③を参照）。

（2）名古屋の会所（閑所）と中道

50間四方の街区で、通や筋から地割（名古屋の場合は奥行15間、20間）をして、街区の中央部に残された宅地を会所と呼ぶ（モデル街区では20間×10間の規模）。地域によっては閑所（かんしょ）とも呼ぶ。この会所に出入りするために道（会所道）が設けられている（図4-1のモデル図では1.5間〔約3m〕として表現している）。江戸では町人の増加人口を吸収する裏長屋的居住空間として会所は活用されたが（詳細は後述）、名古屋での会所は、小寺武久注5によれば、次のような4つのタイプの利用がなされたとしている。

① 寺社地：最も多い会所空間の利用事例である。筆者が調査したところ、11町×8町（＝88街区）の碁盤割の範囲では寺を有する街区は35にのぼる

（すべての寺が会所地を使っていたわけではない）。

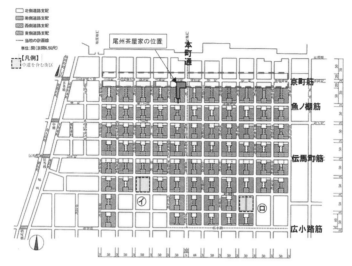

図4-2　名古屋城下町人地町割と道路支配関係（地籍図による）
出典：参考文献【11】P.163
＊京町筋に面する南北の町人地　　　　は色が飛んでいるが、北側道路支配と南側道路支配になる。

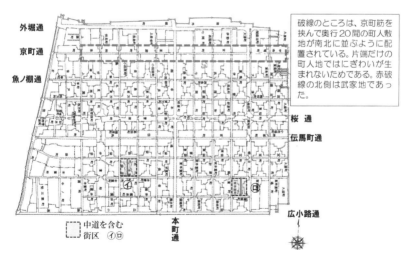

破線のところは、京町筋を挟んで奥行20間の町人敷地が南北に並ぶように配置されている。片端だけの町人地ではにぎわいが生まれないためである。赤破線の北側は武家地であった。

図4-3　名古屋城下の戦災復興事業前の地町割（地籍図による）
出典：参考文献【20】　P.484

② 敷地：有力な商人が拝領した（茶屋家、中島屋家、中井家等）。町人地だけでなく、武家地となった会所地もあった。図4-4は尾州茶屋家の町屋敷であるが、会所地を含め所有していた。しかも、それを隣地の商人に会所地・会所道を貸していたようである。碁盤割の町人地において、この町屋敷は本町通と京町筋に面していた（図4-2参照）。

③ 中道と借家：会所地を寺から買い取り、そこに借家を建て、街区内に貫通路を設けた事例は町人地

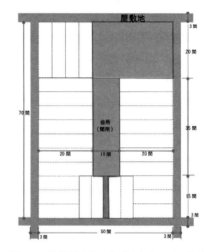

図4-4　尾州茶屋家の会所地を含んだ町敷地
参考文献【13】をもとに作成 注5 を参照

において2街区あるのみである（再掲-図4-2,図4-3の㋐,㋺の2街区）。しかし、江戸では図4-7にあるように会所地を挟んで新道を貫通させ、会所地を町人地として開発し、爆発する町人人口を受け止めていった。

④ 公共的施設：牢屋敷（広小路南）、火之見楼（札の辻東北）、御馳走所などに利用されていた。

（3）大坂と江戸と名古屋の町人地構造比較

【大坂城下町】

　大坂は豊臣秀吉による築城が1583年から始まるが、船場地区や島之内地区での町割りが1598年から本格化し、ここでは40間四方の街区が配置された。その配置は図4-5のとおりである。大坂の場合、大坂城が東に、港が西に配置されたため、東西の街路を「通」と呼び、南北の街路を「筋」と呼んでいる。京都や名古屋とは東西と南北の呼び方が逆になっている。ここでも、間口5間、奥行20間の宅地が「通」（東西軸）に面して地割が行われているため、「筋」（南北軸）には店舗（間口）が面しない。「通」に店を構えるため、その沿道はにぎわいが生まれるものの、「筋」は単なる通路となっている。その

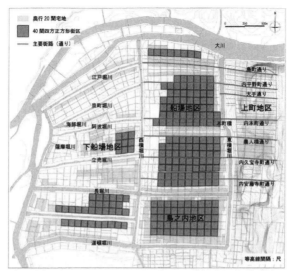

図4-5　大坂町人地の全体図（略）

出典：参考文献【14】P.73

ため、町全体で東西軸・南北軸ともに、にぎわいを生み出すための演出がしづらくなっている。（図4-6）

【江戸城下町】

　江戸城下町では、町人地として日本橋地区、京橋地区、銀座地区がある。ここでは京都の条坊制をモデルとして、40丈≒60間の方格子状の街区が整備された。奥行20間×間口5間の敷地を標準として地割されるが、中央部に20間×20間＝400坪の余剰地が生

図4-6　大坂城下町の京間40間四方の街区における地割（大阪モデル）

まれ、それを会所と呼んでいた（名古屋の2倍の面積規模）。当初は町人の塵芥捨て場や排水地として利用されてきたが、明暦の大火（1596年）以降、町人人口が増加するにつれ、その会所地の上下あるいは左右に2本の「新道」を通すことで、新しく町人の敷地を確保し、奥地の土地の有効利用を図ろう

第4章　都市魅力と"消毒"都市　―名古屋都心の路地空間の生成と消滅

とするものであった（図4-8　ここでは上下に2本に新道の例）。

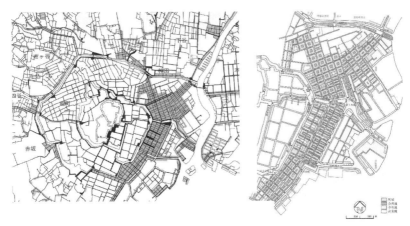

図4-7　寛文期の江戸（左）と町人地（右）
出典：参考文献【15】P.194（左）P.193（右）（一部加工）

　表4-2は名古屋と江戸の町人地の人口密度を比較したものである。名古屋の165人/haに対し、江戸は613人/haと実に4倍近い開きがある。これだけの人口を収容するためには、町人地の高度利用が前提となる。そこで20間の奥に位置する会所地で表通や裏通と並行して新道（横町）を通すことで、会所地を町人地のために利用し、表通または裏通と新道（横町）に面した店舗（表店）の内側に裏長屋を建設することで、人口増加に対応していった（図4-8および図4-9）。

　江戸の町人人口の7割[注7]は裏長屋居住者と言われ、その人口を除外した人口密度は613人/ha から184人/haへと減少し、名古屋の165人/haと近い値になる。なお、表通と裏通をつなぐ道を横丁といい、新道を横町と称して区別し、表店から裏長屋に通ずる道を路地（路次）と呼んだ。（参考文献【4】P.47）

表4-2　名古屋と江戸の町人地人口密度

	総面積 （ha）	町人地面積 （ha）	町人人口 （万人）	人口密度 （人/ha）
名古屋（1726年）	1,415.0	303.0	5.0	165.0
江　戸（1723年）	5,636.5	891.3	54.6	612.6
名古屋1：江戸の倍率	4.0	2.9	8.6	3.7

出典：名古屋は参考文献【11】 P.168　＊江戸は参考文献【12】 P.137、141

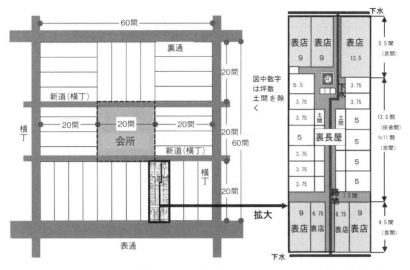

図4-8　江戸城下町の町人地京間60間四方の街区に
　　　　おける地割（江戸モデル）
参考文献【12】P.187　通りの名称は参考文献【4】

図4-9　町人地の表店と裏長屋
　　　　の事例（木挽町河岸表
　　　　通り）注6
参考文献【12】　P.200

【大坂・江戸と比較した名古屋町人地の６つの特徴】

　大坂や江戸と比較しながら名古屋の町人地の特徴を整理すると次のとおり
である。

①　大坂の40間（京間。以下同様）、江戸の60間の方格子状の街区に対し、
　　名古屋はそのちょうど中間値である50間方格子の街区である。

②　大坂は東西軸の街路に店舗が面するのみに対し、名古屋、江戸は東西・
　　南北の街路に店舗が面しているので、にぎわいを創出できる地割となって
　　いた。

③　名古屋は幅員３間（約６m）街路に面しているので、江戸の幅員４間・６
　　間街路と比べて界隈感は高いと想定される。

④　名古屋では敷地は基本的に奥行20間と15間の形状をもち、街区中央に
　　共有的空間（20間×10間）として会所（閑所）をもつ。名古屋の会所は、
　　寺社地、屋敷地、中道と借家群、公共的施設として利用されてきた。

⑤　いわゆる街区内を貫通する中道（江戸における新道＝横町）を持つ碁盤割

街区はわずか2街区しかない。江戸と比べて名古屋の人口密度が1/3と低いため、一敷地内に路地を通して裏長屋を整備してまで町人居住地を確保する必要がなかった。また杵型の名古屋モデルでは多くの敷地が奥行15間（21/29敷地）であったので、裏長屋が中途半端な規模になり、効率的な長屋経営にならない。

⑥　他方、名古屋の4倍弱の町人人口密度を持つ江戸では、それだけ町人地需要が大きかった。江戸は街区幅60間であるため、奥行20間の敷地をとっても、20間×20間の会所を確保できる。この会所を挟んで上下に新道（横町）を街区貫通させることで、会所を新たな町人敷地として活用できる。しかも奥行20間の敷地の両間口が街路の接するようになるので、表通と新道（横町）に店舗を配置し、その内側に裏長屋を確保することが可能となった。

3　戦前の路地分布

（1）実態調査の方法と路地のタイプ分け
【時代の実態を読み取る地図の活用（調査の方法)】
　江戸から明治に入ると、日本は工業化が進み、人口も急激に増加していった。名古屋もその例外ではなく、既成市街地縁辺では耕地整理や旧法区画整理により宅地を供給してきたことは第3章でみたとおりである。しかし、江戸時代から続く、町人地や武家地、寺町で構成される既成市街地は旧態依然の都市基盤のままであった。そんな状態で人口増加を受けいれるには、土地の高度化が必要であるが、それが路地の導入による人口増加＝人口密度を高めていくことである。

　ならば戦前はどれだけ路地があり、そこに何戸の住宅・店舗があったのかを実態調査する必要がある。そこで路地等の実態は住宅地図をもとに把握した。戦前の住宅地図「名古屋市居住者全図昭和4年調・昭和8年調」は作成者が不明であり、所蔵する鶴舞中央図書館には市役所作成との伝承があるようだ[注8]。建物については悉皆調査がなされており、精度は高いが、距離や面積は今日ほどの精度はない。できるだけ終戦に近い実態とするため1933（昭

和8）年の住宅地図を基本としているが、その地図は一部読み取り不能部分があるため、その部分は1929（昭和4）年を補足地図として活用した。

　次に路地等がどのように生成・消滅したかを地籍（筆）から分析するため、下記の地籍関連図を活用した。住宅地図情報との整合性を図るため復興土地区画整理換地図（または地籍図）の施行前をもとに分析を行った。（表4-3）

表4-3　使用した地籍関連図一覧

発行年	図面名	発行者	備考
復興区画整理事業のための測量・図面化完成各年	①公共施設用地図（施行前）	名古屋市	中一・二・三工区
	②復興土地区画整理換地図（施行前）	名古屋市	中一・二・三工区
	③地籍図（施行前）	名古屋市	白川工区

【路地のタイプ分け】

　路地にはいくつかのタイプがある。それを類型化・単純化したものが表4-4および図4-10である。

　道路（公道）から人々を街区内に引き込む路地をここでは6つのタイプに分類している。ここでの「路地」は複数の住戸（敷地）へ行き来するための通路としており、参考で示した⓪旗竿型は一つの住戸（敷地）にアクセスするものであり、路地というよりも延長敷地という捉え方であり、かつ実態として路地数の半数前後を占めるので、合計には加えず、参考値として提示することにした。なお、寺社への旗竿型通路は不特定者が使用するため、図上には表示しているが路地数にはカウントしていない。

　表4-4の右欄の数値は一つの路地あたりのアクセス住戸（敷地）を示している。貫通型や直角型の住戸（敷地）数は20戸前後となっており、他のタイプ（6〜9戸）よりも多い。また、碁盤割エリアよりも白川・大須エリアの戸数が概して多い。いくつかのタイプの複合型がよく見られる（図4-11）が、これは街区の形状によるところが大きい（後述する）と考えられる。

表4-4　路地タイプ一覧

No.	タイプ	内　容	参考数値＊ 住戸等／路地
①	幟 竿型 （のぼりさお） （含む屈折型）	一本の路地の片面に複数の住戸等が接続しているもの	3.9 6.9
②	糸巻型	一本の路地の片面に複数の住戸等が接続しているもの	7.7 9.3
③	T型	公道が下にあるとしてT字の縦棒がそれに接続し、横棒に複数の住戸等が接続しているもの	5.0 8.8
④	逆L型	T型の変形だが、公道が下にあるとしてL字の縦棒がそれに接続し、横棒に複数の住戸等が接続しているもの	4.0 6.3
⑤	貫通型 （含む屈折型）	公道から公道へ直線的に路地が貫通し、その片側または両側に住戸等が接続しているもの。または屈折して鎹（かすがい）のように同じ公道に戻り、その路地に住戸等が接続するもの	23.0 9.0
⑥	直角型	公道から公道へ直角型に路地が貫通し、その片側または両側に住戸等が接続するもの	11.6 19.7
⓪	参考：旗竿型	公道から路地が引き込まれて、一つの住戸等に接続するもの。幟竿型が複数の住戸等であるのに対し、これは単数である。	1.0 実態として最多

＊名古屋市居住者全図（1929・1933年）をもとに、上段が碁盤割エリア、下段が白川・大須エリアの1路地当たりの住戸等数である。住戸等とは住戸だけでなく、敷地（建物なし）も含む表現である。

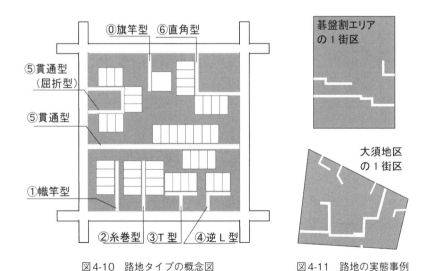

図4-10　路地タイプの概念図　　　　図4-11　路地の実態事例

（2）戦前の路地の分布実態（1929年・1933年）

【全体概括1（数量的傾向）】

全対象エリアの路地数は316路地、路地を使って出入りする住戸等数は2,375戸であった。路地あたり7.5戸である。因みに参考として示した⓪旗竿型は路地数合計より多い108%、住戸等数は14%に相当している。（表4-5）

表4-5　戦前のエリア別タイプ別路地数および住戸等数

エリア	街区	項目	路地数対合計比	住戸等数対合計比	①幟竿型/含屈折	②糸巻型	③T型	④逆L型	⑤貫通型/含屈折	⑥直角型	参考⓪旗竿型
碁盤割	78	路地数	145		53	30	22	30	5	5	212
	90	構成比	45.9		36.6	20.7	15.2	20.7	3.4	3.4	146.2
		住戸等数		837	205	230	109	120	115	58	212
		構成比		35.2	24.5	27.5	13.0	14.3	13.7	6.9	25.3
白川・大須	45	路地数	171		46	30	18	46	11	20	129
（広小路以南）	53	構成比	54.1		26.9	17.5	10.5	26.9	6.4	11.7	75.4
		住戸等数		1,538	318	279	159	289	99	394	129
		構成比		64.8	20.7	18.1	10.3	18.8	6.4	25.6	8.4
合　計	123	路地数	316		99	60	40	76	16	25	341
	143	構成比	100.0		31.3	19.0	12.7	24.1	5.1	7.9	107.9
		住戸等数		2,375	523	509	268	409	214	452	341
		構成比		100.0	22.0	21.4	11.3	17.2	9.0	19.0	14.4
		住戸等数/路地		7.5	5.3	8.5	6.7	5.4	13.4	18.1	1.0

＊街区欄の数字で、上段は路地のある街区数、下段は⓪旗竿型を含めた街区数を示している。

（1）エリア別の路地数と住戸等数

エリア別でみると碁盤割エリアは白川・大須エリアと比較して路地数・住戸等数とも少なく、路地数では前者と後者の構成比差は10ポイントであるが、住戸等数の差が30ポイントと大きい。その理由は後者のエリアは社寺が集合している寺町であるがゆえに不整形の大街区が多いため、敷地の有効利用にむけて路地を延長しながら商店や住宅を立地させ

図4-12　南寺町における路地の成長と
ネットワーク形成事例
出典：Network2010作成図 注9

ている結果だと判断できる（図4-12）。なお、⓪旗竿型（参考：合計に含まれない）は白川・大須エリアより碁盤割エリアで顕著に多く、2倍近い差がある。

（2）タイプ別路地数・住戸等数

　タイプ別でみると、路地数では①幟竿型、④逆L型、②糸巻型の順に多く、この3タイプで全体の3/4を占める。他方、住戸等数では①幟竿型、②糸巻型、⑥直角型の順に多くあり、この3タイプで2/3近くを占める。碁盤割エリアでは路地数で①幟竿型が突出し、②糸巻型、④逆L型が同数であった。住戸等数では②糸巻型、①幟竿型の順で突出はしていない。①幟竿型も②糸巻型も路地が敷地の奥にまで伸びている形式なので、敷地が奥行の長い形状（標準的には奥行20間または15間）に対応した路地延長と言える。白川・大須エリアでは路地数では①幟竿型と④逆L型が同数で多く、住戸等数では⑥直角型、①幟竿型、④逆L型の順で⑥直角型が突出している。当初からの直角型路地の場合もあるが、その複雑な形状から見ると、別々の道路から発生した路地が成長し、交わってできたタイプが多いと想定される（図4-12）。

【全体概括2（分布的傾向）】

　調査対象地域全体の路地分布を表示したのが図4-13である。また通りごとに整理したのが表4-6である。それを概観すると次の傾向がみられる。
① 本町通（江戸時代の南北のメインストリートであり、名古屋城と東海道の宿場町宮の宿を結ぶ）の東西両街区の路地は非常に少なく、この本町通から

表4-6　対象エリアの通別路地数・住戸数

エリア	通り名	方向軸	街区数	路地数	住戸数	住戸等／街路
碁盤割	本町通（東西両側）	南北軸	19	5	29	5.8
	大津通（東西両側）	南北軸	18	43	227	5.3
	久屋大通（南北群）	南北軸	8	23	122	5.3
	伝馬通（南北両側）	東西軸	22	29	122	4.4
白川・大須	広小路通（北側）	東西軸	9	8	85	10.6
	広小路通（南側）	東西軸	8	20	126	6.3
	本町通（東西両側）	南北軸	9	13	90	3.5

遠ざかるにつれて路地数が増え、かつ形態も複雑になっている。詳細にみると本町通から直接アクセスする路地は1本のみ（なお旗竿型＝延長敷地も1本のみ）であった。江戸時代から本町通は最も格式のある主要道路であり、この道に面する敷地の間口幅が広いほど商家として格式が高いと評価されるので、路地は生じ難いのではと推察される。

②　伝馬町通（明治に入って東西道路も「通」の名称で呼ばれるようになった）は江戸時代の東西のメインストリートであり、その時代は伝馬が置かれ、本町通との交差点には高札場となっていた。この通りに面する上下の街区群をみると、大津通以西は少なく、かつ伝馬通に面した路地は皆無であった。本町通と同との理由（格式の高さ）から少ないと考えられる。

③　広小路通（北）は碁盤割の南端で、元治の大火（1660年）の後に拡幅されて、東西のメインストリートとなった。明治以降は早くから近代ビルが立ち並んだ。本町通まではいかないが、ここでも路地数は少なく、広小路通に面した路地は皆無である。ただし⑩旗竿型は4本ある。

④　白川・大須エリアは広小路通の近傍で碁盤割形状の街区が見られるが、それ以南は南寺町を形成しているので、寺社を囲む大街区が多く、主要街路や参道から路地が延長され、見世（商店）や仕舞屋（住宅）が拡大立地している。そのため、複雑な路地形態になっている。

⑤　碁盤割エリアの街区貫通型（直線的）路地は2か所（図中⑦⑩）のみであり、江戸時代に形成されたものが、戦前の当時まで存在している。この路地を「中道」と呼び、江戸の町の新道と同様の性格を持つ。商店や住戸を受け止めるために、会所道が延長されて生まれたと推察される。

⑥　大津通以東や魚ノ棚通以北の街区は路地が多く分布している。会所（閑所）や一般宅地の宅地細分化により店舗や住宅の増加を受け止めている。格式のある通りから離れるに従い、地価（または家賃）が安くなるため、宅地細分化が進んだと考えられる。

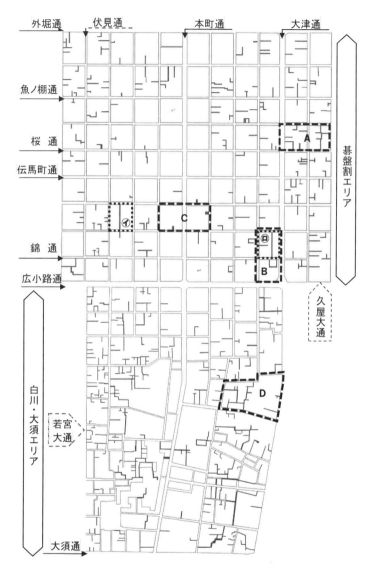

図4-13　調査対象エリアの路地分布（1933年+1929年）

※名古屋市居住者全図（1933年版の不明部分を1929年版で補正）より
※破線を使った通名は、戦前にはなかった道路であり、路地等の位置関係を明確にするために入れた。
　・久屋大通＝戦後整備　　・若宮大通＝戦後整備
※寺社へのアクセスは旗竿型でも表現している。なぜなら不特定多数が利用する通路であるからだ。
※図中のA・B・Cは図4-8の街区群の位置を示す。

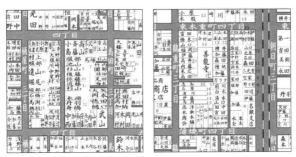

図4-14　碁盤割エリアの中道（左⑦、右回）
出典：Network2010作成図

（3）路地形成と敷地条件

　路地の形成において、筆（地籍）の形状や街区の条件との関連で、どのような影響を及ぼしているのかを明らかにしたい。

　検討モデルとして、4つのタイプ（A〜D）を取り上げた。碁盤割エリアから①路地が非常に多いタイプA（大津通沿い街区と久屋大通街区）、②中道のあるタイプB、③路地のないタイプC（本町通両サイド街区）、白川・大須エリアから④寺町特有の面積の大きい街区のタイプDの4タイプである。それぞれの位置関係は図4-13のA〜Dに示した。

　調査方法は先述の名古屋市居住者全図（住宅地図）と碁盤割エリアの復興土地区画整理換地図（施行前－中一工区）および白川エリアの復興土地区画整理換地図（施行前－中二工区）を重ね合わせることによって明らかにした（表4-3）。ただし、名古屋市居住者全図（住宅地図）の間口・奥行の長さや面積・形状については今日の精度はないので、路地の位置関係から敷地形状を類推している。

【タイプA　（路地が多い街区群）】

　街区条件を見ると、一つは戦前の南北のメインストリートである大津通に面し（A-Lと略す）、もう一つはそれと東に隣接して、戦後は久屋大通の用地（同A-R）となる街区である。A-L街区の中央部に寺院が配置され、そこへアクセスするため4本の路地が配されている。大津通からアクセスする2本の

路地は奥行が20間（約40ｍ）あるので（図4-1）、奥を有効に活用するために、糸巻型または幟竿型となっている。鍛治屋町通に接する路地は1本のみである。ここでは奥行きのある筆を縦長に分割する敷地が目立つ。他方A-R街区は中央にある会所部分を宅地として利用するため、路地網が整備されている。もう一つの路地は幟竿型であった。また、この街区も敷地の間口分割による細分化が進んでいる。（図4-15）

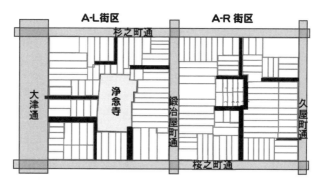

図4-15　タイプA　地籍（上）と敷地・路地（下）の関係

【タイプB（中道のある街区等）】

　街区条件を見ると、南北のメインストリートである大津通に接し、中道を有する街区（B-U）、大津通と東西のメインストリートである広小路通の両方に接する街区（B-D）となっている。明治期に整備された大津通は元の道路

の西側が拡幅されたため、当該2街区は敷地が削られ、方格子状でなくなっている。しかもB-D街区は江戸期に整備された広小路通によっても街区が削られ、より小さい街区となった。（図4-16）

B-U街区の中道がほぼ中央部を南北に貫通しているため、外周道路に接する敷地以外はこの中道に接道している。もう一つの路地は旗竿型で寺院へのアクセス通路となっている。

B-D街区では貫通型（屈折型）があり、会所と思われる宅地を有効活用するため、整備されたと推察される。なお伊勢町通からは2本の⓪旗竿型通路がある。

大津通沿いの敷地は奥行が浅く、中道や貫通型（屈折型）の路地があるため、大津通から行き来する路地はない。広小路通もそこからアクセスする路地はない。

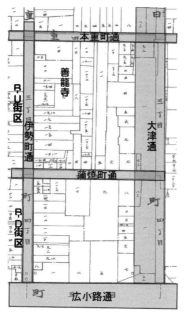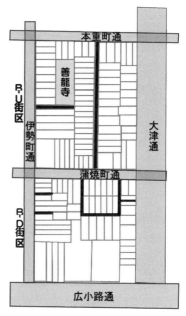

図4-16　タイプB　地籍（左）と敷地・路地（右）の関係

【タイプC（路地のない街区群）】

　街区条件を見ると、南北の格式あるメインストリート本町通に二つの街区が東西で接している。これまで見てきた街区と比較して筆規模が大きく、筆の再分割（間口割や奥行割）は少ない。よって路地は⓪旗竿型1本を除いて、皆無である。本町通沿いの敷地規模は同じ街区内の他の筆と比べても間口が広いが、本町通に面しない筆の規模は小さくなっている。本町通には格式ある大商家が並んでいた。二つの街区中央に会所空間を含んだ寺院が大きな空間を占めている。特にC-R街区には二つの寺院が街区の大きな空間を占めている。（図4-17）

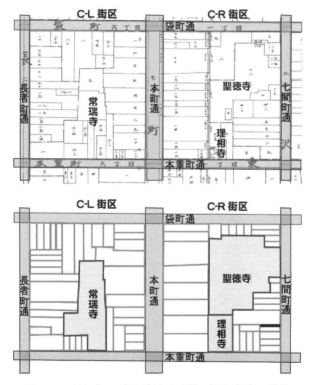

図4-17　タイプC　地籍（上）と敷地・路地（下）の関係

【タイプD（非碁盤割で寺町の街区）】

　街区条件を見ると、碁盤割の街区と違って変形街区になっている。東境界線に南大津通が南北に走る。幕末期の地図[注10]を参考にすると、当該街区は主に白林寺の境内が大部分を占め、一部に勝鬘寺の法話所があり、残りが武家地と町人地である（図4-18　白色は町人地）。

　当初の道路は、大津町下通（地図上では南大津通）と白林寺西側の南北の道路しかなかったので、白林寺への参道は西道路から、それ以外のアクセスは大津町下通からであった。明治以降に東西の道路が整備されて、白林寺の境内は路地のネットワークが形成されていった。旧武家地での地籍は間口が大きいものの敷地利用にあたっては細分化されている。

　碁盤割街区（図4-1参照）のように当初よりしっかりと敷地割ができていない寺町では、筆は分かれていても、一人の所有者なので敷地規模は大きい。そこで、まずは既存道路に面して土地利用がなされる。次に奥に向けて路地が整備され、沿路の土地利用がなされる。それが繰り返され、住宅・店舗が配置される。その結果、図4-19のように複雑な路地のネットワークが形成される。

図4-18　幕末期の土地利用区分／タイプD

第4章　都市魅力と"消毒"都市　—名古屋都心の路地空間の生成と消滅

図4-19 タイプD 地籍（上）と敷地・路地（下）の関係

4 戦災復興事業とにぎわい都市空間の創出

（1）戦災復興事業の功罪
【戦災復興事業前後の名古屋都心】

　名古屋城とその城下町は1610〜1617年にかけて整備され、いくつかの大火をくぐり抜け、明治に入った。明治時代には近代都市にふさわしい鉄道や道路、港湾が整備され、既成市街地の外縁部に工場等の立地が進んだ。いわゆる名古屋都心部では、広小路通の延伸や桜通の整備（いずれも駅舎へのアクセス道路として）、大津通による南北軸の整備が広幅員でなされていったが、それは一部であって大部分は6m程度の街路で構成される、江戸期の情緒ある木造市街地がそのまま残り、近代都市とは大きく乖離していた。

　明治以降、第二次産業が発展し、軍需産業も大きく成長した。そのため名古屋は第二次世界大戦で空襲爆撃の標的となって徹底して破壊された。38回にのぼる空襲によって、当時の市域の1/4、主要市街地の半数以上に及ぶ3,858haが罹災し、罹災戸数13万戸、罹災者52万人、そして7,800余人の尊い命がなくなった。

　終戦後すぐさま、名古屋市は戦災復興事業に取り組み、「大中京再建の構想」を1945年12月に公表した。これは当時の市域で200万人都市の建設を進めるものであり、その実現手法として戦災復興土地区画整理事業を導入し、3,452haの規模で事業が行われていった。

　この経緯については第3章4で詳述しているので、参照してほしい。

【近世の消毒と近代の構築】

　戦災復興事業で都心部とのかかわりで言うなら、①碁盤割エリアの街路（6m幅員）を15mと20mに拡幅したこと、②久屋大通（1.74km）と若宮大通（4.12km）の2本の百m道路を整備したこと、また、③復興市街地内の278ヶ寺、18.7万余基（面積では18.2ha）を平和公園に集約移転したことは特筆される事項である。

　①については、戦前の都心部での街路は6m幅員が中心で（4〜8mの道路

延長の割合は73.1％。一部、広小路通や桜通は20mを超える）、復興事業により道路幅員が拡大され、4m未満の道路は、戦前に2.9％とわずかながらあったものの、復興事業後は皆無となった。そのため、6m道路のもつ界隈性も皆無となり、15m以上の道路の割合が9割を超えることとなった。（表4-7，図4-20）

　②については、名古屋の防災性能の向上と名古屋の近代都市にふさわしい都市基盤の整備が主眼に置かれたものである。幅員6m道路で構成された木造市街地の脆弱性を克服するための対応であった。終戦直後の都市整備の

表4-7　戦前と戦後の道路幅員変化（復興事業の中第1工区と中第2工区）

幅員	戦前		現在	
	道路延長 (m)	同構成比 (%)	道路延長 (m)	同構成比 (%)
4m未満（これを路地）	1,137	2.9	0	0
4m以上～8m未満	28,662	73.1	3,232	7.2
8m以上～20m未満	3,630	9.3	22,846	50.6
20m以上	5,799	14.8	19,082	42.2
合　計	39,228	100.0	45,160	100.0

出典：参考文献【10】　P.4参照　構成比は筆者が追加

図4-20　現在の都心栄地区（碁盤割）における道路幅員（単位：m）

テーマが防災性能の向上に置かれることはやむを得ないことであろう。また、戦前の貧弱な道路基盤では、復興後の都市成長を受け止めるだけの建築空間（容積）を確保することはできない。

③については、戦前碁盤割88街区のうち、35街区に寺院が立地し、墓地が併設されていたが、街区内の墓地の存在は衛生的にも経済的にも問題が大きいと判断されたため、墓地の移転が促進されることになった。その結果、街区の高度利用が可能となった。

つまり、焼け出された市街地の復興にあたって、特に名古屋の都心においては、都市の防災性能の強化・向上と自動車社会等への対応、土地の高度利用を可能とする都市基盤の整備を実現する一方で、都市の魅力の一つである多様性や界隈性（例えば会所＝閑所、中道や路地）を消し去った、あるいは新たな界隈の発生を抑制したのである。この意味において「消毒」されたのである。昔（戦前）の面影を徹底して排除する都市の"消毒"が行われたことは、多様性が失われることと同時に、画一性を生み出す基盤をつくった。碁盤割での道路の拡幅は主要幹線道路を除いて、15mと20mの2種で画一的であるため、従前の敷地形状も保持（細長い地籍）されたこととも相まって、その沿道には類似規模・用途の建物になりがちで、画一的利用につながっていった。

（2）大須の多様性と栄の集積性

大須地区は全国有数の活況のある商店街の一つである。日祝日はもとより、平日でも多くの人々が行き来し、にぎわっている。北は若宮大通、南は大須通、東は南大津通、西は伏見通という幹線道路に囲まれた約32.4ha（セミネット）の区域である。そこには8つの商店街振興組合があり、地区全体で1,200店舗以上が集積している（図4-21）。季節に応じたイベント（表4-8）が開催され、多くの人々を引き寄せている。大須の魅力は多様性にあり、それを"ごった煮"[注11]と表現しているが、それを支える多様な道路網がある。

ここでは碁盤割の都心部（栄地区）と比較することで、道路網の画一性と多様性の違いがにぎわい環境にどのように影響を及ぼすのかを見てみよう。

表4-8　大須地区の主要なイベント

開催月	イベント名	イベントの詳細
2月	節分会	節分宝船行列、大須観音豆まき、万松寺祈祷・豆まき
7月下～8月上 土日2日	夏祭り	サンバパレード、パレード、盆踊り、花火打上げ
	世界コスプレサミット	コスプレパレード　2003年スタート 大須夏まつりとのコラボイベント
10月 土日2日	大須大道町人祭	大道芸、おいらん道中、金粉ショーなど 1978年スタート
毎月18日	骨董市	大須観音　骨董市
毎月28日	骨董市等	大須観音　骨董市、万松寺身代り餅つき接待、 赤門28寄席等

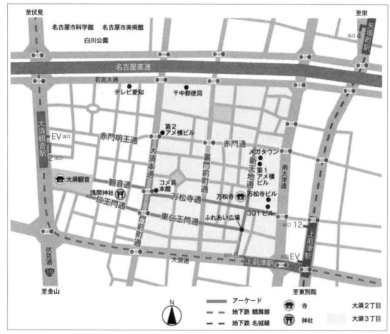

図4-21　大須地区の街路網と商店街配置図[注12]

【大須地区の多様性を担保する都市基盤（街路を中心として）】

　大須地区は太平洋戦争による空襲によってほとんどが焼失した。戦後すぐさま戦災復興土地区画整理事業（中第3工区）が着手され、道路や公園等が整備された。

道路整備の状況は図4-22のとおりである。

　大須地区では戦災復興事業後の道路幅員の中心は6ｍであり、全体延長距離の4割を超える。次に9ｍ幅員道路で2割を超える。いわゆる路地と言われるものは全体の3.2％に過ぎない。12ｍ道路は裏門前町通、20ｍ道路は本町通のみである。全般的に道路幅員は上記6ｍと9ｍの延長距離構成比が高いものの、どちらかと言えば4ｍ～20ｍまでと幅員バリエーションが豊かである。

　大須地区の道路整備水準は、むしろ戦前の碁盤割（都心地区）の道路整備水準に近い。つまり戦前の都心地区は約6ｍ（京間3間＝5.91ｍ）幅員が中心であった。戦後の碁盤割（栄地区）は、従前の6ｍ道路はほとんどが20ｍ・15ｍ幅員に拡幅されて、それらで道路延長距離構成比が90％を超えている。大須地区の現在の道路整備水準は、戦前の碁盤割（栄地区）の水準に近く（実質的には街路幅員は拡幅されているが）、都心で戦災復興事業が実施されなかったと仮定するなら、大須地区のようなボリュームの市街地が形成されたであろうと推察できる。

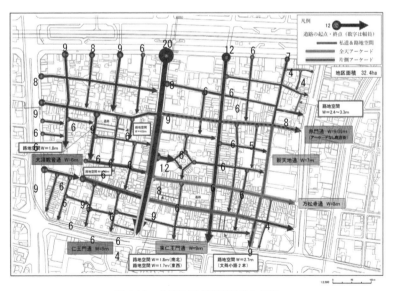

図4-22　大須地区の道路整備の状況
資料：戦災復興土地区画整理事業（中三工区）公共施設用地図

大須地区と言えばアーケード（全天型）のある商店街群である。これらの全天型アーケードが架かる道路幅員は6ｍ、7ｍ、8ｍ、9ｍの4種類があり、それぞれ商業環境（あるいは雰囲気）が異なる。道路の種類は9種あり、それごとに家賃は異なり、商業環境も異なるため、多様性が担保されると言えよう。

　大須地区における街路幅員による商業環境の相違を写真4-1で掲載した。大須地区の多様性を見て取ることができる。

表4-10　大須地区の道路幅員別延長距離

道路幅員	延長距離 （m）	構成比 （％）
4m 未満	278.4	3.2
4ｍ	536.0	6.1
5ｍ	107.2	1.2
6m +	3,638.5	41.2
7m+	626.0	7.1
8m	763.2	8.6
9m	1,874.4	21.2
12m	515.2	5.8
20m	488.8	5.5
合　計	8,827.7	100.0

＊幅員の＋は当該mを超える道路もあることを示す。多くはない。

表4-11　大須地区と都心栄地区との幅員別延長距離構成比比較

道路幅員	大須地区 （現在） 道路幅員 構成比	都心栄地区 （戦前） 道路幅員 構成比	都心栄地区 （現在） 道路幅員 構成比
4ｍ未満	0.0 (3.2)	2.9	0.0 (1.6)
4ｍ以上 〜8ｍ未満	57.4 (55.6)	73.1	7.2 (7.0)
8ｍ以上 〜20ｍ未満	36.9 (35.7)	9.3	50.6 (49.8)
20ｍ以上	5.7 (5.5)	14.8	42.2 (41.6)
合　計	100.0	100.0	100.0

＊都心地区の実延長距離は表3を参照。
＊大須地区と都心地区の4ｍ未満の道路（路地）は市道ではない。
　（　）の数字は路　地を含めた幅員構成比。

写真4-1　大須地区における多様な街路幅員と商業環境

《5つのアーケード街》

東仁王門通 幅員9ｍ	仁王門通 幅員9ｍ	万松寺通 幅員8ｍ	新天地通 幅員7ｍ	大須観音通 幅員6ｍ

《大須地区内の幅員別代表的街路》

本町通
幅員20m

裏門前町通
幅員12m

赤門通
幅員9.09m

万松寺通北2
幅員6m

仁王門通南2
幅員4m

《大須地区内の代表的路地》

路地Ⓐ
幅員1.8m

路地Ⓒ
幅員0.9m

東西路地Ⓓ
幅員1.7m

南北路地Ⓓ
幅員1.8m

西路地Ⓔ
幅員1.8m

【都心栄地区と大須地区との容積比較】

　道路整備水準の相違は建築物の立地環境を左右するものである。戦前は昔ながらの景観・界隈を保持していたが、戦後に"消毒"した都心栄地区と、従前の整備水準の低いエリアを戦災復興事業で整備水準を高めつつ、道路幅員の多様性を保持した大須地区では、利用容積がどのような差が生じるのかを調査した[注13]。各地区の範囲は図4-23〜24に破線（栄地区）または点線（大須地区）で示した。分析データは表4-12に示した。

①指定容積率

　栄地区は600、800%、1,000%の容積率が指定されている。図中で街区に複数の容積率が指定されている場合は面積按分しているため、指定容積率が小さい桁の数字が出ている。平均的指定容積率は693.9%と700%に近い。600%のエリアは30m以上の主要幹線街路に面しない街区で指定されている。

大須地区はほとんどが600％の容積率が指定されているので、平均的指定容積率も601.4％である。

両地区の指定容積率の差は約100％ポイントであり、栄地区のほうが高い。

②利用容積率（建物延床面積／街区面積）

栄地区では利用容積率は470.2％であった。他方、大須地区のそれは261.3％であった。両地区の差は約210％ポイントであった。指定容積率の差よりも拡大している。600％指定容積率の個別街区を比較しても、栄地区のほうが大須地区よりも200％ポイントも多い利用容積率であった。

③指定容積利用率（利用容積率／指定容積率）

指定容積利用率も上記②の結果を反映し、栄地区は67.8％、大須地区は43.4％とその差は24.4％ポイントであり、1.5倍の格差となった。

④差を生む要因分析

第一は立地条件の違いである。栄地区はまさに都心の一等地であり、主要幹線道路が通過し、地下鉄も東山線、名城線、鶴舞線、桜通線の4線が縦横に走っている。他方、大須地区は幹線道路密度が低く、地下鉄も名城線と鶴舞線の2線である。栄地区では、地価の関係から高度利用を促していること、第二は商業地域で建物床面積を積み上げていくと、道路斜線制限（勾配1.5と適用距離30ｍ・35ｍ）と隣地斜線制限（隣地境界からの高さ31ｍ、勾配2.5）がかかるが、前面道路幅員が狭いと道路斜線制限により、6ｍ中心の大須地区では高容積にはならないこと、第三は大須地区には一つの街区が総じて小さいため、高容積をもつ大型施設の立地は困難であることが理由としてあげられる。

このように都心栄地区の戦災復興土地区画整理事業は6ｍ道路の拡幅によって、界隈性を喪失する代わりに、防災性を高め、多くの都市機能を受け入れる余地の拡大を図ることができた。

表4-12　栄地区と大須地区の容積関連指標の比較

地　区	Ⓐ 建物延床面積 （㎡）	Ⓑ 街区面積 （㎡）	参考 Ⓑ／街区数 （㎡）	Ⓒ 指定容積率 （％）	Ⓓ 利用容積率 Ⓐ／Ⓑ（％）	Ⓔ指定容積 利用率 Ⓓ／Ⓒ（％）
栄地区	4,639,147	986,570	7,047	693.9	470.2	67.8
大須地区	627,654	240,242	3,080	601.4	261.3	43.4

図4-23 都心栄地区と大須地区の利用
容積率（2016年）

図4-24 都心栄地区と大須地区の指定
容積率の利用率（2016年）

5 戦後の路地分布の変遷（1955年・1975年・1996年）

（1）戦後の路地の変遷

【戦前からの戦後にかけての路地の変化】

　戦前の路地のある街区数123街区、路地数316路地、住戸等数2,375戸に比較して、戦後は極端に少なくなっている。これは復興土地区画整理事業（復興事業と略す）によって、幅員の狭い道路は拡幅され、不整形な街区や筆が整形され、さらに小規模宅地が整理されたためである。戦復事業計画の基本方針は、規模が30坪（約100㎡）以上、間口が3間（約5.4m）以上の宅地を確保することを最低条件としている。その結果、戦前の数値を基準とすると、戦後1955年の路地のある街区数は22.8％、路地数は12.0％、住戸等数は16.4％というように、3種の数値は1～2割までに大幅に減少している。そ

れだけ、復興事業の影響は大きいと言える。（表4-13）

表4-13　戦前から戦後の路地・住戸等数の変化

エリア	街区	項目	路地数	住戸等数	①幟竿型/含屈折	②糸巻型	③T型	④逆L型	⑤貫通型/含屈折	⑥直角型	参考 ⓪旗竿型
1933年 (昭和8年)	123	路地数	316		99	60	40	76	16	25	341
	143	住戸等数		2,375	523	509	268	409	214	452	341
1955年 (昭和30年)	28	路地数	38		4	10	2	2	15	5	24
	50	住戸等数		389	16	94	3	12	187	77	24
1975年 (昭和50年)	38	路地数	44		14	8	4	2	9	7	59
	78	住戸等数		312	55	43	8	5	124	77	59
1996年 (平成8年)	20	路地数	22		4	3	0	2	9	4	23
	37	住戸等数		182	18	13	0	6	118	27	23

＊街区欄の数字で、上段は路地のある街区数、下段は旗竿型を含めた街区数を示している。

戦前・戦後の路地形状の変化から見ると、④逆L型（残存率2.6%）、①幟竿型（同4.0%）、③T型（同5.0%）の大幅な減少が目につく。逆に路地残存率が高いのが⑤貫通型/含屈折型（93.8%）、⑥直角型（20.0%）、②糸巻型（16.7%）であった。街区や筆の整形が路地の生成を抑えている。ちなみに、路地としてカウントしていない⓪旗竿型は7.0%の残存率であり、裏宅地の解消も復興事業の効果であると言える。（図4-25、26）

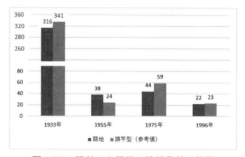

図4-25　戦前から戦後の路地数等の推移

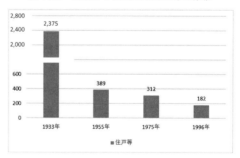

図4-26　戦前から戦後の路地の住戸等数の推移

【戦後の数量的変化とタイプ別変化】

戦後の推移を3時点で見ると、路地数は増加→減少となり、戦後の1955年

から1996年の約40年間では路地数は57.9％となっている。他方、住戸等数は増加することなく、減少の一途をたどり、約40年間で46.7％と半減以下になっている。なお、その間の路地あたりの住戸等数は10.2戸から8.3戸へと減少しているが、路地数や住戸等数の減少変化に比べて緩慢である。つまり住戸等数の少ない小規模な路地が減少し、住戸等数の多い大規模な路地が存続していることを意味している。

　戦後の路地をタイプ別に見ると、⑤貫通型／含屈折型は戦前からの残存率が高く、このタイプが路地数、住戸等数とも最も多くなっている。それに次いで、②糸巻型、⑥直角型の路地数、住戸等数が多い。経年的にみると①幟竿型が1955年から1975年にかけて、約3.5倍に増加し、1996年では減少して、1955年と同様の数値となっている。そのほかでは③Ｔ型、⑥直角型の双方で同様の期間が増えている。路地タイプ別推移を図4-27に示した。

　参考のため、参考文献【8】（三浦他2015）で示された「中区の路地数」[注14]の1965年から2013年まで、ほぼ10年間隔で示されたデータがある（図4-28）。これによると1965年から1985年までは緩やかに路地は減少するが、1985年〜1995年で大きく減少し、以降は緩やかながら着実に減少している。1985年〜1995年の激減の要因は不明だが、1990年がバブル経済崩壊の年であり、その前後で地価の高騰・下落が起こることで、地上げとその土地の整理が行われたと推察される。

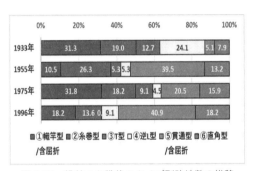

図4-27　戦前から戦後のタイプ別路地数の推移

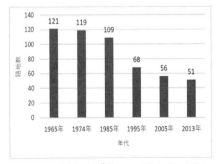

図4-28　別途調査[注14]による路地数の推移

第4章　都市魅力と“消毒”都市　—名古屋都心の路地空間の生成と消滅

以上の推移を勘案すると、1955年〜1973年にかけての高度経済成長時代に、土地の高度化（ビル化）と同時に土地の細分化（路地化・分割）による高度利用が進み、1973年と1978年の2度にわたるオイルショックで日本経済は停滞するものの、1986年〜1990年までのバブル経済によって息を吹き返し、地価の高騰と地上げとビル建設が進むことで、路地は少なくなっていった。

【路地と人口密度との関係】

　戦前の中区[注15]の人口密度は240人/haと戦後と比較して突出して高い。この数値は江戸期の町人地の人口密度165人/haを超える値となっている。

　戦後は疎開や戦災によって中区人口は戦前の18.7万人から1947（昭和22）年の6.0万人へと大きく減少した。その後人口が回復していったが、1960（昭和35）年の11.4万人をピークに減少を続けていった。1995（平成7）年に6.3万人で底を打ち、直近まで人口は9.3万人まで増加してきている。昼間人口は統計が取られた1965（昭和40）年から増加し、1995（平成7）年に34万人でピークを迎えて減少してきたが、最近再び増加する兆しを見せている。

　人口密度もほぼ同様の傾向にあるが、区域面積に変動があるため、若干異なった動きを示している。世帯密度は戦後一貫して増加しているが、1世帯当たり人員は1955（昭和30）年以降5.0人から1.5人へと大幅に減少している。（図4-29）

　路地や路地に接する宅地等数との関係を見ると、戦前の低層高密型の市街地に路地が数多く発生した。戦後になると人口回復に昼間人口の増加（＝就業者の増加）が加わった。人口減少以上

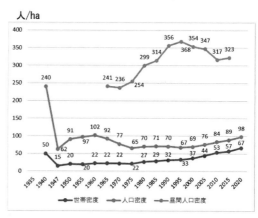

図4-29　中区人口/世帯数/昼間人口の密度推移
資料：国勢調査各年版

に昼間人口が増加していった。その際、終戦直後は木造建築が低層高密して建てられたが、年月を経るに従い、それらの建物はＲＣによる高層高密化への建替えが進み、戦後に生じた路地もどんどん消滅していったと考えられる注16。

（2）戦後のエリア別の路地数・住戸等数の推移（表4-14・図4-30）
【碁盤割エリア】
①数量的把握
このエリアは戦前からの推移を把握できる。全体エリアでも指摘しているが、復興事業により大きく路地数も住戸等数も減少させている。1955年は戦前の7.6％、7.7％とほぼ同一比率で残存している。タイプ別では特に①幟竿型／含屈折、④逆Ｌ型、③Ｔ型での減少が目立つ。

戦後の3時点の推移をみると、1975年で路地数、住戸等数ともに増やし、特に路地数は倍増させている。1996年には1975年比で20％前後程度にまで大幅に減少した。タイプ別では①幟竿型／含屈折が1955年には皆無だったが、1975年に突如8ヶ所で現れている。しかし、このタイプは路地にぶら下がる住戸等は平均2.5戸と少なく、③Ｔ型や④逆Ｌ型も同様の数値を示している。②糸巻型は1路地あたり8戸から5戸に減らしているが、①幟竿型／含屈折よりも多い。

②空間的把握
1975年に路地が増加した場所は、本町通以東で桜通界隈に発生している。1955年以降に日本は高度経済成長期に突入し、1975年時点ではビルが建設される前に路地による土地の細分化による高度利用が進んでいったと考えられる。1996年になると、路地は極端に少なくなる。なお、土地の高度利用例としては、旗竿敷地に1棟のマンションが建っている事例が2ヶ所あり、それぞれ28戸、50戸の住戸を数える。この通路を使って、複数の住戸の人々が行き来するものの、1敷地1棟扱いにして、⓪旗竿型として扱った。図面では例外的に表示している。

【白川・大須エリア】

①数量的把握

　このエリアの括りでは戦前からの推移を把握できる。ここでも碁盤割エリアと同様に、復興事業によって大きく路地数も住戸等数も減少させている。1955年は戦前の15.8％、21.1％の割合で残存している。碁盤割エリアと比較すれば、残存率は高く、2～3倍の開きがある。タイプ別では特に③T型、④逆L型、①幟竿型／含屈折での減少が目立つ。⑤貫通型／含屈折は逆に路地数、住戸等数ともに増加しているのは注目される。

　戦後の3時点の推移をみると、年々路地数、住戸等数ともに減少していった。ただし、タイプ別では①幟竿型／含屈折と⑥直角型は1955年から1975年にかけて路地数を増やし、前者は住戸等数を倍増させている。1996年時点の路地数と住戸等数が多いタイプは⑤貫通型／含屈折で9路地、118住戸等数にのぼる。詳細は個別エリアで述べる。

②空間的把握

【白川エリア】1955年にはエリア西端に在日米軍の家族住宅、いわゆるアメリカ村[注17]が立地していた。路地のある街区は広小路通に接する4街区とその南隣接の2街区である。合計6街区のうち西端の1街区を除いて、幕末期は武家地であった場所である。焦土から木造の飲食やサービスの店舗が路地沿いに密集して建設され、そこから戦後がスタートした。もう一つの群である東南の2街区は寺町の一角にあり、白林寺の境内地活用および宅地有効活用のために貫通型路地が走っている。後者は白林寺の参道のように見えるが、戦前から土地所有は別である。時間の経過とともに路地数を減少させているが、1996年でも路地は残存している。

【大須エリア】江戸期からの寺町であった大須エリアは、復興事業で都市基盤が整備されて、境内地内に張り巡らされた路地も大幅に整理された。その結果、戦後の路地は商業ゾーンとして商店が集積していく過程で路地が発生していった。この路地が商業集積に多様性をもたらしている。路地が解消されてビルが建つプロセスは少なく、個性的な路地型商業空間として存続している。

表 4-14　エリア別タイプ別路地数および住戸等数の推移

碁盤割エリア

エリア	街区	項目	路地数	住戸等数	①幅竿型/含屈折	②糸巻型	③T型	④逆L型	⑤貫通型/含屈折	⑥直角型	参考⓪旗竿型
1933年(昭和8年)	78	路地数	145		53	30	22	30	5	5	212
	90	住戸等数		837	205	230	109	120	115	58	212
1955年(昭和30年)	9	路地数	11		0	6	2	1	1	1	19
	28	住戸等数		64	0	47	3	5	6	3	19
1975年(昭和50年)	20	路地数	22		8	7	3	2	1	1	31
	44	住戸等数		77	20	35	6	5	5	6	31
1996年(平成8年)	7	路地数	5		2	2	0	1	0	0	18
	19	住戸等数		13	4	5	0	4	0	0	18

白川・大須エリア

エリア	街区	項目	路地数	住戸等数	①幅竿型/含屈折	②糸巻型	③T型	④逆L型	⑤貫通型/含屈折	⑥直角型	参考⓪旗竿型
1933年(昭和8年)	45	路地数	171		46	30	18	46	11	20	129
	53	住戸等数		1,538	318	279	159	289	99	394	129
1955年(昭和30年)	19	路地数	27		4	4	0	1	14	4	5
	22	住戸等数		325	16	47	0	7	181	74	5
1975年(昭和50年)	18	路地数	22		6	1	1	0	8	6	28
	34	住戸等数		235	35	8	2	0	119	71	28
1996年(平成8年)	13	路地数	17		2	1	0	1	9	4	5
	18	住戸等数		169	14	8	0	2	118	27	5

＊街区欄の数字で、上段は路地のある街区数、下段は旗竿型を含めた街区数を示している。

第4章　都市魅力と"消毒"都市　—名古屋都心の路地空間の生成と消滅

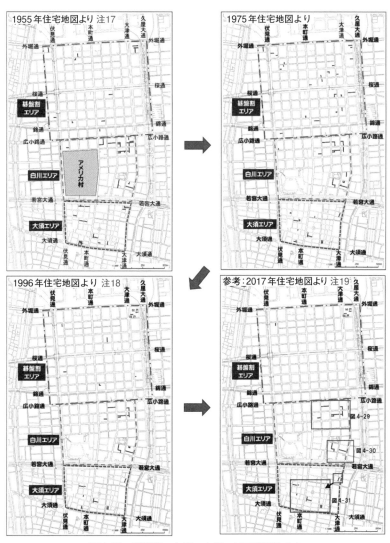

図4-30　碁盤割・白川・大須エリア別路地分布
（1955年、1975年、1996年　参考：2017年）
＊「参考：2017年住宅地図」の図中の□枠は図4-31～33の位置を示した。

6 現存の路地空間の生成

（1）栄地区の路地空間分布

　本論冒頭で述べたように、路地空間がヒューマンスケールのため、人々が集まり交流しやすい界隈を形成しているので、都市魅力を生み出す大きな要素として評価されている。名古屋市の都心は第二次世界大戦によって焦土と化し、従前の建築物は焼失した。戦後改めて建築物が立地していく中で、いくつかの路地空間が形成されてきた。

　その形成過程については中島（2019参考文献【10】）で詳細に分析している。杉浦等（2015　参考文献【8】）が中区と東区の一部における路地数を調査し、1965年で286本の路地が2013年には106本に変化し、48年間で180本の減少を見たが、これは建替えに伴う敷地の集約化が行われる際に消滅していたとしている。

　現状では、本調査エリア内では7本の路地が残存し、それを整理したものが表4-15、16である。またその位置を図面で示したものが図4-31、32であり、換地図（筆図）と都市計画基本図を示すことで、土地所有と建物利用の関係性を見た。図中の敷地囲いは路地によって生み出された店舗等のエリアを示している。

　栄地区では、広小路通以北のいわゆる碁盤割街区における路地はない。路地は上記で見たように広小路通以南の7か所で存在している。④むつみ小路一部と⑦白林寺旧参道を除き、戦災復興土地区画整理事業の従前（戦前）の街路ではなく、従後に路地を導入し、それを沿道店舗へのアクセス道と活用することで、敷地の高度利用を図っている。A：敷地中央部への路地導入（③⑥⑦、④のむつみ小路部分）、あるいはB：敷地境界線への路地の導入（①②⑤、④むつみ小路以外の部分）の二つのパターンが見られる。土地の所有関係が明らかとなり、隣接地が同じ所有者であれば、BパターンもAパターンに転換するであろう。

表4-15　栄地区における路地空間の分布と状況

NO	所在	名称	幅員 (m)	延長 (m)	形状	通抜け	備考
①	栄三丁目2番街区	栄小路	2～3	89	直線型	可	一部非道路
②	栄三丁目4番街区	－	4	68	T型	可	一部非道路
③	栄三丁目7番街区	－	2.5～4	80	T型	可	一部非道路
④	栄三丁目8番街区	むつみ小路	3～4	135	y型	可	一部非道路
⑤	栄三丁目10番街区	住吉小路	1.5	29	直線型	不可	非道路
⑥	栄三丁目25番街区	－	3～3.5	123	カギ型	可	非道路
⑦	栄三丁目28番街区	－	2.5～4	87	直線型	可	非道路

＊番号は次ページ以降の路地番号と対応している。
　出典：参考文献【10】（中島）　P.5より抜粋し、一部削除・加工している。

表4-16　栄地区における路地空間の生成と特性

NO	名称	利用実態
①	栄小路	戦前から存在した街路・路地ではない。敷地境界線から等距離セットバックし、3号道路として沿道店舗のアクセス通路となっている。西側部分の通路は非道路であり、通り抜け通路となっている。
②	－	戦前から存在した街路・路地ではない。復興土地区画整理事業換地後に敷地の有効利用のため敷地境界線に路地を設け、路地に面して店舗を増やしている。
③	－	戦前から存在した街路・路地ではない。隣地と協調して路地を通して店舗を増やしている。一部はT字型で通り抜けできるように路地（非道路）が形成されている。
④	むつみ小路	東西の通りは戦前の街路（公道）であり、換地後は公道でなくなったものの、建物のセットバックにより通路として機能させている、西側のむつみ小路は一敷地にL字型路地を通すことにより、路面店舗を増やしている。
⑤	住吉小路	戦後、間口が狭く細長い敷地を有効に活用するため路地を確保し、沿道に路面店を配置した。
⑥	－	寺の境内地を有効に利用するために路地が設けられた。戦前の土地利用上の区画と一致している。
⑦	－	元あった白林禅寺の参道を路地として活かし、両側に長屋を建てて、現在店舗化した路地空間である。独自の景観を有する。

（2）大須地区の路地空間分布

　大須地区における路地空間は、現状では6つの路地空間が存在し、図4-33のように分布している。ここでも換地図（筆図）と都市計画基本図を示すこ

とで、土地所有と建物利用の関係性を見、同時に図中の敷地囲いは路地によって生み出された店舗等のエリアを示している。

　大須地区の路地は⑥を除き、すべて戦後に生まれたものであり、戦災復興土地区画整理事業で換地された敷地を有効利用するために設けられた。店舗等へアクセスする路地幅員は1.8～2.7m（1～1.5間）であった。地価が上昇すれば土地生産性を高めるため土地の高度利用は進む。その際、容積の積み上げか、土地の細分化利用の選択になるが、路地空間は後者の対応である。（表4-17、18）

　前述の4-3（2）に記述しているように、大須地区特有の多様な幅員街路に加え、これらの路地が加わることによって、一層多様性が強化され、"ごった煮"感が演出されることになるのである。

図4-31　都市計画基本図（2017年）と路地との関係図（①～⑤）
＊　■■■は路地によってアクセス可能となった用地（以下、同様）
＊都心における位置は図4-28の「参考：2017年」に示した。

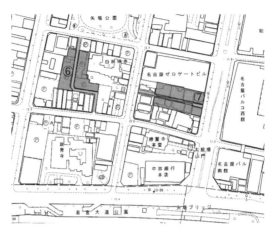

図4-32　都市計画基本図（2017年）と路地との関係図（⑥⑦）

＊▓▓▓▓は路地によってアクセス可能となった用地（以下、同様）
＊都心における位置は図4-28の「参考：2017年」に示した。

表4-17　大須地区における路地空間の分布と状況

NO	所在	名称	幅員 (m)	延長 (m)	形状	通抜け	備考
Ⓐ	大須2丁目13番街区	–	1.8	49	直線	可	非道路
Ⓑ	大須2丁目14番街区	–	4.8	17	ヨの字	可	非道路
Ⓒ	大須2丁目18番街区	–	0.8	14	直線	不可	非道路
Ⓓ	大須3丁目37番街区	–	南北1.8 東西1.7	48 51	T字型	可	非道路
Ⓔ	大須3丁目42番街区	文殊小路	2.7	37×2	直線	可	非道路
Ⓕ	大須3丁目9番街区	(三輪神社東)	2.4～3.3	45	屈折	可	非道路

表4-18　大須地区における路地空間の生成と特性

NO	名称	利用実態
Ⓐ	－	街区を貫く東西に長細い敷地の有効利用を図るために、敷地の中央に路地（幅員1.8m）を設け、路地の両側に住宅や店舗を配した。
Ⓑ	－	二つの建築物の中央に幅広通路を設けて、住宅の出入り口を設けている。壁間幅は4.5mであるが、一部ベランダの足が2m強通路に突き出ている。
Ⓒ	－	敷地境界に1本の路地（幅員0.8mと狭い）を設けることによって、その沿線と奥の店舗アクセスを確保している。
Ⓓ	－	敷地の奥の部分および沿道の部分を活用するため、アクセスの路地（幅員1.8m、1.7m）を設けている。二つの路地が交差することで、路地の行き止まりを解消している。
Ⓔ	文殊小路	まとまり感のある4筆に2本の南北を貫く路地（壁間幅員2.7m／通路は1.7～1.8m）を通すことによって、その沿線に接する敷地に店舗を配置することができる。
Ⓕ	（三輪神社東）	戦前から存在する通路。通路東の敷地は大津通に接するため、裏通り的性格を有する。

図4-33　都市計画基本図（平成29年）と路地との関係図（ⒶⒷⒸⒹⒺⒻ）
　　＊■■■は路地によってアクセス可能となった用地（以下、同様）
　　＊都心における位置は図4-28の「参考：2017年」に示した。

⑦⑦は通路で、店舗住宅の
アクセス機能はない

第4章　都市魅力と“消毒”都市　—名古屋都心の路地空間の生成と消滅

7　まとめ

以上の分析結果をまとめると4項目17点にまとめることができる。

（1）江戸時代の路地空間

① 　江戸時代に形成された名古屋の町割りでは、町人地である碁盤割地区は一辺50間（京間）の方格子状の街区で、原則3間（京間。以下同様）の街路が取り囲んでいた。大坂は40間四方、江戸は60間四方の街区であり、名古屋はそれらの中間値であった。そのため敷地の奥行は、他2都市が20間に対し、名古屋は15間が主流であり、短かった。

② 　江戸では限られた町人地に増加人口（名古屋の人口密度の約3倍）を収容するために、会所を挟んで2本の新道（横町）を設け、会所を町人地に転用した。20間奥行敷地で街路や新道に面した表店と表店に挟まれた敷地空間に路地を通して裏長屋を整備し、人口増加に対応していった。

③ 　他方、名古屋では人口増加による町人地の高度利用圧力は相対的に弱く、中道（江戸で言う新道）の整備は、2街区でしか見られず、15間奥行敷地では裏長屋を設置する空間的余地も少なかった。いわゆる会所（または閑所）に通ずる会所道は路地と言えるが、会所は寺社地・屋敷地・公共施設として転用されていった。人口増加は町人地の広小路以南への拡大[注20]、敷地の細分化[注21]で対応し、裏長屋的対応はあまりなかったと推察される。

（2）明治から戦前までの路地空間

④ 　明治（1868年〜）に入ると10万人程度であった名古屋市人口は急増し、1934年には100万人を突破した。1933年（戦前）の碁盤割エリア、白川・大須エリアを対象に路地および住宅等の実態を把握すると、316路地、2,375戸の住戸等が存在していた。人口増加の圧力により路地は急増した。当時（1940年）の中区の世帯人員は4.8人であり、単純に掛け合わせると1.14万人の路地人口となる。ちなみに当時の中区人口が18.7万人なので6％程度のシェアとなる。

⑤　路地のタイプを①幟竿型（屈折を含む）、②糸巻型、③Ｔ型、④逆Ｌ型、⑤貫通型（屈折を含む）、⑥直角型の6つに類型すると、路地数では①幟竿型、④逆Ｌ型、②糸巻型の順に多く、住戸等数は、①幟竿型、②糸巻型、⑥直角型の順である。いわゆる⓪旗竿型の通路は奥の敷地に建つ一つの住戸等へ接続するものであり、他のように複数の住戸等へ行き来するタイプでないため、分析対象にしていない。ちなみに⓪旗竿型の通路数＝住戸等数は341あり、316の路地数よりも多い。

⑥　碁盤割エリアと白川・大須エリアの二つのエリアに分けると、エリア面積は小さいものの、路地数も住戸等数も白川・大須エリアのほうが多く、特に住戸等数では1.8倍の開きがある。

⑦　碁盤割エリアでの通り別の分布状況をみると、南北のメインストリートである本町通の東西両街区の路地は非常に少なく、通りに面する路地は1ヶ所しかない。東西のメインストリートである伝馬町通と広小路通の北側（碁盤割エリア）は路地がほとんどなく、後者の路地は皆無であった。三つのメインストリートに路地が少ないのは、格式ある商家が建ち並んでいたこと、空間として路地が発生しにくい筆形状となっていたこと、のためであろう。

⑧　碁盤割エリアの二つのメインストリート（本町通と伝馬町通）から離れるに従い、概して路地は増える。大津通の東西両街区群や現在の久屋大通街区群は路地が非常に多い。貫通型（この路地を「中道」と呼んでいる）路地は2ヶ所のみであり、江戸時代に形成されたものが、終戦まで存在していた。街区中央にある会所（閑所）が住宅地化されるにあたり、そこへアクセスする路地が不可欠であった。また、寺社があると参道沿いの宅地が細分化され、店舗や住宅として利用された。

⑨　白川・大須エリアでは多くの寺社が集積し、南寺町を形成している。そこでは寺社を囲む大街区が多く、敷地（境内地）を有効活用するためには、主要道路や参道から時間的経過のなかで路地を順次延伸せざるを得ないため、複雑な路地形態になっている。

（3）戦後の復興土地区画整理事業

⑩　第二次大戦前まで大々的な都市基盤整備（広小路通、桜通、南大津通などや国鉄を除く）は行われず、中心市街地（栄地区）の大部分は6m（3間）幅員の街路のままであった。空襲によって主要市街地の半分以上が焦土と化しことを受けて、名古屋市は復興土地区画整理事業を導入し、都心部では2本の百m道路と50m、37m、30m道路が整備された。碁盤割エリアの6m街路は15mと20m幅員に拡幅され、交互に南北かつ東西に整備していった。同時に空間的経済的衛生的に不合理な寺院墓地を郊外の平和公園に移転集約していった。道路を広げ、路地を解消し、隅々まで光を入れることで、まさに "都市の消毒" が行われたのである。

⑪　反面、復興事業によって都市の防災性能の強化・向上、自動車社会への対応、都市の機能集積の強化に対応することが可能となった。新しい時代要請に応える都市整備が行われたのである。しかし、碁盤割での街路の拡幅は主要幹線道路を除いて、15mと20mの2種で画一的であり、敷地も現地換地で形状保持（細長の地籍）のため、沿道は類似の規模・用途になり、利用も画一的になっている。戦前にあった2本の中道も消失した。

⑫　今日では商業集積が著しい大須地区も、戦前には社寺が集積する南門前町を形成し、都市基盤は不十分であった。復興事業を実施することで都市基盤の整備を行ったが、6m・9m幅員が中心で、4m〜20mまでの多様な幅員をもつ道路が組み込まれた。5つの全天型アーケード街も4種の幅員タイプ（9m・8m・7m・6m）がある。このような道路幅員の多様性が店舗の多様性をもたらし、いわゆる "ごった煮" 感を生み出して、エリア魅力を高めている。

⑬　碁盤割の栄地区と大須地区の指定容積率の平均値は約690％と約600％と大差はないが、利用容積率から見た指定容積利用率は68％と43％と1.5倍の開きがある。これには立地条件、道路斜線制限、敷地規模条件によるところが大きく、栄地区では界隈性を喪失する代わりに、都市機能を集積していく余地を拡大した。

（4）戦後の路地の生成と消滅

⑭　戦後は復興土地区画整理事業（復興事業）により、道路は拡幅され、宅
地30坪（約100㎡）以上、間口3間（5.4ｍ）以上の筆を確保するよう整理
された。その際、変形的な筆も整形され、公道に接するように配置され
ているので、路地が生じる余地をなくしている。その結果、戦前（1933
年）の路地は一掃され、1955年時点で路地数は戦前比12％、住戸等数は
同16％へと大幅に減少した。ただし、住戸等数は一貫して減少を続けたが、
路地数は1975年で一旦増加したものの、1996年では1955年よりも下回った。

⑮　終戦直後に応急措置的に路地が生じても、時間経過とともに建替えや土
地の高度利用をはかるために、路地は消滅していく。複数の筆を利用した
（借地の場合や売買による自己所有地化）大規模なビルが建設されている例
はあるが、多くは復興事業の換地後の一筆を利用して建築物や駐車場など
に利用がなされている。よって、筆形状に合わせて建設されるため、間口
が狭くて奥行の長いビルが多くなる[注22]。

⑯　現状で残っている路地は数少ないが、戦前から存在している路地が継続
している事例は、碁盤割エリアでは皆無である。白川エリアで7ヶ所中2ヶ
所、大須エリアでは8ヶ所中皆無であった。復興事業により、路地につい
ては引き継がれていない。大部分は戦後に生成したものであり、根強く残
存している路地は15ヶ所となる。なお、碁盤割エリアにあった南北貫通
型の路地である二つの中道は復興事業で消滅したが、そのうちの一つは南
北に貫通する筆形状が引き継がれている。そこに2棟の商業施設が建ち、
屋内型の南北貫通路地のある飲食街が生まれている。一種の路地遺伝子と
でも言うべき空間生成である。

⑰　これらの路地も将来にわたって存続する保証はない。都市再開発事業の
対象になれば、建替わって消滅する。しかし、これまで残存してきたのは、
土地・建物の権利関係が恐らく複雑化している可能性があり、そうなると
再開発事業を実施していくには労力と時間がかかるため、今後とも残存し
ていく可能性はあるだろう。

これらの資産を活かして、名古屋の都心の魅力をどう高めていくのか、そ

れを次の第5章で見ていくことにする。

【追補】"都市の消毒"とは

　都市を「消毒」するというこの言葉は、米国における1950〜60年代の都市再開発の実相を批判した際に表現使用されたものである。

　第二次世界大戦後の米国の諸都市では、それまでの戦争と不景気によって住宅建設は抑制されてきたが、1950年代に入ると儲けを蓄えてきた軍需産業労働者や退職金をもらった退役軍人たちは住宅を求めていった。急激な住宅建設需要を引き起こしたわけだが、彼らは建て詰まったダウンタウンよりも、広々とした戸建て住宅を求めて郊外へ流れ出ていった。それに合わせて商業施設も事業所も郊外へ流出していった。このような動向はダウンタウンの衰退に拍車をかけた。これによって最も困るのは小売商業者であり、都市自治体である。小売商業者は売り上げが急激に落ち込み、新たな企業立地が減少することから、都市自治体は税収が減少し、公共サービスの質の低下をもたらして、都市の環境は荒廃していくことになる。いわば、ダウンタウンの"抜け殻"化が進んでいく。

　そこで、都市自治体と商業界を中心とする業界指導者たちは、ダウンタウンの再生に向けて、戦略を打ち立てていった。衰退したダウンタウンでは低所得層のスラム地区やマイノリティ地区（不良貧困地区）が大きな面積を占めており、ダウンタウンにアクセスしやすいハイウエイや駐車場、一般街路や憩いと潤いをもたらす文化施設、草花あふれる広場などが不足しているので、不良貧困地区を除去して、新しい街を建設する方針を掲げた。それを支援するため連邦政府は新しい制度と資金調達方法を作り出した。それが連邦助成によるハイウエイ建設事業と都市更新事業であった。これらの事業には個人財産を収容できる行政権限が付与されているため、数千平方メートル単位で土地を取得し、建物を取り壊していった。都市更新地区の大きいものでは合計で29ha（ミネアポリス・ゲイトウェイセンター）にも及んだ。その分だけ不良貧困地区の住民たちは立ち退きを要求されたのである。

　<u>ダウンタウンでの都市再生に向けた不良貧困地区の除去（クリアランス）をさして"都市の消毒"と表現したのである。</u>消毒された地区に新しい住宅

や商業施設を建設（リビルド）する計画であったが、この事業は成功しなかった。当該地区を取り巻く環境がそれにふさわしくなかったからである。当初の都市更新事業は除去が目的であり、従前居住者に対する代替住宅建設の義務付けがなかったため、強烈な反対運動がおこった。また、ハイウエイ建設事業と都市更新事業によって、取り残された貧困層とマイノリティ層の生活環境は一層劣悪になり、都市暴動を誘引したのである。1960年代は都市が消毒されても、住民たちの反発を買って、都市の再生には結びつかなかった。効果が上がる都市再開発が実施されるには1980年代を待たなければならなかった。

追補の参考資料

＜1＞　バーナード・J・フリーデン、リーン・B・セイガリン　北原理雄監訳＜1992.12＞「よみがえるダウンタウン　アメリカ都市再生の歩み」第2章　鹿島出版会
＜2＞　井澤知旦＜1994.4＞「アメリカの都市開発における公共と民間のパートナーシップ」アーバンアドバンス Vol.3 (財) 名古屋都市センター
＜3＞　ティモシー・バルネコフ他　深海隆恒・中井検裕　訳＜1992.11＞「イギリスとアメリカにおける景観　都市開発と民活主義」学芸出版社

注釈

注1　参考文献【23】を参照　「消毒」については本章の追補の解説を参照
注2　碁盤割の都市は平城京や平安京があるが、近世に入って大坂・江戸・名古屋は方格子状の町割りが行われた代表都市である。
注3　路地空間をはじめ、街路と言う公共空間がもつ都市魅力としては、J・ジェイコブスは街路という公共空間がそれを核として人間関係が広がっていくとし、J・ゲールはヒューマンスケールな公共空間でのアクティビティが都市の魅力を高めるとし、J・スペックはコミュニティの回復や中心市街地の活性、環境や健康対策を絡めて、ウォーカブルシティ、すなわち「歩ける街」がいかに重要かを説いている。本論 PP.56 ～ 57 で詳述している。
注4　街区の地割は参考文献【11】【12】より。名古屋城下の町人地の街区や街路の寸法が、京間（＝6.5尺＝1.9695 m）か田舎間（＝6.0尺＝1.8181 m）と論争があったが、名古屋城下の町割りを行った中井大和守正清は、彼が担当した城下（例えば江戸城）はいずれも京間であることから、ここでは京間を採用した。田舎間が寸法（モデュール）として世間に流布したのは明暦の大火（1657年）以降であることからも妥当性があると判断した。（参考文献【12】）
注5　参考文献【13】PP.45-76　尾州茶屋家の事例は PP.58-63
注6　図4-9は図4-8の赤枠で囲んだ部分を拡大したもの。ただし、モデルでは奥行20

間となっている。間口京間7.5間　奥行京間21間の地割の事例で、1間の路地（図の色がついた部分）により表通・裏通から裏長屋に行き来できる。これにより増加する町人の人口を吸収している。ちなみに、裏長屋の寸法は田舎間（1間＝6.0尺）である。京間では内側にうまく収まらない。田舎間の裏長屋は、京間の表店とは建設された時期が異なることを表している。

注7　参考文献【16】

注8　参考文献【17】ここでは名古屋市役所作成ならば都市計画事業に関する基礎資料として活用されたのではないかとの可能性を示唆している。

注9　この図面は1929.1933年の「名古屋市居住者全図」をもとに、Network2010が独自に見やすいように整理したもの。居住者等の名前は一部省略されている。

注10　参考文献【18】この地図は高力全休庵による①名古屋図（改定年1868）、②尾府全図（同1869）、③名古屋図（同1670）、④尾府全図（同1870）を用いて、③をベースに適宜補完して作成されたもの。

注11　＠大須（なごや大須商店街公式ホームページ）より　http://osu.co.jp/what_osu/yurai.html

注12　http://osu.co.jp/what_osu/what_osu.html より引用

注13　参考文献【21】をもとに算出した。

注14　参考文献【8】の論文に示されたエリアは二つからなり、一つは、西は堀川、北は外堀通、東は久屋大通、南は広小路通に囲まれたエリア、もう一つは、西は伏見通、北は広小路通、東は久屋大通、南は若宮大通に囲まれたエリアであり、本研究との関連で言うと、拡大碁盤割エリアと白川エリアを加えた範囲である。また路地のカウント方法については相違すると思われるので、単純比較はできない。

注15　1940（昭和15）年時点の中区は、概ね広小路通より南で、中央線に囲まれ、西は堀川までの範囲である。よって、いわゆる碁盤割エリアは今回の対象となっていない。碁盤割エリアは1944年〜45年にかけての半年間は栄区に存在した。戦後は栄区と中区が一体となって、ほぼ現在と同じ形状の中区となっている。

注16　戦後の低層高密から高層高密な市街地へ変化する経年変化は、参考文献【22】PP.246-253の写真が参考になる。名古屋テレビ塔からみた東西南北の景観写真が示され、1954-1959-1972-1979年の変化がみて取れる。1959年から1972年の変化が大きい。

注17　1955年地図の「アメリカ村」とは、在日米軍の家族住宅地キャッスル・ハイツの呼称である。1945年に接収され、1958年に返還された。戦災復興事業において白川工区として独立していた。

注18　1996年の碁盤割エリアの左上にある二つの通路はマンション（各々28戸、50戸）へのアクセス通路である。統計的には⓪旗竿型として扱っているが、例外的に表示している。

注19　2017年の図を掲載しているが、統計分析はしていない。参考のため、最新の路地の分布図として掲載している。

注20　参考文献【11】P.55　町人地は1669年の218haから1729年の303haへと60年で1.4倍に拡大した。

注21　参考文献【25】第4巻　p.62〜63

注22　参考文献【18】をみると武家地に大規模な施設が立地しているのがわかる。百

貨店をはじめとする大規模商業施設やホテル、小学校などは街区の大部分を利用しており、町人地では大規模施設の立地は少ない。武家地の筆規模は大きく、町人地の筆規模が小さいことがその背景にある。復興事業によって土地の整理はなされるが、筆形状等の土地履歴は引き継がれていく。

碁盤割エリアにおいて戦前の筆形状をみると、町人地は間口が狭く、奥行きの長い宅地、すなわち15間（30ｍ）から20間（40ｍ）の奥行きが一般的であった。戦後は原地換地を原則としていたので、長さは短くなるも形状は相似形である。その結果、上記写真（左・中央）のように間口の狭いビルが連続することになる。上記写真（右）は1棟のビルのようにみえるが、2棟のビルであり、奥行の長さが間口の狭さを際立てている。

参考文献
【1】 西村幸夫編著＜2006.12＞「路地からのまちづくり」学芸出版社
【2】 増渕敏行＜2012.11＞「路地裏が文化を生む　細街路とその界隈の変容」青弓社
【3】 上田篤・田端修編＜2013.2＞「路地研究　もうひとつの都市の広場」鹿島出版会
【4】 小林一郎＜2014.6＞「横丁と路地を歩く」柏書房
【5】 フリート横田＜2020.12＞「横丁の戦後史」中央公論新社
【6】 鶴谷一貴・赤崎弘平＜2010.10＞「密集市街地における路地を活かしたまちづくりの導入に関する研究」㈳日本都市計画学会　都市計画論文集Vol.45-No.3
【7】 高木悠里・嘉名光一・佐久間康富＜2011.10＞「Space Syntaxを用いた街路パターン分析による街路を活かした密集市街地整備手法に関する研究－大阪市密集住宅市街地『優先地区』を対象として」㈳日本都市計画学会　都市計画論文集Vol.46-No.3
【8】 杉浦大地他＜2015.9＞「路地空間の分布と面積率の変化－名古屋市格子状街区における路地空間の変遷・利用実態に関する研究（その1）」日本建築学会大会学術講演梗概集
【9】 鈴木智也他＜2015.9＞「路地空間の空間特性及びその問題点と活用方法について－名古屋市格子状街区における路地空間の変遷・利用実態に関する研究（その2）」日本建築学会大会学術講演梗概集
【10】 中島壮太郎＜2019.3＞「名古屋都心における路地空間の形成可能性の基礎研究」（公財）名古屋まちづくり公社 名古屋都市センター研究報告書NO.139

【11】 内藤昌他＜1985.10＞「日本名城集成 名古屋城」小学館
【12】 内藤昌＜1966.6＞「江戸と江戸城」鹿島出版会第5版
【13】 小寺武久＜2007.7＞「近世名古屋城下町に関する若干の考察」林董一編『近世名古屋 享元絵巻の世界』清文堂
【14】 阿部貴弘・篠原修＜2012＞「近世城下町大坂，江戸の町人地における城下町設計の論理」土木学会論文集D2（土木史）、Vol.68,NO.1,
【15】 高橋康人他編集＜1993.9＞「図集 日本都市史」東京大学出版会
【16】 ミニアル等＜2020.9＞「江戸時代の本」彩国社
【17】 山田誠＜2012.10＞「戦前期作成の住宅地図類に関する一考察」龍谷大學論集第480号PP.8-31
【18】 名古屋市博物館編集発行＜2013.3＞「幕末城下町名古屋復元マップ」
【19】 名古屋市計画局（財）名古屋都市センター＜1999.3＞「名古屋都市計画史」㈶名古屋都市センター
【20】 戦災復興誌編集委員会＜1984.3＞「戦災復興誌」名古屋市計画局
【21】 名古屋市都市計画課「電子情報：H28建物用途別現況調査データ・H29土地利用計量調査データ」
【22】 名古屋テレビ塔株式会社＜2018.11＞「名古屋テレビ塔クロニクル」
【23】 井澤知旦＜2020.7＞「都市魅力と〝消毒〟都市－名古屋都心における〝界隈〟の消失・生成と戦災復興土地区画整理事業の評価－」名古屋学院大学論集＜社会科学編＞Vol.57 No.1 PP.29-65
【24】 井澤知旦＜2021.7＞「都市魅力と〝消毒〟都市2－名古屋都心における戦前・戦後の路地空間の生成と消滅過程に関する論考－」名古屋学院大学論集＜社会科学編＞ Vol.58 No.1 PP.27-54
【25】 新修名古屋市史編集委員会＜1999.3＞「新修名古屋市史」第1巻～第5巻 名古屋市

第5章

"消毒"された都市空間の
魅力創出にむけて

名古屋都心部、いわゆる碁盤割街区群においては、前述したように当時の社会要請を受け、復興土地区画整理事業によって、都市防災の性能向上・自動車社会への対応・都市機能の集積強化を図るという近代都市としての都市基盤を整備していった。他方で、地籍（筆）を整形し、比較的広い幅員の道路を整備することで路地を消滅させた。つまり画一的な空間を形成することで都市魅力の喪失を招いた。このような正負の遺産を踏まえて、今後、名古屋の都心魅力を高めていくためには、どう対応していくべきなのか、すなわち、都市魅力を創出するための新たな対応を検討していく。そこで、路地や通路の再評価を試み、これからの魅力空間のあり方を考えていこう。

1　路地（横丁）や通路（パサージュ）の事例分析

（1）国内の魅力空間の事例

【路地空間　新宿ゴールデン街と法善寺横丁】

　全国には著名な路地（横丁）空間がある。東京や大阪の代表例は表5-1のとおりである。その中から戦後に生まれた大規模な新宿ゴールデン街（東京）と戦前から存在する法善寺横丁（大阪）の二つを取り上げ、その特徴を整理しよう。単なる飲み屋街ではなく、そこにある歴史・文化を醸し出しながら、映画や小説などの文化を創出する空間装置となっている。

表5-1　代表的な横丁空間（東京・大阪）

都市	名称	規模	店舗数	所在
東京	新宿ゴールデン街	6,600㎡	280余	新宿区歌舞伎町1丁目
	新宿思い出横丁	3,000㎡	約60	西新宿　幅員1.2m
大阪	法善寺横丁	4,800㎡	約60	大阪市中央区難波1
	ジャンジャン横丁	180mアーケード	約50	大阪市浪速区恵美須東3

①新宿ゴールデン街（東京）[注1]

　東京では規模的にも集客的にも新宿ゴールデン街が横丁の代表としてあげられる。ここは戦後の闇市からスタートした路地・横丁空間であり、戦前か

ら存在していた法善寺横丁とは異なる。バブル時代の地上げをも生き延び、今日まで続いている。

　6本の東西の道（路地）からなり、6,600㎡のエリアに280軒余の飲食店が集積している。一つの店舗が4〜5坪と小さいものが多く、その狭さに小宇宙を形成しているのである。また名物ママがおり、多様な文壇人・芸能人が出入りしているので、ゴールデン街にまつわる物語も数多く輩出している（図5-1）。

②法善寺横丁（大阪）注2

　大阪市内の路地や横丁でも全国的に有名な横丁は法善寺横丁がある。天龍山法善寺は浄土宗で、阿弥陀如来を本尊とするが、水掛不動が有名で、千日念仏が行われたため、その門前は千日前と言われている。

　戦前から存在する法善寺横丁は4,800㎡の境内に60軒ほどの飲食店が集積した空間で、東西に4mと2.7mの2本の道、南北に1.5mと1.0mの2本の通路で構成されている。橋爪紳也は付近の道頓堀や心斎橋筋のような煌びやかでモダンな繁華街と対比されることによって、喧騒から距離を置き、ほのかに暗くて人間的尺度の残る横丁空間に新たな魅力を人々が「発見」したと指摘している。演歌「月の法善寺横丁」が唄われ、織田作之助の「夫婦善哉」が

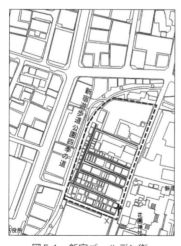

図5-1　新宿ゴールデン街
（東京都新宿区）

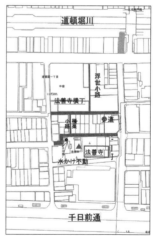

図5-2　法善寺横丁
（大阪市中央区）

森繁久彌主演の映画にもなっている。いわば歌にも映画にもなるほど物語の生まれやすい環境を有し、人々にとって居心地のいい空間となっているのである（図5-2）。

【ビル内通路空間 「さっぽろ創世スクエア」と「ラシック名古屋」と名駅地下等】

　都心部にある居心地のいいヒューマンスケールを持った屋外路地空間は、次から次へと復興事業や都市再開発事業によって消失してきている。代わって大型の文化施設や商業施設が間接されてきたが、多くはヒューマンなスケールから外れてきている。しかし、そればかりではない事例を見てみよう。

①文化施設「さっぽろ創世スクエア」の通路（札幌市）

　屋外の寒い札幌ではビル内に通路（パサージュ）を設けて路地空間を演出している事例がある。

　札幌市の中心市街地は名古屋と同じように、碁盤割街区（標準的には60間＝108mの正方形）と11間（約20m）街路で構成されていた。現大通公園（旧火除地）以南に計画された町用地では街区に中道（6間＝約11m）を設けて、60間×27間の街区を配置している。路地や横丁ではない。現大通公園（旧火除地）以北は官用地であり、戦後、町用地のように中道が配された街区も一部登場する。1街区が2街区に分割されるため、接道間口延長距離が1.5倍に増加する（108m4辺が108m6辺に）[注3、4]。方格子状街区の中にはT字型（図5-3破線の円）、十字型（図5-3点線の円）に道路を設けている事例が図中ではそれぞれ1か所ずつある。ただし、前面街路の幅員が狭いと道路斜線制限がかかるため、建物高さが制約され、高容積を確保できない。方格子状の街区だと容積は詰めるものの、接道延長距離は増やせないというジレンマがある。（図5-3）

　建物内に通路を設けることで、そのジレンマを解消する事例として、さっぽろ創世スクエア（グランドオープン2018年10月、敷地面積1.17ha）がある。4つのゾーンを区分するために通路を設けているが、これをパサージュと呼んでいる。このパサージュに面しては多くの店舗は配置されておらず、コン

ビニエンスストアとギャラリーがあるのみである。もう一つの通路として
モールがある。これは文化施設のホワイエ的役割を担う。

　屋内でのパサージュの確保は幅広い屋内型モールとも相まって、冬場の気
候と店舗配置の点で意味あるものとなっている。（図5-4）

図5-3　札幌市都心部の街区形状と街路

②商業施設「ラシック名古屋」の通路（名古屋市）

　大型商業ビル内に通路を設け、街区を挟む幹線道路間をつなぐ名古屋の事
例は、2005年3月にオープンした、敷地面積0.64haの規模を有する「ラシッ
ク名古屋」である。東の久屋大通、西の大津通を東西につなぐ通路（3階吹
抜け空間）があり、この中央部に展示空間（仮設店舗）を配置し、これを「ラ
シックパサージュ」と呼んでいる。通常の商業施設の通路よりも幅員を広く
とっているので、展示施設を設けても両サイドが通路として十分に利用でき
る。休館日は出入口が閉ざされるので利用できないが、開館時の通行は自由
である。（図5-5）

　多くの大型商業施設は街路に面してショーウインドウはあるものの、直接
出入りできる個別店舗を配置しておらず、出入口を限定した囲い込み型と

なっているのが一般的である。若者を顧客対象とする名古屋パルコやナディアパークでは街路に面して個別店舗の出入口を設けている例もある。上記で見たラシック名古屋は、囲い込み型ではあるが、実質的に幅広いパサージュが道路のように行き来できるので、「道路に面した個別店舗」感をうまく打ち出している。これまで見てきた路地（横丁）や通路（パサージュ）は"道"に対して店舗が開かれ、自由に出入りできる。そこにまちの魅力が生まれ、人々が集まることによって、まちがにぎわうのである。

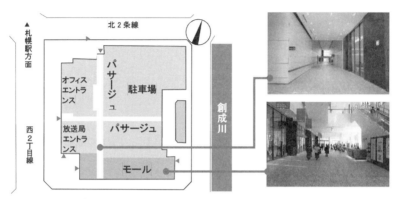

図5-4　さっぽろ創世スクエアの街区と　　写真5-1　さっぽろ創世スクエアの通路
　　　　通路パサージュ（札幌市中央区）　　　　　　　　パサージュ（札幌市中央区）

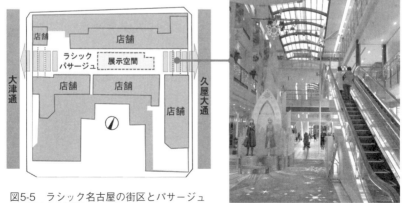

図5-5　ラシック名古屋の街区とパサージュ
　　　（名古屋市中区栄三丁目）

写真5-2　ラシック名古屋の通路パサージュ（東から西を望む）

③名古屋駅の地下循環ネットワーク

この「地下循環ネットワーク」とは、名古屋駅前でトヨタ不動産が所有するビル4棟（ミッドランドスクエア、名古屋クロスコートタワー、センチュリー豊田ビル、シンフォニー豊田ビル）とウインクあいちのビル地下（飲食店街）を通路で結び、ミヤコ地下街とサンロード（地下街）と連結させることで、地下レベルでの人々の循環を可能にするネットワークのことである。地下街とビルの地下階とを連結するビルは多いが、地下街

図5-6　名古屋駅前の地下循環ネットワーク

から離れたビル地下階を連結し、しかも循環させている事例は全国的にも珍しい。また地下だと道路による通行分断はなくなるので、スムーズな移動が可能になる。各ビルの地下のレベルが異なるので、連結するにあたっては、階段やエスカレーターでその段差を解消している。直線でなく円弧かつ高低差のある通路を歩いていくため、変化にとんだ景観が展開される。地上1階部分で連結されれば、より開放的なイメージになるが、道路によって分断される。自動車通行量の少ない裏道的な道路であれば、自動車交通を遮断し、歩行者専用道として利用することで、分断は解消される。立体都市的高層ビル群の新しい魅力付けのモデルとなりうる事例である。（図5-6）

④貫通型ビル内通路

この事例は、南北に貫く細長い1筆の敷地にその形状に合わせて細長い2棟のビル（南側4階建、北側8階建）が建設され、錦通と本重町通を繋いでいる。その1階部分は南北に貫く通路（幅員1.8m程度）で連結され、その通路の両

サイドに飲食店が並び、中二階を設けて座席数を増やした商業空間となっている。ここは"のれん街"と呼ばれている。戦前には碁盤割街区のなかにあった二つの中道の一つが、ほぼこの位置に存在していた。その意味で"遺伝子（DNA）"を継承する空間であり、現代における新しい路地空間のモデルを提示していると言えよう。（図5-7、写真5-3）

図5-7　栄地区の街区南北貫通ビル内通路

写真5-3　街区の南北を貫くビル内路地をもつ
"のれん街"
　　　　左：夜景南概観（真ん中のビル）、中：8階建の北概観、右：屋内路地の様子

（2）海外の事例（パサージュ）

【パサージュの歴史】[注5]

　パサージュ（仏語）は、18世紀末以降にパリで整備された通路型商業空間を指す。その時点での市街地の主要道路は石畳が敷かれ、馬車が通ることによって車軸の潤滑油が飛び散って滑りやすくなっているうえ、建物から生活ごみや汚物等が投げ捨てられる公共空間であった。一般の道路は舗装もされておらず、雨の日は泥でぬかるんでいた。そういう環境では買物もままなら

なかった。そこで19世紀前半に登場したのが、当時の最新の建材であった鉄骨とガラスを使った明るいアーケードであり、その下の通路に店舗を配置した。これをパサージュと呼んだ。既存建物の中を通り抜けて、二つの道をつなぐ役割を持っていた。ただし、柵を設けて閉じた空間として運用していた。その後、19世紀後半に登場したのが百貨店である。そこは大きな屋内空間を設け、道や広場を設けて都市化し、不特定の人々の来訪を歓迎したのである。その意味では、パサージュが閉じた商業空間であるのに対し、百貨店が開かれた商業空間と言われている。これは物理的な意味よりも社会的な意味での空間を開閉で表現している。

　今日ではパサージュに柵を設けている事例は少なく、自由に行き来できる。むしろ百貨店が物理的に閉じた空間になっている。

【プラハにおけるパサージュ・ネットワークの事例】

　欧州の中心市街地では街区形状が比較的大きいため、表通りから裏通りへ行き来するのに遠回りをすることになる。また、その街区形状だと道路に面する店舗の数も限定される。そこで建築物内あるいは建築物と建築物の間に通路や広場を設けて、そこに面して店舗を配置している事例は数多く見ることができる。ここでは、パサージュが歩行空間や買物空間として組み込まれた、チェコの首都であり観光地でもあるプラハ市の中心市街地を見てみる。（写真5-4参照）

　プラハの中心市街地におけるパサージュの位置は図5-8（市街地の部分地図）のとおりである。中心市街地全体に広がっていることがわかる。一つの建物内のパサージュもあれば、複数の建物の連携によるパサージュもある。複数のパサージュがネットワークされているところもある（ⒶⒷⒸ）。形態もⅠ型、L型、T型、十字型などさまざまである。なお、Ⓑゾーンは3つのパサージュ（ルツェルナ、ロココ、ウ・ノヴァーク）のネットワークで構成され、道路には8つの出入口がある。Ⓒゾーンは街区中心にある大庭園（フランテシュカーンスカー庭園）につながるパサージュ・ネットワークである。

　このようにパサージュが多い理由として、①気候条件として冬が寒くて雪や雨が多いため、それらを防ぐうえでは効果的であること、②人々の行き来

があるので盗難などの犯罪が抑えられること、③大街区だと立地店舗は制限され、限られた都市空間の中で需要が高い店舗を増やしていくために、新たに通路の延長距離を確保していく必要があったこと、があげられる。歴史的地区における建物群では複数のビル所有者が話し合い、付加価値を高めると判断されてパサージュが導入されており、その際行政はタッチしていないが、新しい建物については、行政から通路を設けるよう要請することもあるようだ。パサージュは商業環境の多様性を担保している。[注6]

図5-8　プラハ中心市街地における
　　　　パサージュの位置
出典：ATLAS PRAHA 5000

⑦パサージュ・コルナ（王冠）のエントランス。通路はL字型をしており、角のところにこの天光中庭がある。二つの建物から構成されたパサージュである。

④パサージュ・ロココ。新しい建物の中にあり、3階の吹き抜け空間を持つL字型の通路を有する。通路の一部にカフェテラスを設けている。

⑦ルツェルナ・パサージュ。通路幅が広く店舗外にカフェテラスを設けている。宙吊り逆さ馬彫刻はボヘミアン王国ヴァーツェラフ大王を皮肉ったもの。

写真5-4-1　プラハ中心市街地のヴァーツラフ広場付近のパサージュ（その1）

ショッピングセンター　チェルナルージェ。外観は古いが、内部は今日的なパサージュとなっていて、明るい。ここもL字型通路のパサージュである。

近代的ビルにあるショッピングギャラリー。直線型ではないが裏の道に通り抜けることができるパサージュが設けられている。

写真5-4-2　プラハ中心市街地のヴァーツラフ広場付近のパサージュ（その2）

【パリ・ライプチヒ・ウィーン・ミュンヘンの中心市街地におけるパサージュ】

　参考のため、欧州3都市中心部のパサージュの事例写真を下記に掲げた（写真5-5）。

　このように欧州の主要都市の都心部では屋内が通路（パサージュまたはギャラリー）のネットワークが形成されている。通路の幅や高さはまちまちであり、変化に富んだ空間を創出している。

パリのパサージュとガレリエ。左が名古屋の円頓寺商店街と協定を結んでいるパサージュ・パノラマ。右がギャラリーヴィヴィエンヌで、内部は19世紀の雰囲気を醸し出す、閑静な商業空間である。

ライプチヒにある旧市役所前のトーマス通りに面するメードラー・パサージュ。ここはL字型のパサージュで、エントランスから天井高のある通路を歩くと角に円形の広場がある。

写真5-5-1　パリとライプチヒの中心市街地におけるパサージュ

ウィーンのパサージュ（名前は不詳）。屋内型の明るい中庭があり、そこから2方向に通路が走る。同じ通路でも厳かな雰囲気が醸し出されている。

ミュンヘンのカウフィンガー通り（歩行者専用道）に面する「カウフィンガー門」のパサージュ。通路が中庭に面しているので明るいパサージュとなっている。

写真5-5-2　ウィーンとミュンヘンの中心市街地におけるパサージュ

2　都市魅力を創出するための先人たちの提案[注7]

（1）多様性を生み出す4つの条件－ジェイン・ジェイコブス

　ジェイン・ジェイコブスは「アメリカ大都市の死と生」(1961) の著作において、都市の成長（イノベーション）にとって、またコミュニティの人間らしい生活を保障するうえで、"多様性"こそ重要であり、その"多様性"を生み出すには次の4つの条件を満たす必要があると指摘している。

　第一は複数の都市機能が地区に内在し、時間帯が異なっても、目的が異なっても、常に人がいて利用していること（混合一次用途の必要性）、第二に街区は短くて、角を曲がる機会が頻繁であること（小さな街区の必要性）、第三に経済収益が異なる古いタイプの建築が相当数あること（古い建物の必要性）、第四にそこに住み、働き、訪れる人など十分な密度の人がいること（密集の必要性）の4点である。

　その視点から名古屋都心を見ると、第一条件は夜間人口が少ないこと（居住機能が弱いこと）、第二条件は100 m四方の街区が長いこと（復興後の街区は1辺90 m程度の街区になっている）、第三条件は戦災で古い建物は焼け出されたため、ほとんど戦後の建物中心であること、第四条件は、人口密度は高いが、東京や大阪に比べれば低いことがあげられる。J.ジェイコブスはニューヨー

クのマンハッタンの街区を例に挙げているが、ここは碁盤割でなく、エクセル表割（長方形）のため、300ｍ×80ｍの街区が多く、長辺の反対側にいくには距離が長すぎるので、より短い辺の街区を求めるのは理解できる。またプラハでは、280ｍ×190ｍの大街区があり、遠回りしないために建物内のパサージュのネットワークが組まれる必然性がある。そう見ると名古屋の碁盤割街区は手ごろな長さとも言えるが、より多様性を増して魅力を高めるには、街区内の通路ネットワークが求められるのではないだろうか。

（2）クリエイティブ・クラスを惹きつける場所の質―リチャード・フロリダ

　リチャード・フロリダはこれからの都市経済を牽引していくのはクリエイティブ・クラスであるとしている。そのクラスが集まる都市空間＝"場所の質（テリトリー）"の条件として、第一に建物と自然が融合した環境があること、第二に多種多様な人材が集まり、そのコミュニティで相互に影響し合えるとのサインを発していること、第三にストリートライフやカフェ文化、芸術・音楽などアクティブでクリエイティブな試みが行われていること、そして、それらを総じて、第四に完成されていない場所に関わって作り変えていくことのできる居場所があること、の4点であろうか。

　名古屋に目を転ずると、一部では取り組みがあるものの。いずれも十分でない。第一は広幅員道路が多いだけに街路樹による緑化は易いと言いながらも、難しい。第二は空間論と言うよりも地域経済論である。かつて渋谷にIT産業が集積し、交流を深めたビットバレーの存在（1989年ごろ）がイメージされよう。2019年には再び渋谷ビットバレーを業界向上、後進育成にむけて再結成されているが、名古屋では公民連携のナゴヤイノベーターズ・ガレージ（ナディアパーク）や愛知県主導の地域企業と連携を図りイノベーションの創出を目指す「Aichi Open innovation Accelerator」などがあるが、成果はこれからであろう。第三は広幅員道路に恵まれた名古屋でこそ、道路利活用を推進していくべきだが、コロナ禍で屋外空間の活用に向けた規制緩和が進んでいるとはいえ、十分な展開になっていない。第四は各地域で展開されているエリアマネジメントへの参加がイメージされるであろう。それぞれのおかれた場所で、関係者（ステークホルダー）が協働することで、まちの

環境を改善していく運動である。

（３）ウォーカブルな都心づくり―ジェフ・スペック

ジェフ・スペックは若い起業家精神を持った才能ある人材を都市に惹きつけるには、またコミュニティの回復や中心市街地の活性、環境や健康を向上させるためには、ダウンタウンが歩ける環境（ウォーカブル）にあることが重要だと説いている。そのために4つの原則と実現するため10のステップを提案している。(図5-9)

名古屋の都心は歩道が整備されている点では歩行者の安全性が守られているが、駐車場への自動車の出入りは頻繁であり、その点での安全性は低い。もっと多くの街路樹を植栽したり、歩道を拡幅して休憩施設等

図5-9　J・スペックのウォーカブルな
　　　都市づくりに向けた4つの原則と
　　　10のステップ

を設置したりすることによって、一層快適な歩行環境を確保すべきであろう。海外の都心では当たり前のように歩行者専用道（モール）がある。名古屋では春と秋の一定期間解放される"南大津通の歩行者天国"があるが、より拡充していくことが求められている。

3　都市魅力の創出に向けて

名古屋の都心、特に"消毒"された碁盤割エリアの都市魅力を創出するために、具体的にどのように対応すべきかを提案する。提案にはハードとソフトの両面があろうが、ここではハード提案とその運用を中心に行う。

その方向性として、第一に復興土地区画整理事業によって生み出された公共空間の活用である。碁盤割エリア（中一工区）では道路や公園などの公共空間は工区面積の18％から43％へ拡大し、白川エリア（中二工区＋白川工区）を加えると20％から45％へと拡大する。実質面積が52haから115haへと63ha純増しているわけだが、戦前の6ｍ街路の持つ界隈性や路地空間の持つ親密性を"消毒"した結果、生まれたこの空間を都市魅力の向上をはかるために使わない手はない。歩道の拡充、自転車道の整備と駐輪場の確保など、道路空間の再配分が求められている。

　第二は街区内における通路の確保とそのネットワークである。ビルとビルの狭間の空間、ビル内を貫通し街区の2辺を結ぶ通路の確保、各々ビル内通路を連続化させて街区を囲む街路と接続するネットワークの形成など、街区内に多様な通路を設けることである。路地の現代版再生と言い換えることもできよう。

（1）公共空間の活用

【オープンカフェ等道路占用　日本編】

　カフェテラス（欧州）やサイドウォークカフェ（米国）は当たり前のように歩道や広場に置かれ、市民や観光客の対話や食事、仕事や休憩に使われている。パリではカフェテラスは市内に16,200ヶ所（2022年調査）、ミラノで2,300ヶ所（2012年）で設置されており、日常の風景となっている。パリでは2.2ｍ幅の歩道があれば60cm幅のカフェテラスは設置できる。もちろん、海外諸都市でも条例に基づき運営されているが、基本的スタンスは道路空間や広場を市民や商店などが活用することを前提としている。

　翻って、日本では道路法第32条の道路占用許可や道路交通法第77条の道路使用許可の手続きが必要であり、占用にあたっては使用許可が前提となる。占用許可基準が限定列挙で制約されている（オープンカフェに該当する項目がない）ため、展開するうえで大きな壁になっていた。しかし最近では、道路の利活用に向けて規制が緩和されてきており、またコロナ禍の影響で3密を避けるために、沿道飲食店等の路上利用に伴う道路占用が、緊急措置かつ期限限定だが、無余地性基準等の弾力的判断といった占用許可の基準緩和がな

されている（表5-2）。よって、オープンカフェの事例は全国的に多数展開されてくるようになった。

《オープンカフェ（名古屋市）》

　名古屋市では2000年から歩道を使った「オープンカフェ」を展開してきた。歩道上では日本初であった。当初はカフェと銘打ちながら、そこは誰でも自由に使える「歩道に付属する休憩施設」として取り扱っている。バス停にあるベンチのようなものである。そして2002年からは「オープンカフェ」のイベントとして道路使用許可を得、2007年からは「オープンカフェ（歩行者休憩施設）」として扱い、道路占用許可と道路使用許可を1ヶ月単位で得て、365日の実施運営を可能にし、今日まで至っている。許可申請団体は久屋大通オープンカフェ推進協議会である。表5-2の⑤道路協力団体の先行事例として位置付けられる。

　オープンカフェの公共空間活用の範疇では、他にいくつかある。

《パラソルギャラリー（千葉市）》

　千葉駅前大通りから千葉中央公園にかけて100本を超える白いパラソルを沿道に並べ、クリエイターである出展者にアートギャラリーとして利用してもらうことで、普段の街路とは違うお洒落な空間をつくっている。（2015年度来場者数は約14,000人）

表5-2　道路の利活用に向けた制度と規制緩和

NO	名称	根拠法	内容
①	道路占用許可制度	道路法	■道路管理者による道路占用許可における3つの許可基準 ・占用する物件が 道路 法第 32 条第 1 項各号の 1 に該当する場合（例）オープンカフェ、ベンチ、フラワーポット、モニュメントなど ・道路の敷地外に余地がないためやむを得ない場合（無余地性の基準） ・占用期間、場所、構造等が政令で定める基準に適合
②	道路使用許可制度	道路交通法	■道路の本来の用途に即さない道路の特別の使用行為で、交通の妨害となり、又は交通に危険を生じさせるおそれがなく、社会的な価値を有するものは、一定の要件を備えていれば、警察署長の許可によって、その禁止が解除 ・露店や屋台等の出店行為など

③	沿道飲食店等の路上利用に伴う道路占用について	道路法	・新型コロナウイルス感染症に対応するための道路占用許可基準のなかの無余地性の基準等について弾力的な判断（国道・地方公共団体管理道路） ・R2.6.5からR3.9.30まで延期 ・ほこみち制度への円滑な移行を推進
④	歩行者利便増進道路制度（通称：ほこみち）	道路法R2年度改正	■歩行者利便増進道路の指定 ・車道減による歩道拡幅等で、歩行者の滞留、にぎわい空間の設定が可 ・道路管理者による歩行者利便誘導区域指定により、道路占用の特例が適用（無余地性基準の除外によるカフェやベンチ等の設置が可能となる）
⑤	道路協力団体制度	道路法H28年改正	■道路空間を利活用する民間団体と道路管理者との連携による道路管理の充実 ・道路管理者から指定された道路協力団体は物件等の道路占用が必要な場合、手続きが円滑・柔軟化される。（オープンカフェ、マルシェ、歩行者休憩スペース、シェアサイクルスペース等） ・道路空間を活用した営利活動も可（収益は道路管理へ還元）
⑥	道路占用許可特例制度	都市再生特別措置法H23年度改正	■歩行者等の利便の増進に資する施設の占用許可基準の特例を創設 ・都市再生整備計画の中で、道路管理者が指定した区域（特定道路占用区域）に記載した施設（自転車駐車器具、オープンカフェ、広告板等）については、道路占用許可の基準が緩和 ・無余地性の基準が除外される。
⑦	都市利便増進協定制度	都市再生特別措置法H23年度改正	■地域のまちづくりのルールを地域住民が自主的に定めるための協定制度 ・都市利便増進施設を個別に整備・管理するのではなく、地域住民やまちづくり団体等の発意に基づき、施設を利用したイベント等も実施しながら、一体的に整備・管理すること

名古屋市の久屋大通のオープンカフェの事例（2011年）

写真5-6　公共空間を活用した事例（名古屋市　久屋大通）

《勝川の弘法市（愛知県春日井市）》

　勝川大弘法通り商店街路上の約300ｍを使って、毎月第3土曜日にテントショップ＆グルメ屋台が出店するイベントが開催される。

パラソルギャラリ（千葉市）
出典：https://www.parasol-gallery.com/2018-1

弘法市（春日井市）：
出典：https://kasugai.
mypl.net/shop/00000358866/news?
d=1971153

写真5-7　公共空間を活用した事例（千葉市・春日井市）

《パークレット型休憩施設》

　歩道または車道（駐車スペース）を使って、ベンチ等の休憩施設を配置するもので、後述するサンフランシスコの取組みを日本に導入したものである。パークレットと銘打った国内事例はいくつかあり、この名古屋のほか、神戸、横浜、大阪でも導入されている。

　名古屋は栄の伊勢町通に3ヶ所設置され、道路停車帯を歩道化してベンチ等が置かれている。2021年度から地域のまちづくり会社が管理・運営している。

　神戸は三宮中央通りに4ヶ所が設置され、地元まちづくり協議会と神戸市が協定を結んで管理・運営を行っている。2017年から歩道活用型や車道・歩道活用型のパークレットが導入されている。なお、三宮中央通りは2021年2月に全国初の歩行者利便増進道路（通称ほこみち）に指定された（表5-2④を参照）。

　横浜は元町商店街の道路脇の駐車スペースを活用して、花壇やベンチなどを設けたパークレットを2020年3月から設置した。

大阪は御堂筋の側道を歩道化することで歩行空間を拡幅し、そこに社会実験を通じてパークレットを設置している。ここも神戸と同じように021年2月に全国初の歩行者利便増進道路（通称ほこみち）に指定された（表5-2　④を参照）。

名古屋市中区栄の伊勢町通に設置されたパークレット型休憩施設（ベンチ）。夕方のため足元がライトアップされている。（2021年）

神戸市の三宮中央通りに設置されたパークレット型休憩施設。4か所設置されているが、この写真は車道と歩道の両方を活用している。（2022年）

写真5-8　公共空間を活用したパークレット型休憩施設（名古屋市と神戸市）

【オープンカフェ等道路占用　海外編】
《ストリート・オープン（サンフランシスコ）》

　ランチタイムの時間に門扉を閉めて自動車侵入を防ぎ、車道上にオープンカフェを設置している。ランチタイム時間を過ぎると、再び門扉を開けて、自動車の行き来を受け入れる。これは一時的利用の例で、イベント利用や恒久的利用などの3種がある。交通量の少ない裏道で見ることができる。しかし、2022年の現場視察ではコロナ禍の影響で、飲食店が閉鎖したため、飲食サービスはなく、単に鉄製の椅子・テーブルが置かれた空間となっている。（写真5-9）

《パークレット（サンフランシスコ）・ストリートシート（ポートランド）》

　パーキングメーター2台分（車道）を活用して、商店前の休憩施設や住宅の前庭などに活用できる。これは誰もが利用できる空間でもある。使用料と設置費は設置者が支払う（2012年）。これがパークレットの本家本元であり、前述した日本の事例はこれを導入したものであるため、パークレット型休憩施設と呼んでいる。ポートランドでは同形態をストリートシートと呼んでい

第5章　"消毒"された都市空間の魅力創出にむけて

る。双方ともネーミングが分かりやすくてよい。

　しかし、ここでもコロナ禍の影響で、店舗内営業は感染拡大の恐れがあるため、車道の駐車レーンを活用した屋外席の設置を誘導している。商業用パークレット（サンフランシスコ）、駐車場カフェ（ポートランド）、ストリートリー（シアトル）と呼び名は違うが、そこで商売をする屋外店舗である。設置にあたっては公衆衛生ガイドラインが作成されている。屋根を付けてもいいが、３面以上囲んではいけないし、一定の高さ以上の壁も禁止で、風通りを重視する構造となっている。この種のタイプは欧州でも導入されている。

《ブロードウェイ広場化プログラム（ニューヨーク）》

　ニューヨークのダウンタウンはエクセルのフォーマットのような格子状道路となっているが、それをブロードウェイ（全長は53km。マンハッタン内は21km）と呼ばれる道が斜めに横切る。ニューヨーク市は世界の都市間競争力を高めるため、公共空間の質の向上に取組んできた。その一つが広場化プログラムである。日本で紹介される事例はタイムズスクエアの広場化であるが、それだけではない。このプログラムは約４km内の街路交差点の５ヶ所を広場化して、4ha弱の憩いの場を生み出している。自動車交通の排除が前提となるので、社会実験を含めコンセンサスを得るのに時間をかけている。

　タイムズスクエアは確かに注目されるだけの取組みが行われている。階段状の観客席は、周りの巨大なデジタルサイネージがいわばスクリーンとなり、劇場的雰囲気を盛り立てる。他の広場は簡易な椅子・テーブル・パラソルが置かれ、必ずしも質の高い憩いの場とは言えないが、自由に無料で休憩できるので、歩き疲れた観光客にとってはありがたい。広場の管理は公共性を持っ

サンフランシスコのストリート・オープン（2012 年）　　裏道（Alley）を活用して車を止め、車道でカフェを運営。

写真 5-9-1　車道空間を活用した海外事例（サンフランシスコ 2012 年）

た組織ＢＩＤ（ビジネス改善地区）が行っている。（写真5-10）

2022年時点の公衆衛生基準を満たしたカフェテラス型パークレット（車道駐車場利用）

2022年時点のストリート・オープン。コロナの影響で飲食店が撤退し、閑散としている

写真5-9-2 車道空間を活用した海外事例（サンフランシスコ 2022年）

タイムズスクエアの階段広場（2019）

ブロードウェイの広場に置かれたテーブル等（2019）

写真5-10 ブロードウェイ広場化プログラム（ニューヨーク）

《オープンライブラリー》

　オープンカフェやベンチのある風景は国内外を問わず、どこにでもある風景であるが、そのそばにオープンライブラリー（路上本棚）を設置している事例がある。ドイツのバイエルン州エアランゲン市中心部の歩行者専用道（モール）では、歩道部分にオープンライブラリーとしての書架が置かれ、読書するにあたり、目の前のベンチでも、近くのカフェでも、自宅に持ち帰りでもOKのミニ書架である。借りるだけでなく、自由に蔵書をここに持って来ることも可能である。市民同士の信頼関係がないと成立しないオープンライブラリーである。ミラノでは「小さな無料図書館」、コペンハーゲンでは「埠頭の図書館」として路上や公園に設置されている。（写真5-11）

　日本でも大阪府池田市の事例がある。1989年4月に第一号の「まち角の図

書館」が街頭に設置され、現在では13ヶ所がオープンしている。無料、無錠、貸出手続きなし、返却期限なしである。この図書館の管理はボランティア団体「池田のまち角に図書館をつくる運動実行委員会」が行っている。

写真5-11　オープンライブラリー（左：エアランゲン/2015年：ミラノ/2022年、右：コペンハーゲン/2022年）

【ホコ天等道路使用】

　歩行者天国（ホコ天）、ストリートライブ、大道芸はこの事例であろう。名古屋はホコ天をいち早く展開した都市である。北海道の旭川市は札幌市への一極集中への対抗手段として1969年に歩行者天国の社会実験を開始し、1972年から恒常的な歩行者専用道（道路法）として平和通買物公園（延長1km）

南大津通でのホコ天のコスプレ・イベントの風景。カメラを持った人が多い。（2017年5月）

写真5-12　歩行者天国とコスプレ撮影イベント

を運営管理している。名古屋市はそれから遅れること1年、1970年から南大津通（700m）で市主催の日曜遊歩道を実施し、1971年から本格実施に移行した。しかし、1972年から歩行者天国として警察主導になったため、路上イベントが禁止された。利用者も少なくなり、周辺道路の交通混雑ともあいまって、1984年に地元商店街から要請が出されて中止となった経緯がある。2011年9月に再び南大津通歩行者天国の社会実験の実施を行い、翌2012年4月以降から本格的に春秋の日曜日各8回程度ずつ実施している（写真5-12）。

　ストリートライブは楽曲の生演奏であり、名古屋では金山の駅前広場や名駅の名鉄百貨店前、久屋大通公園などでゲリラライブが実施されている。東京都ではヘブンアーティスト事業を展開している。公園や公共施設等54施設72カ所を活動場所として指定し、ライセンス方式でパフォーマンス部門373組、音楽部門103組が登録し、活動している。名古屋での展開が待たれるところである。

金山駅南広場でのストリートダンスのパフォーマンス。子供出演のため親が見学にくる（2010年10月）

写真5-13　広場おけるストリートライブ

【道路等緑化の推進】

　炎天下の街中を歩くのは暑い。木陰のない歩道は路面が熱すぎて人はもちろん、ハトもいない。歩道には一般的に街路樹が単列植栽されているが、特に夏場において、より快適な歩行環境を整備するには、並列した樹木の植栽が望まれる。名古屋では久屋大通の歩道（幅員10.5m）内で並列植栽がなされているが、他の歩道では幅員が狭く、並列にはならない。そのため民地で植栽して並列にするか、歩道を拡幅して並列できる植栽空間を確保するかの

どちらかの対応が求められる。

　下記の写真5-14左は歩道植栽と民地植栽とによる並列の事例である。また街路樹の植栽は歩行環境改善につながるが、さらに質を高めるためには、樹木の木陰と休憩施設のセットがあれば、J・スペックの言う「原則3：いい景観のある快適な歩き」を担保することになる。少しの工夫次第である。（写真5-14右）

名古屋栄の愛知県芸術文化センター南。いずれも右側の樹木は民地であり、街路樹とセットで木陰を作り出している。

グダニスク（ポーランド）の旧市街ドゥーガ通り。一本の樹の下には椅子がおかれ、思い思いに休憩している。（2019.年6月）

写真5-14　街路樹と民地植栽と一本の大樹の下

（2）街区内通路・広場のネットワーク

　消毒された都市（碁盤割エリア）の魅力を高める方法のもう一つは、街区内の再編である。碁盤割エリアの街区の1辺は街路整備で削られているので、一辺約90mの平方街区となる。この街区一辺の長さは欧州の城郭都市の街区（300m×200m）や米国ニューヨークの街区（300m×80m）と比較して決して長くはない。むしろ短い。にもかかわらず魅力がないのは戦後の戦災復興区画整理事業による街路（主に15m、20m）の単調性にある。戦前は主に6m街路に路地がいくつも取り込まれ、多様な空間が用意されていた。そのことは、他方で防災性の脆弱性を抱えることになるのだが。

　そこで、空間の多様性を創出するために、下記の街区内再編が求められる。（図5-10）

【街区貫通型屋外通路モデル】

　ビルとビルの隙間を構成する屋外通路が街区を貫通するタイプ。ビルは単独でも機能成立しうるが、貫通通路側からビル（店舗）にアクセスできることによって、4辺から6辺へと店舗配置が可能となる。外周の街路とは異なった環境をもつ通路となる。そのためにはビル間同士が通路用地を拠出し合い、店舗を配置する連携が不可欠である。

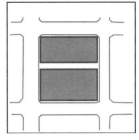

図5-10-1　街区貫通型屋外通路モデル

【屋外ネットワーク通路モデル】

　街区内に複数のビルがあり、ビル間の隙間を通路化し、ネットワークされることで、多様な空間が生み出される。このモデルでは5本の通路の組み合わせである。ここでの特色はビルに囲まれた会所的小空間＝中庭が生み出されることである（網掛部分）。ここにガラス屋根をかけることによって、雨天でも集える場所となる。そこに面する建物の一角にカフェがあればなおさらよい。外周の道路からはこの中庭は見えづらく、プライバシーは保たれる。写真はヘルシンキの中心市街地にある事例である（写真5-15）。

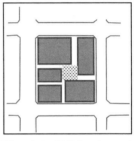

図5-10-2　屋外ネットワーク通路モデル

【ビル貫通型屋内通路モデル】

　大規模ビルの内部を貫通する通路である。名古屋ではラシック、札幌ではさっぽろ創世ス

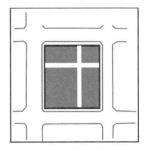

図5-10-3　ビル貫通型屋内通路モデル

クエアにパサージュと呼ばれる貫通通路があることはすでに紹介した（写真5-1, 5-2）。屋外通路とは異なり、天候に左右されることはない。屋内にあるため快適な滞在環境が担保される。ビルの営業時間内のみ解放されるという制約はある。

【ビル内外ネットワーク通路モデル】

中小規模の建物（ここでは5棟）の内部に通路が確保され、他の建物の通路とネットワークされている。同時にビル間の隙間通路もネットとワークされているモデルである。街区内で建物所有者間の調整がないと実現しないレベルの高いネットワークである。地下レベルでは名古屋駅近くにトヨタ不動産が所有するビル地下を通路で結ぶ「地下循環ネットワーク」がある（図5-6を参照）。栄地区では2棟間を結ぶ通路が存在している（図5-7を参照）。

図5-10-4　ビル内外ネットワーク通路モデル

ヘルシンキ（フィンランド）の都心部にあるビルの谷間のカフェテラス。ガラス屋根が取り付けられ、ビルの一角にカフェがあるので、雨天でも大丈夫。飲食をテイクアウトしてテーブルでの会話が弾む。表通りからは見えづらいが、この中庭的空間に3本の路地と繋がっている。知る人ぞ知る憩いの空間になっているのであろう。（2016年6月）

写真5-15　ビル隙間の中庭にある屋根付きカフェテラス

　名古屋市中区錦二丁目7番街区の市街地再開発事業（2022年3月竣工）では、「かつて人々の交流の場となっていた『会所』や『路地空間』を再生・創出し、低層部の連続的な賑わいと交流、回遊性を向上」[注8]させる取り組みが行われた。住宅（402戸）・店舗棟（30階建）と駐車場（136台）・店舗棟（5階建）の間の路地、その路地を延長して街区を東西に貫く路地、さらに開発地西側に街区の南北を貫く路地を設けることによって街区を十字に路地で貫き、その交点に広場（会所）を配置する構造になっている。これは「屋外ネットワーク通路モデル」の応用版であり、現実のものとなっている。

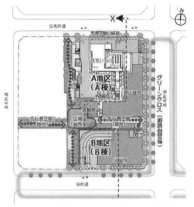

写真5-16　錦二丁目7番街区の市街地
再開発ビルと路地空間

図5-11　錦二丁目7番街区の市街地
再開発事業の施設配置注8

（3）都心空間の魅力づけのための対処方法

【基本的考え方　通路環境の多様性】

　以上から、栄地区の碁盤割空間の魅力を高めるためには、通行量に合わせて街区内に多様な幅員の通路を、1本だけでなく複数本が、また行き止まりでなく通り抜けによって設置されていることが望まれる。その通路はビル（群）内、ビル（群）間（セットバック）を活用する。それら通路を、街区を超えてつなげていく街区循環ネットワークを形成することで、街路環境・通路環境の多様性を確保していく必要がある。そしてそれら通路の交点に人々が溜まり、語らい、休憩する広場を設けることが望まれる。

　これらを通じて、歩いて楽しい都心を創出していくことをイメージしたい。このことは既存のストックを活かしつつ、不足する機能・空間を付加するものである。（図5-12）

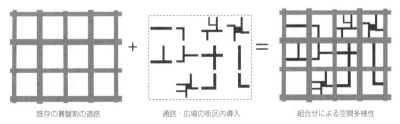

図5-12　碁盤割街区と通路の組合せによる都市空間の多様性創出概念

【これまでの路地空間の変容】

　都市の魅力の一つに路地空間がある。戦前は人口増加や商業需要を受け止めるために土地の高度利用の一種として路地が生成し、その沿道に住宅や店舗が立地していった。それらは木造密集地であり、災害には脆弱な空間である。戦災により市街地のほとんどが焦土と化し、江戸時代から手つかずであった中心市街地は復興土地区画整理事業により道路は拡幅され、公園が整備されて、路地空間は1〜2割にまで減少した。戦後の路地はいくつかの例外を除いて、戦前を引き継いでいない。しかも時間の経過とともに消滅していき、残る路地空間はわずかとなっている。この点については第4章で見たとおりである。

【新しい都心魅力にむけての二つの視点】

　これまで路地は自然発生的であり、計画的に整備されたものではない。防災性能の向上や自動車社会への対応をはかるために道路は拡幅されたが、画一的な幅員のため、沿線の建物利用も画一的になりがちである。大須エリアの魅力は道路空間の多様性から生まれる店舗等の多様性にあった。

　よって、整備水準の高い都市基盤を前提に、都市空間の多様性を生み出すことで都市魅力を高めていく必要があることをこれまで見てきた。つまり、第一に復興事業で創出された公共空間（道路や公園）を、屋外生活を豊かにしていくために活用していくこと（例えば、歩道を使ったオープンなカフェやギャラリー、自動車通行止めによる歩行者専用道化、車線減による歩道の拡幅など）、第二に水準の高い道路に囲まれた街区内に屋内型や屋外型の通路を設け、それらをネットワークしていくことで空間の多様性を生み出すこと、これらを実現していくことを整理してきた。

【具体的展開に向けて－エコ路地の実現】

　具体的には次の展開が求められているのではないだろうか。

　第一に公共空間（街路や公園、河川敷等）の活用や街区内通路の導入が建物（不動産）の資産価値を高めることを明確にすることである。これまで建

物は年々価値を減ずる減価償却型であったが、これからは、建物や地域の価値を高めていく増価蓄積型への転換が求められている注9。

　例えば、建物自身のエネルギーや環境への対策や周辺の公共空間の有効活用による地域環境の改善によるアップデイトが減価償却を防ぎ、増価につなげていくことができると考えられている。これらが環境的視点とすると、もう一つの視点は経済的視点である。より多くの賃料収入を獲得できることやにぎわいなど都市魅力創出への社会的貢献などを評価する必要がある。そこに街区内の路地を位置づけるならば、前者は「エコロジーな路地」、後者は「エコノミーな路地」となり、それを統合すると<u>「エコ路地」</u>という名称が相応しい。

　第二に公共空間の利用指針や通路の整備基準を行政が策定することである。具体的には、公共空間はもっと利用を促進するための規制緩和と今日に相応しい利用ルールづくりを、後者の通路は、混雑や防災、メンテナンスの視点などから、通路幅員や付属設備の整備水準等を設定することである。そして「エコ路地」の条件はなにか、基準を設ければ認証制度を運用することも可能となろう。

　第三に行政側から通路ビジョンを提示し、実現に向けて計画誘導のための補助金や容積等の規制緩和を検討することである。このビジョンが明らかになれば、民間主体は積極的に他の主体と連携することが容易になるだろう。

注釈
注1　参考文献【1】　PP.141-152　橋爪伸也「法善寺横丁 − 連坦制度で路地空間の再建を果たす」
注2　参考文献【2】
注3　名古屋都心部でも京町筋に面していた50間×70間の街区は戦災復興土地区画整理事業により10ｍ街路が配されて長辺が分割され、50間×35間（拡張道路部分を含む）の2街区となった事例はある。江戸時代に50間四方の街区のうち、2街区のみが中道を有していた（第4章図4-2および図4-3の㋑と㋺）。
注4　参考文献【3】
注5　パサージュの歴史は参考文献【4】
注6　Jaromír Hainc, Ph. D.（Director of Department of Urban Design）へのヒアリング（2019年8月26日実施）。 Prague Institute of Planning and Development（Department of Urban Design）にて

注7　参考文献【5】【6】【7】【8】

注8　野村不動産㈱他＜2019.3＞『「名古屋・錦二丁目7番第一種市街地再開発事業』
　　　着工のお知らせ」https://www.nomura-re.co.jp/cfiles/news/n2019030601549.pdf 0
　　　現在は竣工（2022.3）している。ビルの名称は「プラウドタワー名古屋錦」である。
　　　https://www.nttud.co.jp/news/detail/id/n26370.html

注9　中山淳史＜2022.1.5＞「Z世代が率いる価値革命」日本経済新聞

参考文献

【1】　西村幸夫編著＜2006.12＞「路地からのまちづくり」学芸出版社

【2】　渡辺秀綱＜2016.11＞「新宿ゴールデン街物語」講談社

【3】　柳田　良造＜2016.7＞「北海道開拓期における市街地形成の計画原理」日本建築学
　　　会計画系論文集81巻725号

【4】　北山晴一＜2016 Spring＞「ヨーロッパにおける百貨店の成立過程と現代との繋
　　　がりについて」（公財）京都服飾文化研究財団Fashion Talks Vol.3

【5】　Jane Jacobs　山形　浩生訳＜2010.4＞新版「アメリカ大都市の死と生」鹿島出
　　　版会

【6】　Richard L. Florida　井口典夫訳＜2014.12＞「新クリエイティブ資本論」ダイヤ
　　　モンド社

【7】　Jeff Speck＜2018＞「Walkable City Rules: 101 Steps to Making Better Places」

【8】　井澤知旦・海道清信他＜2016.3＞「通りの歩行環境評価の試み―ウォーカブルタ
　　　ウンへの潮流と歩行者交通実態調査から」名城大学都市情報学研究No.21　PP.15
　　　～ 44

【9】　名古屋都市再開発促進協議会　都市マネジメント委員会<2021.3>「名古屋都心部
　　　における公共空間の活用調査　報告書」

【10】　井澤知旦＜2020.7＞「都市魅力と“消毒”都市－名古屋都心における“界隈”の
　　　消失・生成と戦災復興土地区画整理事業の評価－」名古屋学院大学論集＜社会科
　　　学編＞Vol.57 No.1　PP.29-65

【11】　井澤知旦＜2021.7＞「都市魅力と“消毒”都市2－名古屋都心における戦前・戦
　　　後の路地空間の生成と消滅過程に関する論考－」名古屋学院大学論集＜社会科学
　　　編＞　Vol.58 No.1 PP.27-54

【12】　新修名古屋市史編集委員会＜1999.3＞「新修名古屋市史」第1巻～第5巻　名古
　　　屋市

第6章

名古屋の二都物語

名古屋には二つの対抗するもの、あるいは近似するもの、比較されるものが数多くある。「どちらがいいか」なのではなく、その二つの個性のぶつかり合いが、名古屋を際立たせ、活力を生み、市民の愛着を育んでいる。ここでは３つの対象をとりあげて整理しておこう。

　一つは大須商店街と円頓寺商店街と、もう一つは久屋大通と若宮大通、さらに一つは文化のみちとものづくり文化の道である。

1　ごった煮にぎわい「大須商店街」と
　　名駅奥座敷「円頓寺商店街」界隈

　名古屋市全体の商店街関連団体の数（2019年9月現在）は振興組合84団体、協同組合9団体、商工会3団体の合計96団体がある。区別では中区の商店街振興組合等の数が最も多く29団体がある。そして1960年代後半までは三大商店街として、大須、円頓寺、大曾根の商店街があがっていた。ここでは今なお全国有数の集客力をもつ大須商店街（9つの商店街振興組合の連合体＝大須商店街連盟を指す）と常に変化し、飲食店の集積が著しい円頓寺商店街（円頓寺商店街と円頓寺本町商店街をワンセットでとらえた広義の商店街と界隈としての四間道周辺）の二つを取り上げ、その特色と魅力を明らかにする。

（１）大須商店街

　大須商店街連盟は1955年2月に設立され、現在は8つの商店街振興組合、450の組合員から構成される。北は若宮大通、南は大須通、東は南大津通、西は伏見通という幹線道路に囲まれた約32.4ha（セミネット）の区域であり、そこには約1,200以上の店舗がひしめき合っている。（図4-19を参照）

【江戸時代の大須】

　大須の歴史をたどると、名古屋城下町の整備において、軍事的防衛拠点としての寺町の形成に始まる。神社仏閣を集積させることで広大な境内地をまとめることができ、そこに兵隊を駐屯させることが可能になるからである。

また個々の寺院も堅固の塀に囲まれるため、軍事的施設にもなった。丸の内にあった18.2haもの境内地を有する織田家の菩提寺万松寺（正式には亀嶽林萬松寺）が現在の地に7.4haの境内地を持つ寺院として移転、地名となった大須観音（正式には北野山真福寺宝生院）も現在の岐阜県羽島市桑原町大須から移転して、寺町の核となった。1660年には万治の大火により多くの町家、寺院が消失したが、その後は市街地の拡大をもたらし、特に広小路筋以南で展開していった。二代尾張藩主徳川光友は大火後の1664年に橘町を開拓して、その裏に常芝居を許可、1699年には三代藩主徳川綱誠が大須観音境内に春秋の芝居を許可している。そして1730年代の10年間は七代藩主徳川宗春の消費拡大策によって、3つの遊郭が設置されたが、宗春の失脚とともに、遊郭は禁止となった。紆余曲折を経てきた界隈であるが、大須はにぎわっていった。

【明治から戦前までの大須】

　明治時代に入ると人口は増加し、市街地も拡大していく。大須商店街も新時代に合わせて新たな取り組みを活発化させていった。博覧会の開催、電灯の設置、商業組合の組織化、映画館の開館、路面の舗装など、数多くの名古屋初の取組みが行われている。全国初の菊人形展も万松寺境内で行われている。この時代の大須は進取の気性に溢れていたようである。その結果、万松寺の寺領の大部分を店舗等に開放したこともあって、大正時代は名古屋随一の繁華街に発展していった。大正年代末に大須観音の北側にあった旭遊郭が中村へ移転することで、芸妓小屋や小料理屋が撤退していったが、昭和に入って次々と商業発展会が立ち上がり、家具や紳士服の店舗が集積することとも相まって、名古屋随一の繁華街から、名古屋の一大商業地を形成していったのである。

表6-1　大須商店街形成年表

時代	西暦　年	できごと
江戸 明治	1610 〜	名古屋城築城と城下町の形成 清須越と防衛拠点としての寺町形成の位置づけ 大須観音、家康の命を受けて、現岐阜県羽島市から現在地に移転
	1612	万松寺、丸の内から現在地に移転
	1661 〜	元治の大火（1660）後、門前町を形成（1661 〜 1672）
	1730 〜	尾張藩主徳川宗春の時代に芝居や寄席、遊郭まで開業し、にぎわう が、宗春の失脚とともに遊廓が禁止（1739年）
	1871	**名古屋初**の博覧会（名古屋博覧会）が寺町内の総見寺で開催
大正	1873	北野新地に遊廓再復活（貸席茶屋105軒、芸妓112名、娼婦318名）
	1874	東別院で名古屋博覧会が開催
	1886	**名古屋初**の電灯がともる
	1892	大須観音ほか町屋など134棟消失の大火を被る
	1892	**全国初**の菊人形の奥村黄花園（こうかえん）が万松寺境内に始まり、 全国へ
	1896	**名古屋初**の大須門前大商組合が設立される
	1908	**名古屋初（全国3番目）**の映画館「文明館」が開館
	1911	新栄〜門前町の市電開通
	1912	**名古屋初**の路面舗装が大須仁王門通りに完成
	〜 1925	名古屋随一の繁華街・歓楽街に発展(映画館14 〜 20館増加)
昭和戦前	1923	旭遊郭が中村へ移転（芸妓小屋や小料理屋が撤退）
	1931	大須観音の開帳と大須全体でのイベントの実施
	〜 1935	商業発展会が次々立ち上がる。家具や紳士服の集積。一大商業地を 形成
昭和戦後	1945 〜	空襲により大須界隈が消失。徐々に衰退。若宮大通の整備で陸の孤 島化
	1960	万松寺通に**名古屋初**の全蓋式アーケード完成
	1967	地下鉄名城線の上前津駅開設
	1970	大須観音本堂落成
	1974	市電全廃、駐車場不足による衰退に拍車
	1975	アクション大須の開催　1978大須大道町人祭りの定例化　再生の契機
	1977	ラジオセンターアメ横オープン　再生の始まり 地下鉄鶴舞線の大須観音駅を開設
	1978	大須の大道町人まつりの定例化
	1984	第二アメ横が開設される　1980年代は三大電気街の一つにカウント
平成	2000 〜	サブカル系ショップ(アニメ・コミック・フィギア)、メイド喫茶な どの集積で若者の集まるまちへ
	2013	大須再開発事業によるOSU301完成

資料：大須商店街連盟「大須商店街連盟概要」2012.6改訂　PP.8-10をもとに加除修正を行った。

【大須の戦後と衰退】

　しかし終戦の年1945年3月15日の空襲で大須を含め、市街地の多くは焦土と化した。戦後すぐさま戦災復興にとりかかり、この南寺町の墓場群も平和公園に集約移転されていった。1960年には名古屋初の全蓋式アーケードが完成し、「名古屋初」が戦後も継続している。戦災復興事業が進捗すると、百m道路若宮大通が概成し、商業中心である栄地区と空間的に分断された。また地下鉄名城線上前津駅が開設（1967）されるも、市電が全廃（1974）されることで、きめ細かな移動ができなくなった。さらに、大須商店街は駐車場が不足するなど、うまく車社会に対応できず衰退していった。地区外に転

図6-1　尾張名所図会の大須観音境内

写真6-1　大須観音の再建されたRC造の本堂

江戸後期の尾張名所図会に描かれた大須観音。境内に五重塔が建っている。右下に仁王門があり、表参道が続く。仁王門は現在の位置より西側にあった。1892年に大須の大火があり、大須観音堂、五重塔、仁王門、庫裏、町家などが消失した。1896年大須観音堂、仁王門は再建されるが南向きでなく東向きとなっている。戦後の再建で南向きに戻された。（図6-1）
出典：Network2010
「尾張名所図会デジタル着色集」

写真6-1は戦後の1980年に再建された本堂で、地下に大ホール、1階部分にホール兼展示場、2階が本堂となっている。構造は耐火性を高めるため鉄筋コンクリート造で再建されている。

出する店舗も生じていた。

【衰退からの巻き返し】

　この衰退に歯止めをかけるべく、1975年に名城大学の学生を中心とした若者たち（当時の名城大学池田芳一助教授のゼミが企画）の祭「アクション大須」を開催し、そこでは昔ながらの大道芸、例えば猿回しやがまの油売り、バナナの叩き売りや人間ポンプ、のぞきからくりなどを披露するものであった。いわゆる、よそ者・若者による企画実施であるが、人気を博した。この成功体験を活かして、1978年から「大道町人祭」として開催され、現在に至っている。

　1977年にラジオセンターアメ横共同ビルが完成し、その7年後の1985年に第二アメ横ビルが建設されることで、大須が秋葉原（東京）、日本橋（大阪）

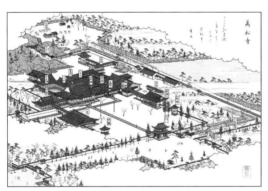

図6-2　尾張名所図会の万松寺境内

写真6-2　従来のイメージを一新した万松寺のエントランス部分

江戸後期の尾張名所図会に描かれた万松寺。丸の内から築城に合わせて当地に移転してきた。丸の内では18.2haを有し、移転とともに7.2haに境内地は減少したものの、広大な境内を有していた。1912年には寺領の大部分を開放することで、多くの商店の立地が可能となり、大須は名古屋随一の繁華街となった。1994年には地下1階、地上5階のビルに建替えられた。2002年には新天地通を挟んだ迎え側に万松寺ビルが完成している。
（図6-2）
出典：Network2010「尾張名所図会デジタル着色集」

写真6-2は最近の万松寺のエントランス。上部にはデジタルサイネージが取り付けられ、自在に変化するエントランスになっている。

と並ぶ三大電気街の一つに数えられるようになった。電気部品からパソコン等の販売もここが中心になっていった。

　パソコンも店頭販売からネット販売に転換していくと、大須の電気街のイメージが低下していった。それに代わって2000年以降にサブカル系ショップ（アニメ・コミック・フィギアなどのホビーショップ）、コンセプトカフェ（略してコンカフェと呼ぶ。代表例としてメイド喫茶等コスプレカフェがある）、トレンドファッション店・古着屋、雑貨店、飲食店などの店舗が増えて、一層若者が集まる商店街へ急成長していった。

【国際色豊かな食の街】

　大須にはエスニック料理の店舗が集積している。ブラジル、ベトナム、トルコ、インド、モロッコのレストランがあり、日本人客やインバウンド客だけでなく、当地在住の外国人が集まるコミュニティセンター的な役割も担っている。これらの店は主に東仁王門通に集中している。韓国、イタリア、フランス等のレストランも立地しているので、食の豊かさも大須の特徴となっている。

【SDG's の先取りとなるリレーユース】

　SDG's の象徴がコメ兵（現在㈱コメ兵ホールディングス）である。戦後、古着の行商からスタートした米兵（当時）は、時代の流れに沿って業態を拡大してきた。取扱商品も拡大し、関東・関西から仕入れて名古屋で売ることで品揃えを豊かにしていった。2000年には7階建のビルを建て、1,700坪の売場面積を確保して対応し、リサイクルデパートとして再出発を果たした。その後、リーマンショックや東日本大震災により消費が冷え込んだが、それを乗り越え今日に至っている。今日ではいくつかの店舗（例えば、ファッション館やカメラ・楽器館、買取センター）を大須本館に集約し、個性ある販売店であるエングラムやきもの館は別棟となっている。「『再利用』にとどまらない『"良質"・"価値"の伝承』」をビジネスモデルとした「リレーユース」を標榜している。

【パレードとアーケード】

　大須はイベントの商店街でもある（表4-8参照）。2月は節分会、毎月の骨董市等が開催され、7〜8月の土日の2日間を使って夏まつり（1951年より開催。2020年［第70回］と2021年［第71回］はコロナ禍で中止）が行われ、サンバや阿波踊りなどのパレードが見られる。この夏まつりとコラボした世界コスプレサミット（2003年より開催）のパレードも行われ、多くの人々を集めている。秋は10月の土日の2日間を使った大須大道町人祭（1978年より開催）でにぎわう。官製の名古屋まつり郷土英傑行列に対抗して、おいらん道中行列、子供英傑行列が行われてきた。パレードコースは全蓋型アーケードをうまく繋いで行進するので、雨風や猛暑を防ぐことができるため、恰好のパレード商店街になっている。

【元気な大須商店街の要因を探る】

　大須が戦後の落ち込みから今日では元気な商店街として持続している理由を探るといくつかの視点が整理される。

　第一は時代とともに店舗の業種や業態を絶え間なく変化させてきていることである。寺町の門前町から始まり、遊郭復活や映画館の集積により歓楽街を形成、さらに家具や紳士服の店舗も集積して一大商業地を形成した。戦後になって若宮大通（百m道路）の整備が都心部栄と大須との分断がなされ、陸の孤島と化し、市電全廃と商店街内の駐車場不足とも相まって、商店街の衰退に拍車がかかった。しかし、アメ横の出店を契機に三大電気街の一つになるほど集積し、さらに2000年代に入るとサブカル系店舗やコンカフェ、アメカジファッションやリレーユースのコメ兵や古着屋、雑貨屋な集積する一方で、食べ歩きのためのテイクアウト飲食店舗も多くみられるようになった。

　第二は時代に流されることなく営業を続ける老舗の存在である（表6-2）。ほぼ100年以上続いている老舗は12軒、うち1800年代創業が3軒存在する。多くは"食"に関わる分野の店が多い。伝統の味は継続性があるようだ。これらの店があるがゆえに、大須の歴史に厚みをもたらす。流行不易の"不易"があってこそ"流行"が際立つし、その逆も然りである。

表6-2　大須の老舗一覧

分野	名称	創業年	内容
明治以降			
食材	阿己雪漬物店	1868	漬物
食事	互楽亭	明治初期	食堂
食物	青柳総本家	1879	ういろう
食物	山中羊羹舗	1900	羊羹・ういろう
食事	大須寶寿司	1902	寿司
食物	今井総本家	1906	栗
食物	松屋コーヒー本店	1909	コーヒー豆・喫茶
食物	納屋橋饅頭万松庵	1919	まんじゅう
食事	やっこ	1920	うなぎ料理
食物	朝日軒	1921	煎餅
食材	志那河屋	大正中期	昆布　大須1927
食事	御幸亭	1923	洋食堂
食事	うなぎ光玉	1930年代	うなぎ料理
戦後創業			
食事	大須亭	1946	やきとり
食事	矢場とん	1947	味噌とんかつ
食物	大須ういろ	1949	ういろ等
ファッション	テーラー神谷	1957	洋服仕立て
食事	コンパル大須本店	1960	喫茶店
娯楽	大須演芸場	1965	寄席等

　第三は第4章4（3）でも述べたが、道路幅員に多様性があり、またアーケードにも多様性があるので、多種多様な店舗が立地できる商業環境を有していることである。主道路（本町通・裏門前町通）、アーケード街（全蓋型5本）、横道、路地の多様性であり、幅員の異なる全蓋型アーケードや両歩道上アーケードの多様性である。これらの違いは立地環境や家賃相場の違いとなって現れ、立地する店舗もさまざまとなる。

　第四は商店街運営やまちづくりに関する人材の育成を継続して実施していることである。大須大道町人祭は2022年で第43回を迎えるが（コロナ禍のた

め2回実施せず)、毎回実行委員長は新人が担当して、再任はないため、実行委員長経験者が蓄積していく。これらの人材がまちづくりや様々な活動の人材供給源となっている。

　第五は情報発信のうまさである。名古屋三大商店街と言われる大須、円頓寺、大曾根を取り上げ、検索ヒットした件数を一覧表にすると (表6-3)、圧倒的に大須が多い。歳時記的なイベントはもとより、新規店舗紹介や小さなイベントまで取り上げられるよう、常に情報発信しているためであろう。

表6-3　名古屋三大商店街メディア露出度 (2020.5.18時点)

商店街名	中日新聞	グーグル検索
大須商店街 (中区)	643,000件	2,090,000件
円頓寺商店街* (西区)	283,400件	353,000件
大曽根商店街 (東区)	81,400件	276,000件

＊円頓寺本町商店街を含む

【大須商店街は飽きない空間】

　大須商店街は三層構成である。1層は歴史的地層、2層は空間的地層、3層は業種的地層を有する。老舗から流行店舗まで、アーケード空間から路地空間まで、飲食・物販からサブカルまで、多様性の重層化は、冒頭タイトルの

写真6-3　コロナ禍前の万松寺通 (アーケード街) のお盆のにぎわい (2019.8.13)

ごとく "ごった煮" 感を醸し出しており、ぶらりと歩くたびに新たな発見が
あるので "飽きない" のである。

（２）円頓寺商店街（円頓寺本町商店街を含む）

　円頓寺商店街は（東）円頓寺商店街（1957年設立）と円頓寺本町商店街（1963
年）の二つの商店街から形成される。二つとも同時期に整備したアーケード
を有している。以前はアーケードのない西円頓寺商店街も存在したが、現在
は商店街ではなくなっている。組合員数は前者が34軒、後者が45軒で合計
79軒である。大須が面的な広がりを有しているのに対し、円頓寺は線的な
形状であるが、今日では面的な広がりを見せてきている。その変貌を見てい
く。

【江戸時代の円頓寺界隈－門前町による店舗集積】

　名古屋城築城とともに堀川が開削されて、江戸時代の重要な物流幹線と
なっていった。熱田湊で荷揚げされた商品を小船に乗せて、沿川の商家の蔵
に搬入された。米穀や塩、味噌、茶、漢方薬などの生活必需品を船から出し
入れする荷役の人々のために出店が始まる。18世紀中ごろには、３つの寺
院が当地にまとまったエリアに移転するに伴って門前町が形成され、いわゆ
る商業集積地となった。3つの寺院とは信行院（真宗高田派）、円頓寺（日蓮宗）、
慶栄寺（真宗大谷派）であり、円頓寺を起点に西にむけて円頓寺筋を、慶栄
寺と信行院を結ぶ延長上（南方面）に御本坊筋を形成していった。

【明治から戦前までの円頓寺－工場立地と鉄道整備による店舗集積】

　明治に入ると円頓寺の尾張徳川家の鬼子母神が一般市民に開放されること
によって、にぎわいが生まれ、多くの露店が出店して、それらが徐々に常設
化していった。1900年代に入ると既成市街地の外縁にあたるエリアに日本
陶器（一部は現ノリタケの森）や豊田自働織布工場（現トヨタ産業技術記念館）
が、また帝国撚糸東洋レーヨンなどの工場が立地した。ほぼ同時期に名古屋
電気鉄道押切線が開通し、瀬戸電気鉄道が堀川駅まで開通するなど、円頓寺
界隈を取り巻く環境が激変していった。押切線の整備と工場の立地によって

多くの工具が通るため、ちり紙を店先に置いていても飛ぶように売れていった。我も我もと店を出すうちに西円頓寺（商店街）が形成されていったのである。門前町であった円頓寺（商店街）は瀬戸電鉄の堀川駅が整備されることよって一層にぎわっていった。円頓寺本町（商店街）は東西の円頓寺の店舗立地が延びて商業集積が進んでいったようである。[注1]

【戦前における商店の組織化と一大歓楽街の形成】

　大正から昭和の初めにかけて、商店が共同歩調をとっていく。親睦会（後に親商会）の結成や縁日（毎月10日、18日）における売出し日の設定、年末年始や中元時期の一斉大売出しなど、一体感をもった行動をとった。名古屋初の招待会（鶴舞公会堂での寄席や演芸）が中元の大売り出しに合わせて実施された。このような共同歩調はやがて商店街の組織化につながっていく。円頓寺本町発展会や円頓寺商店街商業組合が1930年代後半に結成された。

　戦前には芝居小屋、寄席、映画館等が集積し、芸者の置屋も70〜80軒が集積する一大歓楽街を形成していったのである。正月になると芸妓が頭に稲穂を差し、黒い着物の赤い裾を少し持ち上げて、しゃなりしゃなりと歩いてお世話になったお店に年始の挨拶に行く様子は風情があったようである[注1]。

表6-4　円頓寺商店街形成年表

時代	西暦　年	できごと
江戸	1610〜	名古屋城築城と城下町の形成とともに物流を担う堀川界隈での商家や店子の集積
	1647	浅間社の当地移転
	1656	専修寺名古屋別院（真宗高田派本坊信行院）の当地移転
	1724	享保9年の大火。武家屋敷935軒、町屋871軒、社寺18ヶ所消失
	1725	長久山円頓寺の当地移築
	1741	阿原山慶栄寺（真宗大谷派）の当地移築・落慶
	1859	金刀比羅神社の当地移築
明治	初期	円頓寺の鬼子母神を開放による人々のにぎわいと露店の定着
	1901	名古屋電気鉄道押切線の開通
	1904	日本陶器（現ノリタケ・カンパニー・リミテド）が操業
	1911	瀬戸電気鉄道堀川駅まで開通
	1912	豊田自働織布工場が操業
大正		親睦会（後に親商会）の結成

昭和戦前	1928	縁日と売出し日、年末年始や中元時期の一斉売り出し（84店舗）すずらん式街灯
	初期	芝居小屋、寄席、映画館等が集積した一大歓楽街を形成
	1935	すずらん式アーチネオンの導入
		名古屋初の招待会の開催
	1936	円頓寺本町発展会（商店街）が結成
	1938	円頓寺商店街商業組合が結成
	〜1945	芸者の置家　70〜80軒が集積
	1945	空襲によりほとんどが灰塵に帰する
戦後	1950	道路の拡幅（6m→8m）と電話線の埋設、ネオン灯の建設
	1955	円頓寺七夕まつりが始まる
	1957	地下街サンロード、新名フード、メイチカがオープン、以降ユニモール、エスカ、テルミナ等の地下街が順次拡大。百貨店・事務所ビルの建設が進む
	1964	可動式本格アーケードの導入（円頓寺本町商店街＋円頓寺商店街）
	1971〜	1972年に市電押切線と上江川線が廃止
	1980'S〜	2000'S、前半までは円頓寺商店街は衰退が継続
平成	2007	那古野界隈活性化むけて「那古野下町衆」が設立
	2011	円頓寺を舞台にした映画『WAYA! 宇宙一のおせっかい大作戦』全国公開
	2013	円頓寺秋のパリ祭が始まる
		円頓寺商店街アーケードのリニューアル工事完成
	2015	フランス・パリの「パサージュ・デ・パノラマ」と姉妹商店街提携クラフトマルシェin円頓寺本町が始まる
	2018	空き家対策の推進にむけて㈱ナゴノダナバンクが那古野下町衆より独立
	2020〜	2021年までコロナ禍のため各種イベントが中止

【昭和年代の復興と衰退】

　円頓寺商店街は空襲によって一部を除いて焼け出された。すぐさま復興にとりかかる。1950年に道幅6mを8mに拡幅し、ネオン灯の設置や電話線の埋設工事が行われた。同年代中頃には戦前のにぎわいを取り戻していく。そして円頓寺名物七夕まつりが1955年から始まった。1964年には可動式本格アーケードが導入された。

　しかし一方で名古屋駅周辺の開発が進み、毎日ビル（1953）、名鉄百貨店（1954）、豊田ビル（1955）、近鉄百貨店（1966）の大型施設が建設されるとともに、地下鉄東山線の整備にともなう地下街の建設（1957）が進むことによって、顧客が円頓寺商店街から離れていった。また、商店街周辺の人口も減少を続

け、近隣の買物客が少なくなっていった。その結果、1980年代から1990年代は衰退し、2000年代の前半までそれは続いた。人通りが少ない記事がいくつか掲載されていたが、平日の昼間に店に商品を搬入する人以外に客はおらず、ある雑誌に老人がこぐ自転車の荷台に一枚の板を敷いて一匹の犬「ワンサー」が乗っている写真と記事が掲載された注2。まさに衰退商店街を象徴する風景であった。

　ちなみに円頓寺商店街と円頓寺本町商店街の組合員数は1953年→2005年→2022年の変遷を見ると、それぞれ89→37→34軒、105→56→45軒と大きく落ち込んでいる。

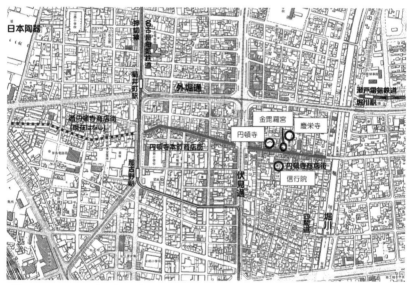

図6-4　1955-1958年時点の円頓寺商店街界隈地図と明治年代に敷設された鉄道と駅の位置関係
＊名古屋市都市計画基本図（昭和30〜33年）をもとに加工

【再生商店街のモデルに】

　しかし商店街関係者は手をこまぬいていたわけではない。2007年には商店街界隈の活性化を図ろうと彼らや外部関係者・専門家からなる「那古野下町衆」が結成され、問題提起や提案、行動企画を行っていった。より情報発信力を高めるために、円頓寺を舞台にした映画「WAYA! 宇宙一のおせっか

い大作戦」が2011年に上映された[注3]。

　そして、画期となるイベント「円頓寺秋のパリ祭」が2013年から始まる。なぜ円頓寺商店街がパリなのかと思わせるところも情報発信の要である。パリの都のように「人々が行き交い、買い物と会話を楽しみ、そこから新しい文化が誕生」[注4]することをここ円頓寺商店街でも整えるため、商店街店舗に加え、名古屋市内外から様々な出店者やアーティストを呼び込んで開催している。2015年にはフランス・パリの「パサージュ・デ・パノラマ」と姉妹商店街提携を結んだ[注5]。パリ祭の開催を重ね、パリの商店街との提携は一層パリのイメージを定着させることとなった。同時にこの年はアーケード設置50周年を踏まえた大規模リニューアルが行われた。構造的補強とともに新しい屋根材料や照明器具を用いることによって明るい雰囲気を演出している。また西の玄関口に掲げられた木目調の商店街看板は照明器具とも相まってどこか和風の雰囲気も醸し出している。

　円頓寺商店街が先行するイベントに対し、アーケードが連続する円頓寺本町商店街も新たなイベントを始めることになった。パリ祭に遅れること2年の2015年に「クラフトマルシェ in 円頓寺本町」がスタートした。「つい忘れてしまいがちな手仕事の温もりに感動し、一期一会を堪能し、温故知新をあらためて知る」[注6]ことのできる場所として円頓寺本町商店街で開催された。このエリアは後述する「ものづくり文化の道」に含まれ、「手仕事＝ものづくり」のイメージと合致することとパリ祭との差別化のためにこのテーマを

写真6-4　パリ祭に集まってきた人々
（2018.11）

写真6-5　店舗からみたパリ祭の人通り
（2015.11）

選んでいる。初回はPRが十分でなかったため、パリ祭を訪問した人々がクラフトマルシェに流れ込んでくるイメージだが、回を重ねるごとにクラフトマルシェを目的地として、パリ祭に流れるようにもなってきた。

　商店街界隈でそれぞれの商店街が異なるテーマのイベントとそれらにつながる四間道でも秋まつりが同時開催されることで、一つのエリアで3種のイベントを楽しめることができるようになり、その効果で集客力を高めている。

　ただし、このようなイベントも2020年と2021年はコロナ禍の影響で中止になった。

写真6-6　クラフトマルシェの人出　　　写真6-7　クラフトマルシェ店のにぎわい
　　　　　（2017.11）　　　　　　　　　　　　　　　（2018.11）

表6-5　戦後の円頓寺界隈の主なイベント（社寺に関わる縁日を除く）

イベント名	頻度	開催月日	開始年	円頓寺本町	円頓寺	四間道	主催
円頓寺七夕まつり	年行事	7月下旬	1955〜	○	○		
お雛さまめぐりin円頓寺・四間道界隈		2〜3月頃	2016〜	○	○	○	
とまとまつり		8月	2016〜		○	○	
円頓寺商店街盆踊り大会		8月	2019〜		○		武将隊
郡上おどりin円頓寺本町商店街		9月	2011〜	○			
円頓寺秋のパリ祭		11月上旬	2013〜		○		
クラフトマルシェin円頓寺本町		11月上旬	2015〜	○			
四間道秋まつり		11月上旬	2013〜			○	
キャンドルナイト		夏至冬至	2007〜	○	○		
エリアジャック高知@なごの		2月頃	2019〜		○	○	
クラブ円頓寺		3月末	2018〜		○		メ〜テレ
ごえん市	毎月行事	第1日曜			○		げんき会
着物日和		第1土・日曜		○	○	○	
円頓寺星空マーケット		第3土曜日			○		
円頓寺商店街サタデーマーケット		毎土曜日			○		

戦後に円頓寺界隈で生まれたイ
ベントを整理すると表6-5のとお
りである。商店街主催ではなく、
連携行事もここに記載している。
これを見て分かるように新規イベ
ントは商店街衰退からの脱却を図
るために企画され、実施されてき
た。よって円頓寺商店街の場合、
再生の契機は「イベント・オリエ
ンティッド」と呼んでいいであろ

図6-5　下町情報誌「ポゥ」の創刊号と
最終号（2020.11.11）

う。これらを運営するためには膨大なエネルギーが必要となり、地元若手や
新規参入店主の主体的な参加が実現を可能にしているのである。

　イベントではないが2005年から2020年まで半年ごとに円頓寺・四間道界
隈をあるく下町情報誌「ポゥ」が発行されていた。衰退期から再生期を見守っ
てきた情報誌である。商店街の女性3人による編集・発行（縁側妄想会議編
集室）によるものであった。「ポゥ」とは猫の肉球の意味なので、表紙に肉
球あるいは猫がいつも描かれており、衰退時期の犬「ワンサー」と再生時期
の猫「ポゥ」の対比が暗喩的で面白い。

【線から面への展開】

　複数の商店街が面的に広がれば、大須商店街のように店舗の多様性に厚み
を持たせることはできるが、円頓寺商店街は2つの商店街が直線的に連なる
ので、そのような厚みを持たせることは難しい。しかし最近の円頓寺商店街
界隈は、商店街店舗の空き家に新規店舗が充填されるだけでなく、商店街か
らその界隈へ溢れ出るように店舗が出店する動向が目立つようになった。円
頓寺商店街と垂直に交わる四間道[注7]の存在がそれに拍車をかけている。四
間道は商家の土蔵が並ぶ独自の景観から名古屋市の町並み保存地区に指定
（1986年）されている。その土蔵を活用したレストランや木造長屋を改造し
た飲食店、物販店、サービス店がわずかここ10数年の間に図6-6のとおり立
地していった。名古屋駅と名古屋城をつなぐ位置にある円頓寺商店街界隈は、

いわば名古屋の奥座敷としての役割を担いつつある。

【二つの推進者　ナゴノダナバンクと不動産工房】

　これらの変化は自然発生的にもたらされたものでない。この地域の資産を有効に活用しながら円頓寺商店街界隈を活性化させようと意識的に考えた主体が存在したからである。

　一つは前述した那古野下町衆が立ち上がり、翌年2008年に空き家対策チームとして設置されたナゴノダナバンクがある。最初の実績は2010年のアート・ファッションの店舗であり、毎年2〜3軒のペースで改修・店子斡旋を積み上げてきて、2022年4月時点で31軒40店となっている。2018年にはナゴノダナバンクは株式会社として独立（共同代表：藤田まや・市原正人）し、培ってきた町家再生ノウハウをビジネスにして、当地はもとより全国的に展開している。この主体の特徴は、家主と店子をつなぎ、地元商店街との調整を図って、いずれもが安心して経営できる環境、すなわち三方よしの環境をつくりつつ、地域の活性化を図っていることである（図6-7）。

　もう一つは㈱不動産工房（代表：伊藤維雄）である。2004年にスタートした比較的新しい不動産会社であり、駐車場ビジネスと歴史的資産活用ビジネスの二つを事業の柱にしている。とくに円頓寺商店街界隈では後者のビジネスを2012年より積極的に展開しており、町家等の再生とともに地域の歴史的文脈を踏まえた新規店舗開発も行っている。これまでに那古野エリアを中心に23軒38店舗の実績を持ち、町家等の改修を行ってきている。このなかには前述のナゴノダナバンクが改修設計等を行う連携事業も展開している。この2社のみが再生・開発に関わっているのではないが、中心的存在であることは間違いない。時には競争しながら、時には連携しながら、円頓寺商店街や四間道界隈の歴史的資産を活用して、地域の活性化に貢献している。

図6-6　2010～2022年(4月)における円頓寺商店街界隈の主要な新規立地店舗

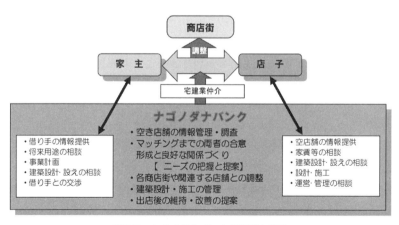

図6-7　ナゴノダナバンクの役割と特色

【円頓寺商店街界隈は連続的歴史空間】

　名古屋駅から名古屋城をつなぐエリアに円頓寺商店街ある。名古屋駅は超高層ビルが建ち並び未来を象徴している。名古屋城では天守閣が戦後の鉄筋コンクリート造により1959年に、本丸御殿が木造により2018年に復元され、江戸時代の象徴として堂々と構えている。円頓寺商店街界隈は江戸時代に建立された寺社や元禄大火後に整備された四間道、明治から令和まで連綿と続く商店街があり、とりわけ昭和の時代を色濃く残すアーケード街と戦前長屋群はレトロ昭和感を醸し出す。そこに新しい店舗が進出しつつあり、未来の鼓動が聞こえてくる、そんな円頓寺商店街界隈である。

（3）商店街二都物語を読み解く

　大須商店街と円頓寺商店街の二つの商店街はともに長い歴史を持ち、その年月の中で盛衰を味わっている。「盛者必衰の理」は真理かも知れないが、衰者は必ずしも繁盛を再び獲得できるとは限らない。しかし、現状で大須商店街は盛り返して繁盛を維持し、円頓寺商店街は盛り返しの途上にある。

【衰退の背景の共通性　交通条件と集積立地】

　戦前までは二つの商店街は一大歓楽街を形成していた。

　大須は遊郭や芸者の置屋、映画館などの交遊施設が集積していたが、遊郭の撤退や戦災による焼失などにより沈滞した。戦後すぐさま復興にとりかかったが、防災インフラの百ｍ道路である若宮大通が整備されて、栄と大須が分断された。また栄で百貨店や地下街などの商業集積が進むも、人々を大須に呼び込むことができなかった。また、地下鉄の整備とあせて市電の廃線化が進められ、停車駅数が4駅から2駅に減少するとともに、車社会が進む中で大須商店街内に駐車場が整備されなかったため、アクセスへの不便さが客足を遠のかせた。結果的に大須商店街は〝陸の孤島化〟が進み、衰退が進んでいったのである。

　円頓寺も戦前は大須と同様に芸者の置屋、芝居小屋、寄席、映画館等の一大歓楽街を形成していた。戦災にあって焼け出されたが、復興に取り組んでいった。道幅を拡幅し、七夕まつりといったイベントも開始した。しかし、

大須と同様に、名古屋駅周辺での商業ビル群の建設や地下街の整備、市電の廃止が進んだ。商店街に人を呼び込む環境が大きく変わり、商店街自身のパワーがなくなっていったため、衰退に拍車がかかった。

　栄と大須、名駅と円頓寺の関係性はメインとサブの関係性であり、メインがパワーを増大するほどサブはそれに引かれ減衰させる。同じ土俵で戦うのでなく、メインにはないサブの個性で戦うことしかないのである。それを確立した商店街は再生を果たすことが可能となる。

【地域特性を踏まえた展開の相違点　多様性と歴史性】

　いずれも寺院の名前から商店街が名付けられている。大須商店街は寺社が群集する南寺町を起源とし、それらの門前町として商業施設が集積していったので、面的な広がりを持っている。他方、円頓寺商店街は堀川という物流の拠点として、また円頓寺や慶栄寺、信行院の門前町として、さらには明治に入り、近代工場の立地や電気鉄道の駅設置に伴い、商業機能は集積していくが、ここでは線的な広がりとなった。

　二つの商店街は時代とともに特性を変えてきている。大須商店街は、戦前は門前町と歓楽街、戦後は家具と紳士服、電気街と電脳街、リユースとサブカルへと変化している。円頓寺商店街は、戦前は同様に門前町と歓楽街、戦後は生活物販とイベント・オリエンティッド、生活サービスと土蔵・長屋の飲食店群へと変化している。商店街の浮き沈みは避けられないが、浮上のカギは新陳代謝である。生き物が新陳代謝により成長し、命を維持しているのと同様に、商店街も新陳代謝が行われなければ、シャッター街になる。他方、老舗があるから商店空間の趣を醸し、街からの信頼性を保持しているのも事実である。変わるものと変わらぬもの、つまり不易流行のバランスが重要である。

　二つの商店街はそれぞれの特性を踏まえた展開がなされている。大須は商業集積の厚みを活かして"ごった煮"感という多様性で個性を出し、商業の新陳代謝で活況を維持している。円頓寺はアーケードを最大限生かした新たなイベントを付加していくとともに、四間道の土蔵群や町家群といった歴史的資産を活用しながら、用途転換によって商業空間を拡大している。

【衰退脱却のための人材育成　世代交代の若手と外部連繋】

　大須再生のきっかけは「アクション大須」で手づくりでも企画次第では多くの人々を集めることが可能であることを示し、それを発展させた「大道町人祭」の開催と継続を図ったことである。その主体は実行委員会形式を取り、各商店街の青年部や青年会議所の大須メンバーなどの若手が議論と飲み会を重ね、親睦を深め、実行に移していった。つまり主導権の世代交代を実現していった結果が衰退脱却に繋がっている[注8]。実行委員長は毎年入れ替わるので、これまでに40人以上の祭り運営経験を持った人材が蓄積している。彼らは大須全体の活性化の底上げに貢献している。

　円頓寺再生のきっかけは若手中心の集まりである「那古野下町衆」が立ち上がり、商店街活性化に向けて議論し行動してきたことである。その構成員には商店街の若手メンバーだけでなく、企業や建築家、研究者、コンサルタントなど、外部の様々な専門家を巻き込んでいる。円頓寺商店街（狭義）の理事長は2008年から若手女性に引き継がれ、「円頓寺秋のパリ祭」をはじめとする様々なイベントを開催し、空き店舗に新規の店子を入れ、それらを継続しつつ蓄積する緩慢な変化をもたらす一方、アーケードの改修により商業環境を一変させるなど、緩急を織り交ぜながら展開していったのである。

　若手の登場という世代交代が慢性的な衰退を転換させる大きな力となっている。

2　名古屋シンボルの久屋大通と生活ギャラリーの若宮大通

　名古屋の戦災復興のシンボルとして、百m道路がある。本著においても第3章4（4）でその整備過程について述べている。広幅員道路といえば、札幌市の札幌大通（東西延長1.5km、幅員105m）や広島市の平和大通り（東西延長3.9km、幅員100ｍ）が有名であるが、名古屋市は久屋大通（南北延長1.74km、幅員110ｍ）と若宮大通（東西延長3.85km、幅員100ｍ）の二本を持ち、総延長距離も5.59kmと他都市のそれとは群を抜いて長い。

久屋大通と若宮大通は同じ百m道路でも性格は異なっている。戦災復興事業で誕生した点では同じであるが、従前地の土地利用や配された場所のポテンシャルが異なるため、道路の性格は大きく異なっている。それを二都物語として対比していこう。

（1）名古屋のシンボル　久屋大通

　現在、久屋大通は、北は外堀通り、南は若宮大通までの1.74kmの延長距離を持つ幅員110mの道路である。江戸時代の碁盤割がそのまま活用され、東の久屋町筋（道幅京間3間≒5.91m）と西の鍛冶屋町筋（同）およびそれに挟まれた街区（街区幅京間50間≒98.5m）で幅員110mとなっている。ちなみに江戸時代の利用区分でみると北半分は町人地、南半分は武家地として利用されていた。昭和8年の住宅地図では住宅や店舗のほか、寺社が3ヶ所、小学校が2校あり、広小路通沿いにいくつかの近代ビルが建っていた。すべてが道路（のちに公園が付加）になったため、元の所有者は原地換地でなく、別場所に換地された。小学校は統廃合されている。

　道路の中央部には都市公園久屋大通公園（幅70m、延長1.38km）が配置され、道路面積の50％が公園利用となっている。1949年に工事が始まり、1955年に概成、1968年にほぼ完成している。久屋大通と名づけられたのは1961年であった。

　なお、久屋大通公園は、当初は久屋大通の中央帯として緑化されたが、1970年に都市公園法の公園として位置づけなおされた。今日の久屋大通公園はオアシス21（2002年完成）とフラリエ（旧ランの館/1998年完成）を含めてそう呼んでいる。

【久屋大通の四つのエポック】

　第一は、1954年の名古屋テレビ塔の開設である。高さ180mの鉄塔であり、90mの高さに展望台、100mの高さに展望バルコニーが設置されている。日本初の集約電波塔であり、当初はVHF4局5波が発信されていた。放送局の電波が集約されているので、家庭のアンテナは一つでよいことになる。民間放送局の塔をどの位置に建てるかについては、現在の位置と本町通と桜通の

交差点の近くの２ヶ所が想定されたが、後者は建物移転が多くなるため、久屋大通に建設することになった。しかし道路上では建物は建てられない、将来地下鉄を通すので、それを阻害する基礎工事は行えない、などの壁が立ちはだかった。当時の助役は戦災復興を推進していた田淵寿郎（第３章４を参照）であったので、その壁を取り払うべく行政も動いた。テレビ塔は建築物でなく、電柱のような工作物として扱うこと、基礎工事は深く掘削する必要のない工法（35ｍ四方の四角に深さ６ｍの基礎を設け、それらを縦・横・斜めに鉄筋コンクリートで緊密に連結）を用いた。この難工事もわずか９ヶ月足らずで竣工し、一人の死者を出さない快挙を成し遂げた。竣工当時は久屋大通内に家屋が残っている状態であった。いずれにせよ、高さ180ｍの威容が戦災復興のシンボルとなり、名古屋の将来に希望を持たせるものになった[注9]。なお、2011年にアナログ放送が終了し、デジタル放送になると名古屋テレビ塔は電波塔の役割を終えている。

　第二は、地下鉄名城線は市役所〜栄（当時は栄町）間が1965年に開通しているが、1978年に名鉄瀬戸線が栄に乗り入れることによって、錦通から外堀通までの区間で大改造が行われたことである。一つは、錦通から桜通まで地下街セントラルパーク（延面積56,369㎡、当初計画150店舗／現97店舗）と桜通から外堀通まで地下駐車場（延面積25,735㎡、570台）が整備されたこと、二つは地上部で公園改造が行われ、北から「いこいの広場」「ロサンゼルス広場」「テレビ塔界隈（彫刻の庭やさかえ川など）」「もちの木広場」が整備されことであった。特に「もちの木広場」は地下２階レベルの広場を地上まで吹き抜けにしているので、直接光や風を取り込む画期的な空間になっている。この広場によって、非常時避難や排煙など地下街の安全性を高めるものとなっている。

　第三は、1989年の名古屋市市制100周年記念に合わせて、広小路通以南の３つの広場の改修工事がなされたことである。それは北から「エンゼル広場」「久屋広場」「光の広場」である。「エンゼル広場」は地面から水が吹き出す噴水広場であり、「久屋広場」はステージ付きの多目的広場である。「光の広場」は戦災復興事業収束の記念モニュメント（はぐくみ）やその背後にある円錐噴水、地上から地下につながる階段状の円形広場（ロトンダ）があり、これ

ら3点セットを持つ。「光の広場」は円錐の頂点からモニュメント上部をとおり、テレビ塔にあたる緑色のレーザービームが照射され、ライトアップと合わせて夜を彩る。

　なお同じ年に地下鉄桜通線の開通に合わせて名城線との乗換駅である久屋大通駅が桜通の地下、セントラルパークの北端に整備された。これによって、久屋大通には3つの市営地下鉄駅と1つの民間鉄道地下乗入駅の4つの駅が揃うこととなった。

　これらの内容は設計競技の最優秀案を実現していったものであるが、一部実現されていないものもある。それはバスターミナルと愛の広場のゾーンであり、二つのブロックを幅広のブリッジで繋ぐものであるが、バスターミナルの移転先が決まらなかったため実現しなかった。随分後にバスターミナルの移転が決まったため、跡地活用の提案を求め、2020年1月〜2023年3月までスポーツ系イベントができるトラックや飲食店等の暫定利用が現在なされている。リニア新幹線の開通までに、久屋大通の広小路通以南の大改修が行われる予定である。

　第四は、パークPFI事業によるヒサヤ・オオドオリ・パークの整備である。この事業は民間事業者の経営ノウハウを生かして便益施設を導入しつつ、その利益で公園を整備するもので、いくつかの特例が認められている。事業者は公募選定された。

　このプロジェクトは2013年に策定された「栄地区グランドビジョン」に基づき、北は外堀通、南は錦通までの約900mについて、桜通を境に、北エリアを「都会の安らぎ空間」、南のテレビ塔エリアを「観光・交流空間」として、パークPFI事業により再整備され、2020年9月にオープンした。そのコンセプトは下記の通りである。

・市内へ人の流れを誘引する「観光拠点としての公園」へ
・市民に愛され、市民が誇りに思える「世界に冠たる公園」へ
・365日いつでも誰にとっても利用効果の高い「多目的な公園」へ
・地域全体の魅力が向上し、地域を活性させる「賑わいのハブとなる公園」へ

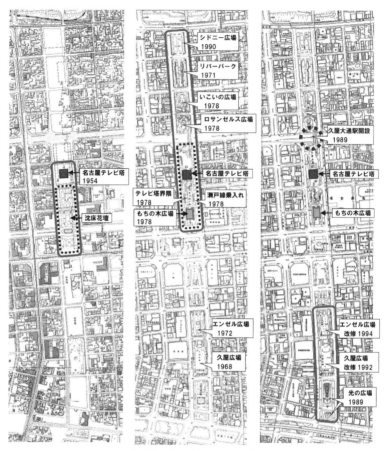

図6-8　久屋大通の経年変化
（左：1955-58年、中：1985年、右：2000年の都市計画基本図）

　その結果は、公園内に店舗等が増え、にぎわいを増した感があるが、従来あった樹木は芝生広場に取って代わっているので、その評価は今後決まって来るであろう。

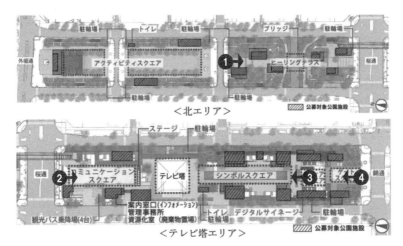

図6-9　ヒサヤ・オオドオリ・パークの整備内容（名古屋市のホームページより）

<①魚ノ棚通からテレビ塔を望む>

<②桜通からテレビ塔を望む>

<③もちの木広場からテレビ塔を望む>

<④錦通からテレビ塔を望む>

写真6-8　ヒサヤ・オオドオリ・パークの風景

＜名古屋テレビ塔より北をみる　芝生広場と店舗が増加している＞

＜名古屋テレビ塔より南をみる　店舗が増え樹木が少なくなったぶん明るくなっている＞

写真6-9　名古屋タワーからみるヒサヤ・オオドオリ・パークの整備前（左）と整備後（右）

【民間地域団体の提案】

　このような久屋大通および久屋大通公園の整備がなされていく中で、民間の公益団体が独自で提案を行ってきた。

　一つは「HISAYA（久屋中央大通公園）」として、1985年に久屋大通連合発展会が提案し、北は官庁街から南は前津公園までの範囲を対象にしている。迎賓館や市民ギャラリーを備えたシティパレスや240mの超高層のメモリアルパレス（会議場やホール、テレコムセンター等）が建築系ハード提案の目玉になっている。メモリアルパレスは現在のNHK放送センタービルと愛知県芸術文化センターの位置に描かれているので、提案された機能内容と現状とは大きくかけ離れていない。また多様な人々が交流できる場づくり（イベント広場やカフェテラスなど）やたくさんの居住者が周辺にいるライブタウン、文化と創造を惹きだすウォーキングギャラリーが目玉となっている。

　もう一つは「HUMAN RELATION CITY」として、1988年に名古屋中央

大通連合発展会が提案し、ここでは久屋大通の北部（外堀通〜桜通）の再開発提案である。久屋大通には賑わいの形成や界隈の形成などの課題を抱えていたので、ここでの目玉は「オペレーションセンター」であった。デザイナーやプランナーと街の事業家とのたまり場機能をもって、デザイン開発を行い、商業施設への展開や街区や公園活用（例えば、カフェや商品のパイロットショップを配置）する構想である。このセンターの位置を久屋大通の北端、外堀通と京町通に挟まれた位置が想定されている。

【シンボルロード】

　江戸時代の万治の大火（1660年）後に広小路通が生まれ、そこが新たなにぎわいの軸になったように、第二次大戦後の廃墟の後に整備された久屋大通もにぎわいの軸になっている。地上は名古屋テレビ塔と公園利用、地下は地下街や駐車場利用がなされ、東西交通の結節点となっている。まさに名古屋のシンボルロードである。

　1987年に名古屋市は久屋大通地区（久屋大通および沿道奥行30mの範囲）を都市景観整備地区に指定した。現在は名古屋市内に8つの都市景観形成地区があるが、久屋大通地区は名古屋駅地区とともに最初に指定された地区の一つである。建築物、工作物、広告物の51項目にわたる景観形成基準が示されて、「スケールの大きな空間と豊かな緑にふさわしい品位ある洗練されたデザインの街並み」を形成することで「にぎわい、憩い、親しみを感じる人間性豊かで活力ある都心空間」を創出することを目標にしている。

（2）生活ギャラリー　若宮大通

　若宮大通は幅員100mの東西延長3.85km（堀川〜名古屋環状線）の道路である。久屋大通と若宮大通で逆T字をあらわし、その交点から南下する新堀川と幅員15mの道路が両サイドを挟むことで、防災的視点から都心を4分割する構想であった（第3章4参照）。

　江戸時代の土地利用は寺町が中心であり、一部武家地と一部役所用地（主水や先手組長屋）を走っている。南大津通のところまで東から13.5間の道路とその路面を市電が通っており、それを100mに拡幅して、東西に延長する

計画となっていたため、多くの寺院は境内地を削られた格好となった。すでに第3章でも述べたが、そのルートには名古屋刑務所の敷地も1/3程含まれ、移転折衝を行って若宮大通が実現したのである。

　1979年に若宮大通の中央部分に都市公園が開設され、堀川東から名工大北にある花田公園までの3.3km、面積約12haの規模を有する。花田公園以東は高速道路の地下部分の上空となっているため、公園化されていない。

【若宮大通総合整備事業】

　若宮大通では、その上空を名古屋都市高速道路2号東山線が走行する道路建設を契機として、都市公園の見直しがなされた。すなわち若宮大通総合整備事業が1987年度から着手され、市制百周年の年である1989年度に完成した。その主要な事業内容は次の通りである。

① 歩道を従来の6.5mから主要区間では9.5mに拡幅した。ちなみに堀川から伏見通までは14m、伏見通から千早までが9.5mに拡幅され、それ以東は6.5mのままである。千早以東は都市高速道路の吹上料金所があり、自動車の出入りが激しいためか、歩道拡幅が行われていない。

② 中央部分には若宮大通公園があるが、幅57mを歩道拡幅部分の影響を受けて51mに縮小しながら、高架高速道路を屋根と見立てて、半屋内空間活用した新しい公園づくりが行われた。雨が吹き込まなければ、屋根効果は高い。その具体的内容は次のとおりである。

　■大規模震災時における広域避難場所の機能を担うため、緑の広場づくりを基本とする。

　■一定ゾーンごとに沿道の土地利用との関連性を考慮して、空間変化に工夫を施し、大きく Ⓐ「自由広場・修景ゾーン」、Ⓑ「芸術ふれあいゾーン」、Ⓒ「スポーツ広場ゾーン」に3区分して整備している。

　■具体的には、四季の移ろい（花壇等）、文化のかおり（彫刻の広場等）、憩い（花の広場、水の広場）イベント（若宮広場、自由広場）、スポーツ（テニスコート、ミニスポーツ広場、冒険広場）など多様な市民活動に寄与する空間が整備された。

【その後の若宮大通公園】

　高速道路高架下の新しい都市公園は1990年度から利用が始まった。Bの「芸術ふれあいゾーン」はアートあり、花あり、水辺あり、冒険とりでありと多様性に富んでいて、人気を博していた。Cは「スポーツ広場ゾーン」でテニスやゲートボールなどができる広場や子供が遊ぶ遊具を置いた広場などがあった。

　他方で1990年代以降に若宮大通公園内に野宿生活者が増加していった。これが1989年の世界デザイン博覧会の開催に伴い、名古屋駅西口の再整備が進んだため、そこで暮らしていた野宿生活者が栄方面に移動していった。特に若宮大通公園の「冒険とりで」は屋根付きであったため、40名近い野宿生活者が居住し、若宮大通公園全体ではピーク（2003年）で280名近い数にのぼった[注10]。

　1995年1月の阪神・淡路大震災の高架道路の倒壊をうけ、名古屋の高架道路の耐震強化のための改修が行われ、それを契機に野宿生活者が排除されていった。排除にあたっては行政代執行が2度（1997, 98年）にわたって行われた。「冒険とりで」は撤去され、スケートボード広場やバスケットボールコート、トランポリン施設（現在は小遊園地）に取って代わられた。2000年代に入ると自由広場・修景ゾーンに一時宿泊施設（150人収容）が整備され、野宿生活者の自立支援に踏み込んだ対応になっていった。2004年になると「冒険とりで」の西側にある＜若宮広場＞の一部で大学生提案によるフットサルコート（2面）が整備され、その管理のためのNPO法人も立ち上がった[注10]。現在でも活用され、視察調査当日は子供のためのフットサル教室が行われ、親たちも付き添っていた。

　現在の利用は表6-6のとおりである。

　名古屋都市高速2号の料金所（インター）が2ヶ所あり、高架または地下へのアクセス道路との関係で、高さのない使い勝手の悪い高架下空間は、資材置場や産業廃棄物置場、放置自転車保管庫として「広場」が転用されている。人工池や噴水空間はほとんどが休止中である。＜彫刻の広場＞は大部分が駐車場となり、一般車以外に24台の大型バス駐車場が整備されている。

　1996年には＜若宮広場＞の地下に第三セクターによる若宮パーク（駐車台

数505台）が整備された。大須や栄ミナミへの自動車来訪者のための駐車場であるが、地上部での貸駐車場が増え、建設コスト負担も加わって、経営的には芳しくない。

表6-6　若宮大通公園の当初利用と現在利用

ゾーン利用	1990年度利用	現在利用（2022年5月時点）
自由広場・修景ゾーン	駐車場	駐車場
	子供広場	産業廃棄物置場
	自由広場	資材置場・球技場・広場
芸術ふれあいゾーン	彫刻の広場	駐車場（バス24台＋一般車）・広場（一部板張）
	冒険広場	小遊園・バスケットコート・スケートボード広場
	若宮広場	フットサル（2面）・広場・橋脚アート
	水の広場	一部水なし、水力アート動かず
	花の広場	花壇侵入不可
スポーツ広場ゾーン	駐車場	工事中
	ミニスポーツ広場	広場、炊出し等の利用
	テニスコート	テニスコート（4面）
	子供広場	広場
	自由広場	広場、バスケットボール3×3、一部資材置場
	子供広場	児童遊具広場、広場
	ミニスポーツ広場	広場、自転車保管庫

【若宮大通沿線の特徴的な土地利用】

　エリアによって、特徴的な土地利用がなされている。

　第一は、久屋大通から伏見通までの区間であり、旧南寺町ゾーンを分断した若宮大通なので、沿線やその背後には社寺が数多く立地している。歴史的に門前町の形成から現在の姿に推移してきたので、栄商業ゾーンと大須ゾーンにまたがって南寺町エリアがある。当初、若宮大通は栄と大須をつなぐ役割を期待されていたが、結果的には分断する要素（道路）となっている。1回の信号時間では100mを渡り切ることができない。

　第二は国道41号（丸太町交差点）から吹上公園までの区間であり、カーショールームエリアである。そこには13店のカーショールーム（自動車ディーラー店。ポルシェが2店）が沿道に立地している。少し外れるがシトロエンのショールームを加えると14店となる。14店のうち外車のショールームは9店を占める。若宮大通全体ではさらに2店が加わり16店となり、外車ショールームは10

店となる。国産車よりも外車のほうが多いエリアになっている。かつては高級車であるフェラーリやマセラティのショールームもあったが、現時点では存在せず、別の場所に移転していった。（表6-7）

　なぜ若宮大通で多いのか。自動車購入者は自動車で移動する。若宮大通は白川と吹上西の二つのハーフインターチェンジを持ち、高速道路への出入りが至近な距離にあって交通便が良いこと、道路の車線数が多いわりには交通量が少ないので、一時停車が行いやすいことなどが、自動車ショールームの立地を促進したと考えられる。

表6-7　若宮大通沿線の自動車ショールーム

エリア別	種別	ショールーム名
エリア内 （R41〜 吹上公園）	国産車	ホンダカーズ、愛知日産、ネッツトヨタ、日産プリンス、スバル
	外　車	メルセデスベンツ、アウディ、ルノー、ポルシェ（2店）、アストンマーチン、ランボルギーニ、テスラ
エリア外	国産車	愛知トヨタ
	外　車	シトロエン、ジャガー＆レンジローバー

＊愛知日産とルノーは一つの店舗であるが、別々にカウントしている。ポルシェは別々の場所に2店ある。
＊2022年5月末時点

　第三は、市民生活を支える豊かな空間的ストックがあることである。代表的なものは白川公園と市美術館・科学館や久屋大通庭園フラリエ（前ランの館）、吹上公園と中小企業振興会館といった公共施設が数多く立地している。またすでに触れた寺町としての神社仏閣が数多くあり、日常の買物を支えるショッピングセンターや非日常の買物空間である百貨店（松坂屋）や大型商業専門店（パルコ・ナディアパーク等）、一大商店街群の大須がまとまって立地している。さらに小中学校や大学（名古屋工業大学・名古屋大学医学部）、大学サテライト（日本福祉大学）、少し離れれば専門学校もある。若宮大通の西に行けば笹島地区の愛知大学、東に高速道路で行けば名古屋大学へ到着する。その点では若宮大通（名古屋高速道路2号）は大学立地軸となっている。

　さらに付加するなら斎場が2ヶ所、若宮大通西の広井通り沿いに結婚式場が1ヶ所あり、冠婚葬祭道路にもなっている。これは、来場者を中型バス等で送迎する場面が多く、名古屋駅や最寄りの地下鉄駅までの時間が測りやすいことが理由として挙げられる。

　以上から、若宮大通沿線は学生生活からスタートし、デートし、結婚し、

住居（マンション）を構え、子供を育て、年老いて葬儀を出すまでの時間を過ごせる Aging in Place（AIP）ゾーンである。

図6-10　若宮大通の公園利用と沿線利用（上段：東部分、下段：西部分）

凡　例

● カーショールーム
▨ 公共施設
◈ 小中学校
▣ 神社仏閣
⊕ 冠婚葬祭
○ 娯楽

凡　例

▨ 広場
▦ スポーツ系施設
▦ 駐車場
▥ 資材置場等

ショールームエリア

テスラ　スバル　ポルシェ

愛昇殿

中小企業振興会館

防署出張所

栄商業ゾーン

白林寺

勝鬘寺

政秀寺

ル2面　吉宮広場

噴水池噴水

徳照寺

花壇不入　工事中

キング観光

広場

トイレ

テニスコート4面

愛知トヨタ

萬年寺

三輪神社

水の広場

清浄寺

東栄院

来遠寺

萬松寺

堀留下水処理センター

駐車場

ニスポーツ広場

テニスコート

中土木事務所

ホンダカーズ

（3）百ｍ道路　二都物語を読み解く

【シンボル的な非日常空間　久屋大通】

　久屋大通は防災機能を担いつつも、名古屋のシンボルになるべくしてなった道路である。名古屋テレビ塔を筆頭に地上では公園の幾度かの大改修や地下街・地下駐車場の整備、地下鉄・私鉄やバス等の交通結節点機能の付与など、公共や民間による多くの投資が行われてきた。市民が憩える空間づくりが行われ、都市景観にも配慮してきたのである。その結果、沿線の土地利用の価値を高める役割を担っている。

【未完の日常空間　若宮大通】

　他方、若宮大通は同様に防災機能を持ちつつも、高架の都市高速道路を通す空間、換言すれば屋根付き空間となった。当初は多様な公園利用が可能な整備がなされたが、野宿生活者との対応のやり取りの中で、当初機能を喪失していき、現状ではスポーツ空間や広場、駐車場（観光バスを含む）や資材等置場になっている。よって、久屋大通と比較して、南北エリアを分断する要素となっている。分断されたエリアを融合する公園空間として、有効な活用が求められている。その意味では未完の公園空間であり、今日の時代に相応しい、伸びしろのある公共空間であると言えよう。ただし、久屋大通のようにPark-PFIを導入すればよいといった解決策は通用しない。社会福祉問題を含めた包括的な対応が求められるのである。そのあり方を問いながら「新しい若宮大通」を実現すれば、名古屋は大きく変貌するチャンスが生まれるのではなかろうか。

　なお、その沿線の土地利用は沿線全体では都心機能から居住機能まで幅広く、ショッピングセンターから教育施設や生活利便施設、はたまた冠婚葬祭施設も３ヶ所ある。延長距離が長いゆえにエリア別に特性を有し、社寺やカーショールームの一大集積エリアを形成しているので、寺巡りやディーラー巡りというエンターテイメントも付与される。

【逆Ｔ字の未来】

　都心に二本の百ｍ道路を有するのは名古屋だけである。これらは戦災復興

の優良な資産であり、それをどう生かすかはそれぞれの時代の市民力である。

　久屋大通は時代にあわせてうまく変身し、名古屋の輝かしい光の部分＝非日常のシンボルになっている。若宮大通は都市高速度道路が上空を走り、地上は久屋大通と同じように公園整備がなされてきたが、野宿生活者の生活領域となることで、公園が変貌していった。非日常と日常があって、都市生活は構成される。東西の若宮大通に南北の久屋大通が逆Ｔ字になって接続していることで日常と非日常が安定する。両方をしっかりと受け止め、新名古屋都心を構想していく必要がある。そして伸びしろのある若宮大通の再生こそ、名古屋のミライを形成していくのではないだろうか。

3　"文化のみち"と"ものづくり文化の道"

　名古屋城を中心にして、東に"文化のみち"が、西に"ものづくり文化の道"が広がる。東の"文化のみち"は、名古屋城から尾張徳川家の菩提寺建中寺を経由して、二代藩主光友の隠居所を始まりとした徳川園までのエリアで、大名文化を具現化する施設や明治時代の先端産業集積地、大正ロマンの屋敷町といった時代の積層が現れている場所である。他方、西の"ものづくり文化の道"は本章でも言及した円頓寺商店街を南境界線とし、北は東海道と中山道を結ぶ脇街道である美濃路。東は堀川、西は名古屋鉄道に囲まれたエリアで、伝統産業や近代産業が集積している場所である。

　これら二つの"文化のミチ"は、成立過程は異なるものの、相互の関連性の深い"ミチ"になっている。ちなみに"ミチ"は一本の道路を指すのでなく、エリア内を歩いて楽しむ"ミチ"を表現している。

（1）変貌と遂げる"文化のみち"^{注11}
【時代の変遷】
　"文化のみち"のエリアは、名古屋城より東に広がる武家屋敷が中心で、300石級の中級士族（組頭）の600〜700坪規模の屋敷地から、武家屋敷東端の足軽地では100坪程度の屋敷地で構成されていた。武家地は名古屋城か

ら遠くなるにつれ、家格が下がっていく。武家地の最東端に建中寺があり、さらに離れた場所に隠居地（現徳川園）があったエリアである。

　明治に入ると、中級武家屋敷周辺は、身分制度が解体されたので、一時は空地や畑に変わる屋敷もあったが、多くは士族授産の展開により近代産業の推進の地になっていった。ここではいくつかの織物工場が先駆けて創業し、これらに続いて、マッチ工場、時計工場、楽器工場、製麺工場などが立地していく。これらの出現を可能としたのは、第一に旧士族の子女の近代技術を習得しようとした優秀な労働力があったことである。よって、一部は学校に転用され文教ゾーンを形成している。第二に広大な士族屋敷（600〜700坪）が工場用地として適切な規模であったことである。

　この後に勃興ししたのが陶磁器産業である。瀬戸や多治見などの陶磁器産業地帯を結ぶ街道が近くを通過していたことから、絵付業地帯を形成するとともに輸出陶磁器関連企業が数多く立地した。つまり、瀬戸や多治見から白い磁器の素地を仕入れて、当地で絵付けし、港から輸出した。最盛期には日本の輸出陶磁器の80％が名古屋を経由して世界に輸出された。1932年には名古屋陶磁器貿易商工同業組合が入居する名古屋陶磁器会館、1934年には日本陶磁器工業組合連合会が入居する日本陶磁器センターが建設された。様々な産業組合があるなかで、名古屋で「日本」の名が付く組合は日本陶磁器工業組合連合会のみであり、窯業分野では国内で影響力がいかに大きかったのかを表している。第2章5（3）で示したように、森村組は当地に名古屋店を設けて絵付け工場を稼働させた。後に"ものづくり文化の道"で展開される日本陶器（現ノリタケカンパニーリミテド）の前身がここからスタートしている。

　大正中期になると工場拡張のため、周辺が建て詰まっている当地から郊外へ工場は移転していった。明治後期から昭和初期にかけて、工場移転と入れ替わりに名古屋財界人のモダンな邸宅が建ち並ぶようになる。かつての武家屋敷も工場から大正ロマンの屋敷町に変貌していったのである。伝統的な木造建築技術を駆使し、洋風の建築意匠とも融合して、粋人達の遊び心が加味された建築物群からなる、魅力的な都市景観がつくられていった。

　昭和に入り、第二次世界大戦で市街地の多くが焦土と化したが、そのなか

で、“文化のみち”エリアにある白壁地区や筒井地区（白壁地区と隣接）は焼失を免れた。それゆえに戦前の姿を現在にとどめている。

【“文化のみち”の物語】

　“文化のみち”のなかで、独自の景観を有しているのが白壁地区である。白壁という地名がついたのも、慶長遷府の際、豊田某がここに居を構え、高塀を初めて白壁にし、以降の武家屋敷もそれに倣って白壁にしたため、そのように呼ばれるようになったようだ。由緒ある地名を持つ。そこには江戸時代の建造物はほとんどないが、江戸時代の町割に明治後期から昭和初期に建てられた財界人の邸宅等が建築されている。桟瓦がのり、白漆喰の小壁と竪羽目板の腰、切石貼の基礎を持つ門塀であり、それらの連なりと見越しの樹木が白壁地区の特徴ある景観を形成している。

　そこには数多くの物語が存在し、人々を惹きつける強力な磁石となっている。代表的な物語を次に紹介しよう。

■**朝日文左衛門と鸚鵡籠中記**／中級武士（100石）で御畳奉行であった朝日文左衛門（現主税町4丁目）は十八歳から死の前年までの約27年間（1691〜1717）、自身の生活の詳細（酒・女・賭博・芝居・スキャンダル）だけでなく、江戸をはじめ各地の世相、風俗、芸能に至るまで書きつづった「鸚鵡籠中記」を著した。酒好きのため肝硬変を患い、45歳の若さで亡くなり、後に養子を迎えるも病弱のため出仕叶わず、朝日家は断絶する。しかし、鸚鵡籠中記を遺したため朝日家はいまも語り継がれることになり、同時に我々は元禄時代の世相に思いを馳せることができる。貴重な歴史的資料が残った。

■**名古屋を俳都と呼ばせた井上士朗**／医者であった伯父の家を継ぎ、自らも名医とうたわれたが、俳人としても寛政の三大家と称えられ、蕪村さえ「尾張名古屋は城でもつ」（伊勢音頭）をもじって「尾張名古屋は士朗でもつ」と詠ったほど、重んぜられた人物（1742〜1812）でもあった。彼のもとには全国から俳人が集まり、現東区泉二丁目にあった邸の中では俳人たちが朝な夕な自作句を披露しあっていたという。

■**豊田家の人々**／木製動力織機などを発明した豊田佐吉(1867〜1930)は現白壁一丁目に居を構えていた。佐吉には二人の弟がおり、その末弟で佐吉を

補佐した佐助（主税町3丁目）、佐吉の息子でトヨタ自動車を興した喜一郎（白壁4丁目）、佐吉の娘婿で豊田自動織機製作所の初代社長を務めた利三郎（同）など、豊田家の人々がここに住んでいた。現在唯一、佐助邸が往時のままの姿で残っており、豊田利三郎邸は門・塀を残してマンションが建っている。

■**日本最高の絵付工場**／陶磁器貿易商であった森村組は、国内外でのコスト競争に勝ち抜くためにと東京や京都の錚々たる職人たちを説得した末、現東区橦木町1丁目に一流画工場を集結することに成功した。これが名古屋を輸出陶磁器の中心地とする原動力となったのである。わが国最大の陶磁器貿易商となった森村組は、後に名古屋で日本陶器（現ノリタケカンパニーリミテド）を設立、その子会社として東洋陶器（現ＴＯＴＯ）、日本碍子（現日本ガイシ）、日本碍子から独立した日本特殊陶業が生まれた。ここが日本の近代窯業のスタート地点となった。

■**日本初の女優川上貞奴と電力王福沢桃介**／川上貞奴（1871～1946）は1891年に川上音二郎と結婚し、1899年の渡米公演、翌年にはパリ万博に出演し名女優貞奴が誕生した。貞奴の楽屋には若きピカソやロダン、ジイドが通い詰めたという。川上音二郎の死後、舞台から退いた貞奴は絹布工場の社長となり、1920年に現東区白壁三丁目に二葉御殿を新築した。川上貞奴はここで、十五歳の頃から旧知の仲であった電力王福沢桃介とともに暮らし、社交場として多くの客をもてなした。2000坪の敷地に、赤い屋根、緑の芝生、水を湛えた噴水を持ち、夜にはサーチライトで照らし出された庭でのパーティ開催は、あまりの豪華さに思わず声をあげる者もいたという。二葉御殿は2005年に白壁三丁目から現在地の橦木町3丁目に移築され、敷地は縮小したが、二葉御殿の威容は復元されている。現在では「文化のみち二葉館／名古屋市旧川上貞奴邸」と呼ばれている。

【"文化のみち"の整備】
名古屋市ではこの"文化のみち"、すなわち名古屋城から、昭和初期の帝冠様式を持つ市役所・県庁、現存する最古の控訴院である旧名古屋控訴院・地方裁判所（現市政資料館）、白壁地区、尾張徳川家菩提寺の建中寺、徳川園まで、直線距離で東西約3kmのエリアを「文化のみち」として位置づけ、武家

文化及び近代化の歴史遺産の宝庫として位置づけ、それにふさわしい環境整備や施設整備を進めてきている。（図6-11）

　大名文化の典型は名古屋城である。天守閣や本丸御殿等は、1945年5月の空襲により焼失した。天守閣は、市民の浄財により1959年にコンクリート造で外観復元され、「尾張名古屋は城でもつ」の面目を保っている。現時点では耐震性の問題で閉鎖されているが木造による建替えが検討中である。本丸御殿は武家風書院造の代表的建築物であり、本格的復元を2018年に完成させている。

　もう一つに徳川園がある。園一帯の約4haは尾張徳川家の所有地であったが、1931年にうち約3haが名古屋市に寄付されて公園として整備され、公園内には徳川家康から譲り受けた「駿河御譲本」を主とする1万5千冊が収蔵される「蓬左文庫」がある。近代武家文化を体感できる池泉回遊式庭園として再整備された。残り1haに尾張徳川家に伝わる大名道具1万数千点を収蔵・展示する徳川美術館が建設（1935年）・拡張（1987年）されている。

　上記二つの施設の間には尾張徳川家の菩提寺である建中寺があり、それら三つの拠点施設がつながって大名文化が蓄積されている。

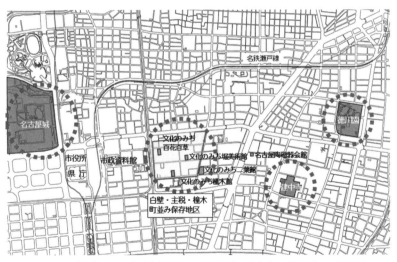

図6-11　"文化のみち"（名古屋城〜白壁地区〜建中寺〜徳川園）の周辺図

さらに一つに旧二葉御殿（現文化のみち二葉館／旧川上貞奴邸）の移築による創建当時への復元である。この施設は“文化のみち”のほぼ中間点に移築し、案内および休憩の場としつつ、川上貞奴と福沢桃介の紹介や郷土ゆかりの文学者の資料収集と展示（城山三郎等）を行うべく、2005年2月8日（ふたばの日）に開館した。それを代表的な屋敷として、近代化を推し進めてきた財界人の邸宅が白壁地区に集約されているが、それらの建物群を保存活用していくことテーマとなり、その点を次で述べる。

【町並み保存地区の指定と町並みの変貌】
　名古屋市は1983年に「名古屋市町並み保存要綱」を策定した。これは「市街地として建造物等が連担して歴史的地域的に豊かな特色を持つことにより、市民に親しまれ、愛着をもたれるような景観を形成している町並み」を保存するため「町並み保存地区」が指定される。市内で4地区指定されているが、そのうちの一つが“文化のみち”の白壁地区（白壁・主税・橦木の14.3ha）であり、1985年に指定された。そこには「町並みの特性を維持していると認められる、主に戦前までに建てられた和風・洋風建築・土蔵等の建築物及び門・塀」である「伝統的建造物」が指定当時31件も集積していたためである。私邸と同時に「修景基準」が設けられ、「原則として二階以下」や「やむをえない場合は、町並みとの調和を十分配慮」などのほか、建物、門塀、樹木等の基準が設定された。
　“文化のみち”という枠組みが与えられることで、用途転用によって、あるいは新規に文化施設を整備することで、このエリアに文化的な厚みをもたらす動きも生まれてきた。その代表的一覧が表6-8である。
　これらを見ると行政が音頭を取って、保存活用しながら、民間が積極的に参加してきていることである。①〜⑤がそれである。⑥および新築物件の⑧〜⑩は個人または民間企業が関与している。

【コモンズの悲劇とまちづくり憲章】
　とはいうものの「伝統的建造物」は減少してきている。これは、一敷地一住宅の規模が大きいだけに、相続や共有持分者間の土地利用・処分意見の不

表6-8　白壁地区周辺の転用事例（非住宅）

建造物名	活用内容
施設転用	
①市政資料館 （T11/1922）	旧名古屋控訴院で、現存する最古のものである。1979年に裁判所移転に伴い取り壊しが計画されたが、市民や識者からの保存の声を受けて、市が建物を国から無償貸与され、市政資料館として利用している。
②旧豊田佐助邸 （T12/1923）	自動織機を発明した豊田佐吉の末弟の住宅で、民間企業所有の施設であるが、市が借り受け、簡易な補修を行い、市の外郭団体が管理している。建物内をガイドボランティアが案内してくれる。
③旧井元為三郎邸 ／文化のみち橦木館 （洋館　T14～／ 1925～）	市の指定文化財の指定を受け、住み手のいなくなった住宅を修理した上で、期限付きで市民グループに貸し出され、事務所、喫茶等、イベント、会議室などに利用された。その後、市が取得し、民間の指定管理がなされ、貸会議室やイベントの開催などに利用されている。ガイドボランティアが常駐している。
④旧春田鉄次郎邸 （T13頃/1923頃）	建築家武田五一設計と言われる主屋を市の外郭団体が借り、主要部を再貸与して民間レストランが営業している。所有者は同一敷地に別棟で景観に配慮しながら住宅を新築した。
⑤旧川上貞奴邸 文化のみち二葉館 （T9/1920）	市は民間企業から建築物を譲受、解体して、橦木町三丁目に購入した用地へ移設し、「文化のみち」の拠点施設として2005年2月8日（ふたばの日）にオープンした。ここでは川上貞奴に関連する展示とともに、郷土作家（城山三郎等）の文学館としての役割も発揮している。
⑥旧井上五郎邸	中部電力初代社長宅であるが、大改修されて、2004年春に著名なシェフのフランス料理のレストランとしてオープンした。
⑦旧岡谷邸 文化のみち百花百草 （T9/1920）	書院・茶室・土蔵を有した和館であり、母屋後に多目的ホールを新築し、蔵を残し庭園を整備して2007年4月に開館した。「文化のみち」を冠にした施設は4館あるが、ここは民間所有・運営の施設である。"文化のみち"の休憩機能を担っている。
新規建築	
⑧結婚式場　アーカンジェル迎賓館名古屋	2003年ごろに高い塀で囲われた完全貸切制のプライベイトウェディングの式場が建設されたが、現在は閉館されている。
⑨文化のみち堀美術館	私設美術館であり、蒐集作品の一般公開を目指し、2006年6月にオープンした。藤田嗣治、梅原龍三郎などのいわゆる「エコール・ド・パリ」の「熱き芸術の時代」の芸術家たちの作品、棟方志功の絵画と板絵、加山又造の作品などが展示されている。
⑩結婚式場　百花籠	物流施設と春田文化集合住宅の跡地に、結婚式場として用途転換した施設である。2013年にオープン。和魂洋才をテーマに大聖堂様式と和様式の建築物で構成されている。門と白塀は白壁地区のイメージを壊していない。

＊　（　）内は建設年

一致および建物修理費・庭の管理費や固定資産税の日常的負担を内的要因とし、都心居住回帰によるマンション需要拡大を外的要因として、近代建築物が消失していっている。以前には、邸宅が料亭へと用途転換することで建造物がそのまま残ることもあったが、今日ではその料亭が経営難となってマンション化してきたのである。つまり、個人の力で近代建築を保存するには限界があり、法人であっても維持するための経費以上の収益を生み出す事業展開が困難な状況にあるため、マンション化が加速している。ただし、マンション化しても、格式を高めるためか、門と塀が設けられるケースが多い。

　このような経緯でマンションが建設される場合、一般的には建築基準法や都市計画法の限度一杯で土地利用されることが多い。地域住民が「暗黙の合意」のもとで維持してきた高さ制限や「町並み保存要綱」の「修景基準」は規制力が弱く、結果的にそれに対抗することはできない。某マンションの内覧会招待文に「江戸時代以来の豊潤な時間の流れの名残をとどめる由緒ある

写真6-9-1　文化のみち二葉館

写真6-9-2　文化のみち百花百草

写真6-9-3　文化のみち堀美術館

写真6-9-4　文化のみち橦木館

町並みと調和し、新たな白壁の財産となること」と謳っているが、限度一杯で建てられたマンションで埋め尽くされれば、調和すべき「由緒ある町並み」は消滅するであろう。そうなると一種の「コモンズの悲劇」であり、良好な景観や環境を「先に食ったもん勝ち」となる。良好な景観や環境を守り、享受できる一定のルールが求められている。

　そこで地域の住民が集まり、白壁地区の変貌が加速し、白壁らしさが消失していくのではないかという懸念が拡大するとともに、防犯・防災、通過交通や不法駐車という日常の生活問題も合流して、住民が結束することになった。それが2003年12月に誕生した「『白壁・主税・橦木』町並み保存地区の住環境を考える会」であった。その活動成果の一つに「まちづくり憲章」を2005年2月に制定したことである。その憲章では、「歴史と自然が調和した優れた景観を守り育てよう」「個性あふれる心豊かな生活空間としての都心再生を目指そう」をまちづくりの目標として定め、景観の保全・みどりの維持・安心（防災・防犯、交通）の確保をまちづくりのシンボルとした宣言を打ち出した。

　そこに生活がある限り、町並みは変貌せざるを得ない。あるものは建物をそのまま活かして用途転換したり、あるものはマンションに建て替えられたりする。これまで築きあげてきた歴史的町並みをどのように継承していくかは、その地域住民の合意レベルとそれを担保する法的手段が求められ、また市民全体（行政を含む）の支えによってこそ、そこにある付加価値を守れるのではなかろうか。

　そのような“文化のみち”の変貌を含めて、まち歩きを楽しむのも一興であろうか。

（2）名古屋のものづくり源流 “ものづくり文化の道” [注12]

【“ものづくり文化の道” とは】

　“ものづくり文化の道” と呼ぶエリアは、ちょうど名古屋城の西に広がる、清須越し、すなわち名古屋の街の始まりとともに人々が生活していた地域である。城下町の生活物資を運ぶ堀川や東海道と中山道を結ぶ美濃路がこのエリアを通過し、寺社が集積するようになって、沿川・沿道に盛り場や門前町

などの町人地が形成されてきた。

　当時は生活があれば生産現場も近くにあるのが一般的で、ここには、江戸時代から始まる名古屋扇子や名古屋友禅などの伝統技能が今日まで引き継がれている。明治に入ると近代工場の立地が盛んになる。代表的には豊田自働織布工場（現、企業博物館トヨタ産業技術記念館として活用）や日本陶器（現ノリタケカンパニーリミテド、現在では一部に企業博物館ノリタケの森、一部にイオンモールが立地）、シャチハタ（スタンプメーカー。区内で移転）が創業した。同時に菓子メーカーの立地が進み、春日井製菓やカクダイ製菓をはじめ、中小零細メーカーや菓子問屋の集積が進んでいった。そして、それらに働く人々の日常生活を支える円頓寺商店街（本章1（2）を参照）も街の発展とともに拡充していった。

　今日までに、壊されたものもあれば、新たに加えられたものがある。近世から近代へ、そして現在に至るまでの重層的な街がこのエリアであり、その意味でここは名古屋のものづくりの源流であると言える。今なお「ものづくり」の現場があり、「ものづくり」の精神が継承され、「ものづくり」の文化が息吹いている。すなわち、街全体が「ものづくり」博物館であり、「ものづくり」美術館であり、よって、このエリアを「ものづくり文化の道」と呼んでいる。

　“ものづくり文化の道”に関する地域の資源として①職人の技と産業、②拠点となる産業観光施設、③物語のある街並みや商店街の3つが賦存している。

【地域資源の宝庫1　職人の技と産業】

■名古屋友禅⋯⋯⋯7代尾張藩主徳川宗春が治めていた享保年間（1730〜39）、消費文化華やかな時代に、京都などの絵師、友禅師が往来して友禅技法を伝えたことに始まるといわれている。　宗春失脚後は、尾張藩元来の質素な気風に戻るに伴い、京都の多彩明華、加賀の五彩繊細に対し、色数を控えた渋い単彩濃淡を特徴としている。名古屋友禅のブランドを立ち上げたのは1983年からであり、歴史は浅い。それまでは京友禅のOEM（相手先ブランド）製造を担っていた。品質は京友禅並みであり、見劣りする

ものではない。

■名古屋扇子………名古屋扇子は宝暦
年間（1751～62）に京都から名古屋
市西区幅下（堀川付近）に移り住ん
だ井上勘造父子によって始められた
とされている。その後、扇の両面に
渋をひいた「名古屋扇子」がつくら
れた。大正時代から昭和30年代ま
では、中元進物の最適品として広く
利用され、昭和初期まで輸出も盛ん
に行われた。名古屋は京都産地（京
扇子）と並ぶ屈指の扇子産地で、「京
都が婦人物及び舞扇、飾扇ほか高級
品を対象」[注13]とし、「名古屋扇は祝
儀扇や男物の25間、35間の量産品
が主体」[注13]であった。これまでは
国内だけでなく、中国やアメリカに

写真6-10　名古屋友禅制作現場

写真6-11　名古屋扇子（末廣堂の店頭）

も輸出しており、当地だけで1,000万本を超えて製造された時期もあった
が、今日では国内販売がほとんどであり、全国シェアは1割程度に落ちて
いる。

■菓子製造・菓子問屋………名古屋西区の明道町や新道周辺には菓子製造業
や菓子問屋が集積している。端緒は、名古屋城築城の石運び人、西枇杷島
市場に集まる八百屋、美濃路の休憩所で旅人や人足衆を相手に駄菓子を販
売した、など諸説あるが、江戸時代にまでさかのぼることができるほど歴
史は古い。関東大震災で名古屋の駄菓子は全国区となり、昭和30年代に
は全国の3割を占めるほどになったが、スーパーなどの台頭による駄菓子
屋の減少、菓子の高級化、多様化などの環境変化によって、製造・問屋は
減少してきた。スーパーがチェーン店化し、拡大するにつれ、納入量も拡
大するので、それに応えられない小零細菓子メーカーは減少していった。

【地域資源の宝庫2　拠点となる産業観光施設】

■トヨタ産業技術記念館（敷地4.2ha）………この施設は1911年に豊田佐吉が自動織機開発のための実験工場「豊田自動織布工場」を開設し、その後、旧豊田紡織本社工場（1918年）となった施設である。ここは㈱豊田自動織機製作所（1926年）やトヨタ自動車工業㈱（1937年）の設立総会が開催されるなど、トヨタグループ発祥の場でもある。よってこの施設はトヨタグループによって運営されている。大正時代の赤レンガの工場建屋を保存し、繊維機械と自動車の産業と技術の変遷を示す産業技術記念館として活用されている。トヨタの発展史を展示する施設であるが、織機を中心とする繊維産業の発展史を展示する施設でもある。施設内は実際に織機を稼働させることができ、織布の際のリズミカルな音が時代とともに、スピード感が生まれ、音も質的に変化する様（例えば、横糸をシャトルで送る音と空気や水で送る音とは全く異なる）は技術の発展を体感することができる。

写真6-12-1　トヨタ産業技術記念館入口　　写真6-12-2　豊田G型自動織機の稼働風景

■ノリタケの森（敷地3.4ha）………日本陶器（現ノリタケ・カンパニー・リミテド）が当地で白色硬質磁器ディナー皿を10年の歳月をかけ完成させた工場の敷地内に、今や世界ブランドとなったノリタケが創業百周年（2004年）を記念して、企業博物館「ノリタケの森」を整備した。2001年にプレオープンし、2004年にグランドオープンした。そこには文化と出会うカルチャーゾーン（クラフトセンター、ノリタケミュージアム、ギャラリー、ショールーム）、暮らしを楽しむコマーシャルゾーン（各種ショップやカフェ、レストラン）、歴史を感じるヒストリカルゾーン（窯業文化のシンボルとなる森村・大倉記

念館や赤レンガ建物群）が整備されて、緑や水の噴水ひろば、モニュメント的煙突と広場、窯壁等も設けられている。2021年には本社工場跡地に「イオンモール・ナゴヤ・ノリタケ・ガーデン」が整備されて、ショッピングセンターとオフィス、大学サテライトの複合施設が登場した。これは「ノリタケの森」ではないが、それが加わることで、集客力のあるにぎわいの観光ゾーンが誕生したことになる。

写真6-13-1　噴水広場と赤レンガ建物

写真6-13-2　煙突広場とイオンモール

【地域資源の宝庫3　物語のある街並みや商店街】

■歴史街道・美濃路………江戸時代、東海道宮の宿（熱田区）と中山道垂井宿（岐阜県垂井町）をつなぐ連絡路として整備された。1622年に庄内川に枇杷島橋が架けられてからは、枇杷島の青果市場（清須市の旧西枇杷島町）と城下との往来でにぎわいを見せていた。ここには歴史的街並みが残っている。これらを活かしたまちづくりや歴史的建築物や史跡の保存・活用・掘り起こしなどの取り組みが進められてきた。

■白い土蔵が並ぶ四間道………「清須越し」によってつくられた商人町で、元禄の大火（1700年）の後、道路幅3間を4間（約7m）に拡幅したことからその名が付いた。堀川の水運を利用して米穀、塩、味噌、酒、薪炭などを城下町へ供給する商業が軒を並べて繁栄した場所であり、堀川端

写真6-14　四間道の土蔵の町並み

の石垣の上の土蔵群と商家群からなる町並みを今なお見ることができる。

■円頓寺商店街界隈………名古屋の城下町形成とともにできた街であり、随所にその面影を残している。商店街に名づけられた円頓寺をはじめ、慶栄寺、真宗名古屋分院などの寺院や「清須越し」で名を移した五条橋がある。この商店街の近傍には、上で見た四間道と土蔵群、旧商家や屋根神、子守地蔵尊など、歴史文化資産が今なお存在する。商店街として昭和30～40年代は隆盛を極めたが、人口の減少や名古屋駅前の商業集積の影響を受けて、活性化に積極的に取り組んでいる。（本章1（2）参照）

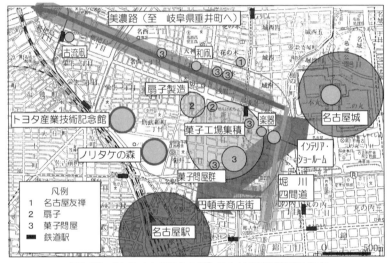

図6-12　"ものづくり文化の道"における地域資源の分布

【トヨタ産業技術記念館とノリタケの森の共通点】

"ものづくり文化の道"には二つの大きな企業博物館が隣接している。その二つの施設の共通点は3つある。

第一は明治から大正にかけて建設された赤レンガの工場を博物館として有効に活用していることである。ノリタケは1904年以降に、トヨタは1911年以降に順次建設・拡大していったものであり、ほぼ同時代の赤レンガ建物である。

第二はいずれも百周年記念事業で整備された企業博物館である。トヨタ

は1894年生まれの豊田喜一郎生誕百周年を記念して1994年にオープンした。ノリタケは1904年に創業した日本陶器が百周年を記念して2004年にグランドオープンした。

第三はいずれも「ショッキ」を製造していたことである。トヨタは織布の「織機」、ノリタケは料理を盛る洋「食器」を扱う工場であった。

この3つをもって、“ものづくり文化の道”のコアとなる企業博物館をペアとしてアピールすることができる。

（3）二つの“文化のミチ”を読み解く
【通底するふたつの“ミチ”】

“文化のみち”も“ものづくり文化の道”もともに名古屋城下町の一角を占め、片や武家地、片や商人地の違いはあるものの、底流では“ミチ”はつながっているのである。

明治に入り敷地規模の大きい武家地が窯業関係の工場を中心に転用され、旧士族の子女が働く場となる。産業の発展とともに事業規模を拡大するため、広大な敷地を求めて旧市街地に隣接する郊外へ移転していった。ノリタケの前身である森村組の絵付工場も“文化のみち”内にあったが、本格的に洋食器を製造するために広大な敷地が必要となり、“ものづくり文化の道”に日本陶器の工場を建設した。また豊田家の人々は“文化のみち”で居宅や事業所を構えていたが、本格手に事業を展開するにあたって、明治時代に豊田自動織布工場や菊井紡織工場（後に二つが合併し豊田紡織に改組）を、戦後にトヨタ自動車工業から独立した名古屋ゴム（後の豊田合成。現在は住宅展示場になっている）を建設している。

【名古屋の発展を牽引してきた轍】

この様に見てくると、“文化のみち”は起業のための苗床であるとともに、起業人の居宅地であり、“ものづくり文化の道”は苗を植えつけ、大きく育てる生産地として位置付けられる。よって、“文化のみち”は江戸時代の大名文化や明治時代の先端産業、大正時代のロマンを感じさせる屋敷町にかかわる物語と環境（景観）を継承することがテーマとなる。“ものづくり文化

の道"は江戸から明治・大正・昭和を通じての大企業から中小零細企業までの幅広い産業蓄積があり、産業技術や生活文化を体現できるエリアとして継承していくことがテーマとなる。この二つの"ミチ"はともに過去から現在、そして未来を指し示す"ミチ"であり、これらは名古屋の発展を牽引してきた、いわば車の両輪の轍とも言うべきものである。

注釈

注1　参考文献【5】PP.151-172

注2　その老人と自転車の荷台の上の一枚の板に座って移動する犬「ワンサー」が有名になった時期があった。衰退していた時期なので、商店街そのものより「ワンサー」が注目されるほど、話題性のない商店街であった。参考文献【6】にその風景写真が掲載されている。

注3　監督は古波津陽、出演者は井戸田潤（主演）、水野美紀、矢崎慈、ルー大柴など。SKEの松井珠理奈と矢神久美が映画デビューを果たした作品でもある。下町の人情物語である。

注4　「円頓寺秋のパリ祭」2013年版ホームページの解説文

注5　名古屋とパリの商店街との提携は、1989年の名古屋栄のセントラルパークを含む久屋中央大通連合発展会（現久屋大通発展会）とシャンゼリゼとの友好提携が先行している。

注6　「クラフトマルシェ in 円頓寺本町」2015年版ホームページの解説文

注7　1700（元禄13）年に堀川中橋西側から出火し、那古野城下西半分が大火を被り、町屋1,649軒、武家地21軒、17寺社が消失した。堀川西の南北を走る3間道路を4間に拡幅し、沿道に商家の土蔵を建てることで防火性能を高めた。拡幅した道を四間道と呼び、その独自の景観を持つエリアそのものを四間道と呼んでいる。名古屋市の町並み保存地区猪指定されている。

注8　参考文献【8】PP.109-118

注9　参考文献【11】PP.37-57

注10　参考文献【13】を参考にして、ここをまとめている。

注11　筆者が執筆した参考文献【14】をもとに、大幅に加筆修正した。

注12　参考文献【19】のなかで筆者が執筆した部分をもとに、大幅に加筆修正した。

注13　末廣堂ホームページ　https://suehirodo-sensu.co.jp/nagoyasensu/　より引用。文中の25間、35間は扇骨の本数を指している。（2022.6.11閲覧）

参考文献

【1】大須商店街連盟＜2012.6＞「大須商店街連盟概要」（改訂版）

【2】万松寺 https://www.banshoji.or.jp/ （2022.4.25アクセス）

【3】大須観音 http://www.osu-kannon.jp/ （2022.4.25アクセス）

【4】コメ兵 https://komehyohds.com/ （2022.4.25アクセス）

【5】「ものづくり文化の道」推進協議会＜2006.10＞「ものづくり文化の道」ガイドブッ

ク

【6】 つかもとしょういち＜2002.12＞「大人の名古屋」阪急電鉄㈱コミュニケーション事業部

【7】 山口あゆみ＜2018.8＞「名古屋円頓寺商店街の奇跡」講談社

【8】 濱満久＜2006.3＞「商店街における組織化政策と地域活動の軌跡」大阪市立大学大学院学位論文

【9】 井澤知旦＜2019.11＞「久屋大通公園のPFI事業と公園の未来」C＆D　No.177　名古屋CDフォーラム

【10】 安藤有雄＜2013.3＞「都市の魅力を高める公園経営～久屋大通公園に焦点をあてて～」名古屋都市センター　研究報告書NO.108

【11】 名古屋テレビ塔（株）＜2018.11＞「名古屋テレビ塔クロニクル」樹林舎

【12】 若宮ルネッサンス検討委員会＜2003.12＞「若宮ギャラリー・ストリート」名古屋商工会議所

【13】 山崎貴史＜2013.3＞「公園のスポーツ空間化と野宿者の排除—名古屋市若宮大通公園を事例に—」スポーツ社会学研究21-1

【14】 井澤知旦＜2005.5＞「名古屋・白壁地区」矢作弘等編『成長主義を越えて　大都市はいま』PP.221-237　日本経済評論社

【15】 名古屋市＜1999.3＞「文化のみち物語－文化のみち基礎調査報告書」・「同資料編」

【16】 名古屋市＜2000.3＞「『文化のみち』基本構想」

【17】 西尾典祐＜2003.11＞「東区橦木町界隈」健友館

【18】 レズリーダウナー＜2007.10＞「マダム貞奴」集英社

【19】 名古屋商工会議所＜2005.10＞「ものづくり文化の道ハンドブック」

おわりに

　私が大阪から名古屋に来たのが1972年の大学入学からである。そして今年でちょうど満50年という節目を迎える。

　来名当初は大阪と比べて、建て詰まり感がなく、空き地も目についた。久屋大通も工事中であって、中日ビルの屋上回転レストランからその様子を時々眺めていた。若宮大通には高架高速道路は走っておらず、夾竹桃が植樹されて、夏にはピンクや白の花を咲かせていたのを鮮明に覚えている。夾竹桃は自動車の排ガスなど悪化環境に強いからだそうだ。路面電車が走り、音と振動が心地よいのどかな日常がそこにあった。

　大学は建築系の都市計画を学んだので、卒業論文も修士論文もテーマは名古屋ならではの「土地区画整理地区の市街化過程に関する研究」であった。時間の経過とともに区画整理地区内の宅地で建築物がどのようにビルトアップしていくか、又その過程でどのような問題が生じているのかを分析している。この研究は本文の第3章の内容にもつながっており、その後の研究取組みのベースになっている。

　卒業後は地元の民間シンクタンクに勤めた後、1990年に仲間達とで都市計画にかかわる民間コンサルタント会社を立ち上げた。この時代は自らの問題意識からではなく、行政等から受託した調査を実施するので、都市計画はもとより、都市イメージや魅力発信からローカルエネルギーまで幅広いテーマを扱っていった。それらの成果の延長上に第1章と第2章がある。また、委託調査や自主活動を通じて得た情報をもとに組み立てたのが第6章である。

　同時に名古屋の都市特性として、区画整理によって生みだされた公共空間が豊富にあることから、海外の実情とも照らし合わせながら、市民のための利活用のあり方を検討していった。契機は「世界都市景観会議　'97」の一つのセッションとして「にぎわいの景観」が取り上げられ、その舞台となる公共空間が重要であると認識されたからだ。2000年から社会実験として歩道上でのオープンカフェ事業を展開し、自主研究の流れの中でその管理運営はどうあるべきかを博士論文でまとめた。自らがテーマ設定し、調査研究して、

実現に漕ぎつけたのが公共空間でのオープンカフェであった。このテーマについては、内外の最新情報を組み込みながら、定着拡大に向けて、改めて著作を世に送りたいと考えている。

　本書の主題である"消毒都市"は、米国の都市再生が分析されていた「Downtown Inc.（よみがえるダウンタウン）」を仲間8人で翻訳する中で、不良貧困地区の除去（クリアランス）が「Sanitized」と表現されていたため、名古屋の戦災復興事業の取り組みにその言葉を援用した。戦災復興事業は都市基盤の近代化に多大な貢献をしたが、他方で魅力空間の一つである路地を"消毒"した。そこで、海外都市視察成果を活かしながら、路地空間の評価と再構築について、第4章と第5章で展開している。これらは民間コンサルタントから大学教員に転職してから調査し、研究として取りまとめたものである。

　半世紀の時間経過は空間的には名古屋を大きく変貌させていった。私自身の容姿は成熟していった。それに対して名古屋に対する見方、見え方は変化したのであろうか？　私自身の考え方は本書のとおりである。50年間引きずり、蓄積してきた成果をまとめたものである。

　どこであっても「住めば都」だが、名古屋は大阪丸出しの私を「外様（とざま）」としてではなく「多様（たざま）」として受け入れてくれた。閉鎖的イメージの強い名古屋とは異なる体験をしている。名古屋はそんな「住みやすい都」なのである。一人一人のお名前をあげないが、多くの先人たちの著作を通じた研究成果や多くの関係者との対話を通じて得ることができた貴重な意見等を踏まえて書き上げた。ここに記すことで感謝の意を伝えたい。

　なお、本書の出版にあたっては名古屋学院大学の研究叢書として出版助成を受けている。大学および事務局の総合研究所関係者に感謝したい。また、出版社の風媒社編集長である劉永昇氏には大変お世話になった。心からお礼申し上げる。

　2023年2月吉日

名古屋学院大学
現代社会学部

井澤　知旦

【著者略歴】

井澤　知旦（いざわ・ともかず）
1952年大阪市生まれ。技術士（建設部門）、一級建築士。日本都市学会、日本都市計画学会、日本建築学会ほか会員。
■学歴：1976年名古屋工業大学建築学科卒業、1978年同大学大学院工学研究科（建築学専攻）修了。2004年三重大学大学院博士後期課程修了。博士（工学）
■職歴：1978年民間シンクタンク入所、1990年（株）都市研究所スペーシア設立（代表取締役）、2012年度名古屋学院大学経済学部教授、2015年度〜名古屋学院大学現代社会学部教授、2017〜2020年度同現代社会学部長。2018年度〜名古屋工業大学客員教授。
■社会活動歴：1998年〜白壁アカデミア代表世話人（東区）、2001年〜ものづくり文化の道」推進協議会会長（西区）、2005〜2012年久屋大通オープンカフェ推進協議会事務局長。
認定NPO法人たすけあい名古屋副代表理事（福祉系）、NPO法人中部リサイクル運動市民の会理事（環境系）、NPO法人かきつ畑理事（農業系）。
■著作等：『"消毒都市"名古屋の都市魅力を創出するために』（単著）名古屋都市センター、『中部を創る―20人の英知が未来をデザイン』（分担）中日新聞社、『シリーズ都市再生① 成長主義を超えて大都市はいま』（分担）日本経済評論社、『公共空間の活用と賑わいまちづくり』（分担）学芸出版社、「よみがえるダウンタウン」（共訳）鹿島出版会など多数。

装幀・澤口環

名古屋都市・空間論　消毒された都市から物語が生まれる都市へ

2023年3月31日　第1刷発行
（定価はカバーに表示してあります）

著　者　　井澤　知旦

発行者　　山口　章

発行所　　名古屋市中区大須1丁目16-29
　　　　　振替 00880-5-5616 電話 052-218-7808　　風媒社
　　　　　http://www.fubaisha.com/

乱丁本・落丁本はお取り替えいたします。　＊印刷・製本／モリモト印刷
978-4-8331-4159-8